인맥의 달인을 넘어 인맥의 神이 되라

서필환 · 봉은희 지음

가림출판사

이 책은 인맥 달인들에게 주변 사람들이 모여드는 원리와 따뜻한 리더십을 발휘할 수 있는 해답을 제시하고 있다. 책을 덮을 때쯤이면 사람에 대한 관심과 애정이 한층 깊어질 뿐만 아니라, 더 큰 세상과 교류할 수 있는 혜안을 갖게 될 것이다.

– 박 완 순(밈코리아, 박완순인성개발연구원 원장)

전국을 누비며 열정과 행복 바이러스를 퍼뜨리고 다니는 이 시대의 열정 강사가 그동안 몸으로 체험한 내용을 구체적으로 풀어낸 인맥 성공 교과서. 이 책의 각 단원과 구절에 깊이 빠지다보면, 독자는 어느새 밝고 긍정적인 사고의 주인공이 되어 적극적인 행동의 실천가로 변해 있을 것이다.

– 황 종 성(국방대학원 교수)

이 책은 삶에 지치고 인간관계로 힘겨워 하는 동시대인들에게 나침반 역할을 하리라 확신한다. 다른 많은 인맥 관련서들처럼 ‘인맥에 성공하려면 이렇게 해라.’ 라는 식의 이론서나 지식 전달서가 아니라, 다양한 인맥 전문가를 인터뷰하여 인맥 노하우와 필자의 체험을 촘촘히 녹여낸 친절하고도 따뜻한 100퍼센트 순수 인맥 성공 교과서이기 때문이다.

– 이 유 남(서울노량진초등학교 교무부장)

이제 인맥이 부의 척도가 된다. 돈의 소유에서 이세는 인맥의 소유로 부의 패러다임이 새롭게 변하고 있다. 이 책은 이러한 시대 흐름을 정확히 간파한 인맥 성공 실천서다. 나는 줄을 긋고 머리를 끄덕이면서 본문을 읽어갔다. 서점가에 나와 있는 똑같은 인맥 관련

책으로 취급하지 않기를 바란다. 확신하건대 인맥 부자가 될 수 있는 구체적인 지도가 이 책에 들어 있다.

- 이 성 몽(한국정보통신기술사협회 이사)

이 책은 인맥으로 성공한 사람들의 육성이 녹아있는 인맥 실천 가이드북이다. 실천하기에는 막막한 인맥 관리 방법들을 꼼꼼하고도 시원하게 풀어냄으로써 인맥 관리 길잡이로서 손색이 없다. 사람들 앞에 자신감 있고 당당하게 다가서고 싶다면 이 책을 선택하라.

- 구 창 환(인맥을 만드는CEO파티 대표)

우리는 누구나 성공하기를 바란다. 평소 성공의 안내자이자 인맥 관리 멘토로서 활발하게 활동을 펴온 저자의 인맥 관리 핵심 노하우가 담긴 이 책을 읽는다면 인간관계의 성공은 물론 인맥 달인의 반열에 좀 더 빨리 들어설 것을 확신한다.

- 이 영 대(한국직업능력개발원 연구위원)

'세상은 혼자서 살아가기 어려운데, 돈독한 관계를 맺기는 쉽지 않고…….' 많은 사람들이 하는 고민이다. 이런 사람들을 위해 인맥 성공의 견본 역할을 해온 서필환성공사관학교장이 나섰다. 이 책은 저자가 일상에서 실천하고 있는 인맥 관리 핵심 기술을 누구나 쉽게 배워서 적용할 수 있도록 꾸몄다. 좋은 책을 써준 저자에게 감사한다.

- 강 용 일(뉴패러다임 교육원)

情이 넘치는 인맥을 가지는 것은 아주 큰 행복이다. 이 책은 성공을 원하는 모든 사람들이 놓쳐서는 안 될 인맥의 보물지도다.

- 구 홍 덕(한국정통명리학회 이사장, 명강사 73호)

인맥 관리는 사람 관리가 아니라,
인연을 관리하는 것이다

예나 지금이나 시대가 변해도 변하지 않는 공식이 있다. 사람이 곧 '재산'이라는 원칙이 그것이다. 이제는 '인맥의 시대'다. 비단 정치인이 아니라도 원만한 대인 관계, 인맥 관리는 성공적인 사회생활을 위한 기본으로 자리 잡았다.

우리 주위에서 성공을 거둔 사람들을 자세히 관찰해보면, 그들은 하나같이 뛰어난 인간관계의 비결을 가지고 있다는 사실을 발견할 수 있다. 개인의 능력이 성공과 정비례했던 과거와는 달리, 이제는 인맥 마케팅을 잘해야 직장과 사회에서 인정받고 성공할 수 있는 가능성도 높아졌다.

하지만 인맥이란 직장을 많이 옮겨 다닌다고 해서, 하루에 수십·수백 명의 사람들을 만난다고 해서 저절로 쌓아지는 것은 아니다. 단지 얼굴만 안다고 해서 인맥이라 할 수 없고, 그 수에 의해 인맥의 가치가 결정되는 것도 아니다. 상대와의 관계가 내 삶에 긍정적인 영향을 미치고 있는지, 정보망으로서 역할 수행이 원활한지, 그리고 나의 궁극적인 삶의 목표에 부합되며 안목을 넓혀줄 수 있는지 등과 같은 질적인 면이 더 중요하기 때문이다.

따라서 다른 사람들과 얼마만큼 진실하게 지내며, 신뢰관계를 구축하고 있는지를 점검해보는 것이 인맥 관리의 출발점이 된다. 그런 뒤 한 차원 업그레이된 인간관계를 통해 자신의 삶을 풍요롭게 가꾸기 위해서는 주변의 인맥을 어떻게 '인연'으로 만들어갈 것인가에 대한 구체적인 방법을 알아야 한다. 또한 노하우와 전략이 필요하다.

그런 의미에서 각 분야에서 활동하는 인맥 전문가들의 인맥 관리 노하우와 실천 방법을 꼼꼼하게 풀어낸 이 책은 품격 높은 인맥 관리를 통해 성공 인생을 꿈꾸는 모든 직장인들과 비즈니스맨들에게 실질적인 해답을 제시해주는 실용 인맥 가이드 역할을 해줄 것이다. 인맥 관리의 기본 마인드에서부터 모든 사람을 내 인맥으로 만드는 데 필요한 지식과 노하우, 단순한 인맥을 소중한 인연으로 발전시키는 인맥 마케팅의 완성에 이르기까지 '실전 인맥 관리' 내용을 담고 있다.

이 책이 다른 많은 인맥 관련서와 비교하여 단연 돋보이는 것은 국내 여러 인맥 달인을 꼼꼼하게 인터뷰하여 그들이 강조하는 인맥 관리의 핵심을 공개하고, 각각의 주제에 부합하는 내용을 필자가 바통을 받아 독립적인 이야기로 구성함으로써, 보다 입체적이고 풍성한 인맥 관리 방법을 보여주고 있다는 점이다. 특히 인터뷰이로 등장하는 국내 인맥 전문가들과 필자가 개인적으로 어떻게 만나 인간관계를 유지, 발전시켜 왔는지에 대한 인맥 스토리를 공개한 대목은 인간관계를 맺는 데 어려움을 겪거나 이제 막 인맥 관리를 시작한 20~30대 직장인들에게 큰 도움이 될 것이라고 믿는다.

　다만 책을 마무리 지은 시점에서 아쉬움으로 남는 것은 여기에 등장하는 15인의 인맥 전문가 외에 이 분야에서 이미 명성을 떨치고 있는 다른 훌륭한 분들을 더 모시지 못한 점이다. 사전에 취재 협조 및 인터뷰 요청을 드렸으나, 그분들의 바쁜 일정상 시간을 조율하기가 어려웠기 때문이다.

　어쨌든 이 책을 완성하는 데 이런저런 모양으로 도움을 주신 주변의 지인들과 특히 바쁜 시간 쪼개어 기꺼이 인터뷰에 응해주시고 귀한 인맥 정보와 경험을 아낌없이 제공해주신 열다섯 분에게 이 자리를 빌어 깊은 감사의 인사를 전하고 싶다. 마지막으로 부족한 우리들에게 이 책을 발간하도록 도와주신 가림출판사 강선희 사장님과 편집부 직원 여러분께도 감사드린다. 또한 변함없는 신뢰와 이해를 바탕으로 항상 든든한 벗이 되어주시는 성공사관학교 교수님들과 이 성과물의 기쁨을 함께 하고 싶다.

　무엇보다 이 책이 '사람 부자' 가 되기를 희망하며 성공 엘리베이터에 오른 우리 모두의 여행길에 나침반이 될 수 있기를 바란다. 중요한 것은 그냥 정보로만 받아들이고 현장의 삶에 적용하지 않으면 무용지물이 된다는 것이다.

　자, 다 같이 엄지손가락을 추켜 세우고 이렇게 외쳐보자.

　"인맥 성공이라는 고지에 오를 때까지 쭈욱 전진(끄덕 끄덕)!"

저자 서필환 · 봉은희

차례

신뢰를 바탕으로 디지털 인맥에 투자하라

안 병 재 (사단법인 한국강사협회 회장)

국내 온라인 인맥의 선두주자라 할 수 있는 한국강사협회 안병재 회장은 이 시대에 인맥이 얼마만큼 중요한지를 훤히 꿰뚫고 있으며 그 중요성을 널리 전파하고 다니는 사람 중 한 명이다.

특히 이번 책과 관련해 그에게 필요한 정보를 요청하는 과정에서 그 자신부터가 주변 사람들에게 소중한 인맥이 되어주는 일에 얼마나 적극적이며 성심을 다하는 사람인지를 좀 더 구체적으로 알게 되었다. 상대의 요청을 귀담아 들어주는 전화 매너도 단정했지만, 몇 차례의 독촉(?) 이메일에도 귀찮아하지 않고 낱낱이 자신의 사정을 밝히며 성의 있는 답신을 보내주는 태도에서 아주 깊은 인상을 받았기 때문이다.

"지식 · 정보화 시대인 21세기에 성공하는 사람들의 공통점은 인맥을 중시한다는 것입니다. 과거엔 '인맥'이라 하면 연줄, 청탁 등의 성공을 위한 처세술로 부정적인 의미가 강했지만, 요즘은 상호 협조, 후원, 정보 제공 등 긍정적인 의미가 강세입니다. 어찌 보면 오늘날의 인맥은 풍성한 삶을 누리는 데 반드시 필요한 토양과 같다고나 할까요.

그러므로 꿈을 가진 분들이라면 자아실현을 위한 인맥 관리에 관심을 가져야 합니다. 그런데 아쉽게도 많은 분들이 인맥 관리가 어렵다고 말합니다. 그 이유는 좋은 인맥을 형성하기 위해서는 많은 시간과 노력이 필요하기 때문입니다. 인맥 관리가 힘든 또 하나의 이유는 신뢰할 수 없는 인맥 때문에 정신적, 물질적 고통을 입을 수도 있기 때문입니다.

사실 인맥은 긍정적인 면이 많지만, 부정적인 측면도 배제하기는 어렵습니다. 어떤 사람들과 인맥을 형성 하느냐에 따라 비전과 가치관뿐만 아니라 인격까지도 달라질 수 있습니다. 때문에 많은 사람들과 인맥을 형성하는 것도 중요하지만, 그보다는 신뢰할 수 있는 사람들과 인맥을 형성하는 것이 더 중요하다고 생각합니다."

평소 인맥 관리를 둘러싼 안병재 회장의 이런 철학에 따라 현재 한국강사협회는 강사들의 인품과 그들 개개인이 지닌 올바른 가치관을 가장 중요한 덕목으로 여긴다. 강사로서 전문 분야에 대한 실력도 중요하지만, 그들이 건강한 가치관을 갖고 있는지, 이웃과 사회를 바라보는 사고 체계와 국가관은 바로 서있는지 등을 강사 자격 요건 1순위에 두고 정기 모임과 포럼을 통해 이 부분을 강화해 나가고 있다.

안병재 회장은 특히 대한민국 인재 강국 건설을 위한 인프라 구축 차원에서 '대한민국 명강사 1천 명 육성 사업'을 활발하게 전개하고 있는데, 이때도 협회에서 가장 중요하게 고려하는 것이 강사들의 직업적 사명감과 남을 배려하고 섬길 줄 아는 인품이라고 한다. 그도 그런 것이 강사의 부족한 강의 역량은 협회의 명강사 육성 과정으로 보완할 수 있지만, 인품은 스스로 거듭나지 않으면 도와줄 수 있는 길이 없기 때문이다.

개인적인 질문으로 돌아와서 주변 사람들과의 관계 향상을 위해 안병재 회장이 특별히 기울이는 인맥 관리 노하우가 궁금했다. 가령 그만의 인맥 구축 비결이나 방법은 구체적으로 무엇이 있을까?

"저는 인맥을 관리하지 않습니다. 인맥을 경영한다는 말이 맞을 것 같군요. 함께 나눌 가치 있는 비전을 찾고, 더불어 참여할 수 있는 시스템을 만들면서 열정을 가진 분들이 참여할 수 있도록 동기 부여를 하는 데 중점을 둡니다. 눈앞에 보이는 이익만을 좇기보다 함께 나누면서 즐겁게 모두가 참여할 수 있는 문화를 구축하지요. 이 일을 위해 가장 중요한 핵심 사항은 신뢰와 창의, 그리고 헌신입니다. 신뢰는 한 번 잃으면 회복하기가 정말 어렵습니다. 그래서 긍정적인 사고와 과감한 결단력, 강한 추진력, 그리고 어려운 일에 솔선수범하는 자세로 초심을 잃지 않으려고 늘 저 자신과 싸웁니다.

또한 저 개인적으로는 인터넷을 통한 디지털 인맥 관리를 중요하게 생각합니다. 그래서 실시간으로 회원들에게 필요한 정보나 자료를 제공하는 일을 저의 최우선 과제로 삼고 있지요. 실제 24시간 포럼을 지키는 일은 벌써 수 년째 계속해온 일상입니다. 지방에 강의를 갈 때면 고속도로 휴게소에서 점심을 먹는 것보다 포럼 방문을 최우선으로 합니다. 덕분에 협회 창설 4년 만에 회원 1만 명

시대를 맞이하게 되었습니다."

안병재 회장은 고민하는 양과 비례해 인맥 조직은 성장하게 되어 있다고 확언한다. 실제 그는 좋은 아이디어가 떠오르지 않을 때는 회원들의 이야기를 많이 경청하려고 노력하며, 불만을 토로하는 회원들의 말을 귀담아 들음으로써 멋진 해법을 찾을 때가 많았다고 한다. 또한 인맥을 통한 지식과 정보는 나누면 나눌수록 그 가치가 배가되며 재창조된다는 것이 그가 강조하는 내용이기도 하다.

"좋은 인맥을 구축하는 일은 비전과 가치를 서로 공유하는 것입니다. 제가 창설한 파사모포럼(대한민국 프레젠테이션 최고 포럼, http://www.seri.org/forum/pasamo)이나 명사모포럼(대한민국 명강사 회원들의 모임, http://www.seri.org/forum/myungsamo)은 이제 모르는 사람이 없을 정도로 유명해졌습니다. 물론 포럼의 성공은 혼자 이룬 것이 아닙니다. 훌륭한 명강사님들이 바쁜 가운데서도 가치 있는 일에 적극 참여해주고 헌신적으로 도와준 '참부자 정신'이라는 공유 가치가 있었기에 가능했던 결과입니다.

혼자 꾸는 꿈은 상상으로 끝나지만, 그 꿈을 다수가 공유하면 실행 계획과 전략이 따라붙고, 동참할 인재들도 나타납니다. 여기에 좋은 아이디어를 내는 분들이 책임을 맡도록 권한을 준다면 더 이상 창의적인 조직은 아마 없을 것입니다."

현재 안병재 회장이 이끄는 한국강사협회는 명강사 육성 사업을 매월 성공적으로 개최해 오고 있다. 2008년 상반기 동안 명강사 육성 세미나(4회), 명강사 경진대회(4회), 명강사 초청 세미나(4회), 명강사 대상 수상식(1회)을 성공적으로 개최할 정도로, 막강한 힘을 가진 협회로 성장한 것을 그는 보람으로 여긴다고 했다. 타 협회에서 디지털 인맥 성공 비결에 대해 자문을 구해올 때 그가 내놓는 해답 역시 딱 하나다. 그것은 '함께 나눌 비전과 가치, 그리고 창의적인 인재'가 핵심 비결이라는 것이다.

그는 인맥 관리를 배워가는 20~30대 후배들을 향해 좋은 인맥을 구축할 수 있는 비결에 대해 다음과 같이 조언하고 있다.

자신의 비전에 맞는 인맥을 구축하라

인맥 관리는 많은 노력과 투자가 요구된다. 자신의 비전과 관계 없는 인맥에 끌려 다니는 일은 투자가 아닌, 손실이 됨을 잊지 마라. 비전도 중요하지만, 추구하는 목적과 가치관이 서로 맞지 않다면 만남 자체가 엄청난 스트레스가 될 수도 있다. 인맥 관리는 사람 관리가 아니다. 뜻이 맞는 사람끼리 돈독한 관계망을 통해 함께 꿈을 키워가는 휴먼 네트워크(human-network)이다.

신뢰할 수 있는 인맥을 찾아라

인맥 관리는 바람직한 성품, 성격, 인격 등에 큰 영향을 받는다. 따라서 신뢰할 수 있는 인맥을 찾는 것이 중요하다. 특히 인맥 조직에 가담하고자 할 경우 참여할 수 있는 인맥인지, 어떤 시스템으로 운영되는지를 먼저 꼼꼼히 살펴볼 필요가 있다. 그렇지 않고 지인에게 끌려 다니는 것은 유쾌하지 못한 방법이다. 인맥이야말로 선택과 집중이 중요하다. 신뢰할 수 있는 인맥에 집중하라.

남을 이해하고 배려하는 마음으로 참가하라

인맥 관리의 성공은 커뮤니케이션 능력과 태도에 달려 있다. '어떻게 도움을 받을 수 있을까?' 라는 생각보다 '어떻게 도와줄 수 있을까?' 라는 생각으로 참여하라. 그리고 많은 사람에게 질문하고 그들의 경험과 생각에 귀를 기울여라. 그래서 인맥을 통해 더 많은 정보도 얻고, 살아 있는 경험도 얻을 수 있다면 금상첨화다.

디지털 인맥 관리에 투자하라

인터넷을 통해 자신을 제대로 알릴 수 있는 블로그, 미니홈피, 카페를 운영해보라. 디지털 인맥 관리는 오랜 시간과 정성을 요구한다. 성공적인 인맥이 될 수 있도록 고민도 하고, 열정과 끈기, 나눔의 정신, 그리고 책임감 있는 노력을 계속 한다면 광맥을 얻을 뿐만 아니라 멋진 리더로 거듭나는 길이 열릴 것이다.

항상 감사하는 마음을 가져라

감사하는 마음은 인맥 구축의 '톱 시크릿' 이다. 자신이 하고 있는 일에, 만나는 분들에게 먼저 감사하라. 좋은 일이 생겨서 감사하는 것이 아니라, 감사함으로 좋은 일이 생길 것을 확언한다. 무엇보다 사람을 존귀하게 여기는 인맥 관리로 모두가 보다 더 행복해지고 성공할 것이다.

멀리 가려면 손잡고 함께 가라

아프리카 속담에 "빨리 가려면 혼자 가고, 멀리 가려면 함께 가라."는 말이 있다. 혼자보다는 무리와 조화를 이루면서 상생(win-win)하는 삶을 권장하는 이 가르침은 오늘날 우리가 살고 있는 시대에 딱 들어맞는 성공 논리다. 이러한 공생(共生)의 아름다움을 극명하게 보여주는 대표적인 사례를 우리는 철새들의 세계에서 찾아볼 수 있다. 철새 중에서도 기러기는 우리들에게 많은 것을 시사한다.

기러기들이 얻는 힘은 다만 물리적인 71퍼센트라는 부력만은 아니라고 한다. 한 마리의 기러기가 잠시 감각을 잃고 대오를 벗어나면 잃어버린 부력으로 즉시 힘이 떨어지는 것을 느끼기 때문에 앞을 나는 새의 부력을 받기 위해 대오로 되돌아온다. V자의 앞에서 날고 있는 새가 방향을 잡고 대오를 이끄는 리더다. 그런데 그 새는 앞에서 만들어주는 부력이 없으므로 자연 쉽게 지치기 마련이다. 맨 앞의 새가 지치면 맨 뒤로 가고 자연스럽게 한 줄씩 자리를 바꾸어 리더 역할을 하면서 비행을 계속한다.

또 맨 앞에서 나는 새의 속도가 조금씩 떨어지면 그에게 격려를 해주고 경각심을 불러주기 위해서 꺼억꺼억 소리를 낸다고 한다. 새들이 이처럼 항상 무리지어 다니는 것은 혼자가 아니라는 안정감으로 혼자 날 때보다 70퍼센트 가량 더 오래 날 수 있기 때문이다. 더 흥미로운 것은 이 기러기들이 사용하는 언어에는 언제나 긍정과 응원의 힘이 서려 있다는 점이다.

"그래, 잘하고 있어. 조금만 더 가면 되니까 힘내! 네 옆엔 우리가 있잖아."

이처럼 기러기들은 서로를 격려하고 배려하면서 살아간다.

우리 인간사회도 이런 격려와 자극과 협력이 필요하기는 마찬가지다. 앞에 서서 다수를 이끄는 사람에게 힘을 주기 위해서는 따뜻한 격려와 조언을 아끼지 말아야 한다. 다른 사람을 눌러야 내가 살아남는다는 이기적 발상은 버려야 한다. 내가 성공하기 위해서는 먼저 주변 사람들이 성공의 대열에 올라설 수 있도록 적극 도와야 한다. 이것이 더불어 함께 성공하는 '상생'의 지름길이다.

지금은 대인지능(NQ)을 중요시하는 사회 네트워크 시대다. 즉 주변 사람과의 관계 유지를 통해 그들과 잘 소통하고, 그 관계를 바탕으로 얻는 자원으로 보다 더 큰 성공을 할 수 있는 시대를 살아가고 있다. '쿨 세대'로 대변되는 20대 청년들은 "실력만 갖추면 되지, 웬 끈?"이냐며 인맥의 중요성을 소홀히 여길 수도 있다. 그러나 요즘 돌아가는 사회를 한번 둘러보라. 취업은 물론이고 기업 공모전이나 대학생 동아리 모임에 이르기까지 혼자서 해낼 수 있는 일보다 팀을 이뤄 진행하는 일이 훨씬 더 많다.

예를 들어, 어떤 회사에서 웹 디자이너를 급히 찾고 있다고 가정해보자. 그 회사에서는 가장 먼저 구인 정보를 입수할 것이고, 그 업체를 잘 아는 누군가가 이 분야에 실력을 갖추고 있고 인간성까지 좋은 당신을 기억하고 있다면 주저하지 않고 당신을 추천할 것이다. 직장에서의 업무도 팀에게 맡겨지는 프로젝트가 대세다. 결과적으로 최고의 인재가 합류하여 만들어낸 결과물로 승부하는 시대가 바로 요즘이다.

이른바 '공존지수'라 부르는 이러한 네트워크 시대의 인맥은 함께 살아가는 사람들과의 관계를 얼마나 잘 운영하고 활용할 수 있는가를 재는 척도가 되고 있다. 그러므로 이제는 '혼자 노는 백로'보다 '함께 어울리는 기러기'가 되어야 한다. 이 말은 혼자 성공하는 것이 아니라, 함께 성공하는 방법을 터득하라는 뜻과도 통한다. 공존지수의 힘은 자신의 개성과 실력을 앞세우기보다 자신을 낮춰 팀 전체를 배려하는 데서 발휘된다. 언젠가는 그것이 더 큰 힘이 되어 자신에게 돌아올 것이다.

매순간 감사로 샤워하라

성공한 사람들이 가장 자주 쓰는 말은 무얼까. 바로 "죄송합니다 (I am sorry).", "고맙습니다(Thank you)."라는 짧은 단어다. 미국 여론조사 기관인 조그비 인터내셔널에 따르면, 연봉 10만 달러 이상인 고소득자가 연봉 2만 5000달러 이하의 빈곤층보다 두 배 정도 '감사'와 '사과'의 표현을 더 많이 한다고 한다.

일반적으로 자신의 잘못을 솔직히 시인하거나 감사할 줄 아는 사람은 사고가 긍정적이며 다른 사람을 소중히 여긴다. 무엇보다 이런 사람은 작은 호의도 당연시하지 않고 반드시 보답하려는 마음을 가지고 있다. 한 마디로 타인에 대한 배려가 깊은, 훌륭한 성품의 소유자들이다. 당연히 이런 사람에게는 그들이 풍기는 온화한 분위기로 주변에 사람들이 몰리게 되어 있다. 또 이들이 하는 일이나 사업도 잘되게 마련이다.

'일본의 워런 버핏'이라 일컫는 다케다 회장의 성공 스토리는 '고맙습니다.'라는 인사의 위력이 얼마나 대단한지를 보여주는 대표적인 예이다. 최근 100만 번 '감사합니다.'라는 말이 담긴 다케다 제과의 '다마고 보로(TAMAGO BORO)'라는 계란 과자는 우리나라 인터넷 쇼핑몰에서도 판매되었는데, 소비자의 마음을 순식간에 사로잡은 이 과자에는 몇 가지 성공 비밀이 숨어 있다.

다케다 제과는 이 다마고 보로 과자를 만드는 데 일반 계란보다 3배나 비싼 북해도산 토종닭 유정란만을 재료로 고집한다. 또한 과자를 만들 때 모든 직원들이 이 과자를 향해 '감사합니다!' 라고 외치게 한다. 제품을 만드는 사람의 행복한 마음과 정성을 과자 속에 넣는 것인데, 그는 제품을 만드는 사람의 행복 수준이 미래의 중요한 마케팅 요소로 작용한다는 사실을 알았기 때문이다.

다케다 제과점의 모든 종업원들은 만나는 고객을 향해 하루에 3천 번씩 '감사합니다.' 라는 말을 외쳤다. 이렇게 감사의 인사를 건네는 종업원들은 자연스레 웃는 얼굴이 되었고, 따라서 점차 운도 좋아졌다. 지금도 다케다 제과점 공장에서는 '감사합니다.' 라고 녹음한 테이프를 24시간 틀어 놓는다고 한다. 결과적으로 이 다마고 보로 과자 하나에는 '감사합니다.' 라는 말이 100만 번이나 들어가 있는 셈이다.

필자인 서필환도 '감사합니다.' 또는 '덕분입니다.' 라는 말을 자주 하는 편이다. 감사하는 마음이 불러오는 긍정적인 에너지를 알기 때문이기도 하지만, 실제로 내 주변에는 고마운 분들이 너무 많다. '2030년까지 5,000번의 명품 강의 실현' 이라는 목표를 향해 나아가고 있는 내가 2008년 10월 31일 1,255번째 강의를 달성한 것도 사실상 모두가 나를 아껴주시고 사랑해주신 분들의 도움과 응원 덕분이다. 정말 감사한 일이다.

솔직히 마음속에서 이런 인사가 절로 나오는 것을 나는 숨길 수가 없다. 쉬지 않고 강의 활동을 할 수 있도록 건강한 성대와 신체가 주어진 것에도 감사, 계속해서 강의 요청을 해오는 기업 및 지방자치단체의 교육 담당자에게도 감사, 서필환을 기억하고 추천해주는 주변 분들에게도 감사, 강의를 듣고 동기 부여가 되었다며 감사 편지를 보내오는 분에게도 감사, 부족한 나에게 책을 낼 수 있도록 도움을 준 출판사에도 감사, 아프지 않고 건강하게 생활해주는 딸들과 가족에게도 감사……, 온통 감사할 일 천지다. 그러니 어찌 이런 감사의 인사를 하지 않을 수 있겠는가.

실제로 서필환성공사관학교에서 우리 교수진들이 가장 많이 쓰는 말은 '고맙습니다, 대단하십니다, 본받고 싶습니다, 당신 멋져, 원더풀'과 같은 말들이다. 그 이유는 이런 긍정의 말, 칭찬의 말이 발휘하는 위력을 알기 때문이다. 남을 탓하는 '때문에'가 아니라, 상대에게 공로와 감사를 돌리는 '덕분에'라는 인생 태도는 무엇보다 사람을 변하게 하는 힘이 강력하다.

인간은 누구나 감사할 조건을 가지고 있다. 다만 많은 사람들이 그 감사의 조건을 모르거나 알아도 감사하지 못한 채 살아가고 있을 뿐이다. 여기서 기억해 두어야 할 것은 '감사하는 마음'은 대인 관계에서 제1순위로 중요한 덕목이라는 점이다.

감사야말로 복된 환경과 풍요로운 인맥을 끌어오는 최선의 길이다. 항상 미소를 잃지 않고 주변 사람과 주어진 환경에 감사하는 마음을 가지고 즐겁게 세상을 살아가는 사람들은 '밝음'을 끌어당기는 에너지 법칙에 의해 계속 즐겁고 행복한 일이 생기게 마련이다.

진심으로 감사하는 태도를 가지면 삶 속에서 감사할 일이 줄줄이 이어지고, 고마움을 자주 표현하는 사람에게는 계속 고마운 일이

찾아든다. 마찬가지로 자신의 잘못을 뉘우치며 '미안하다.'고 진심
으로 사과하는 사람에게 상대는 열렬한 팬이 되어주기도 한다.

무엇보다 이러한 긍정적인 태도가 불러오는 낙관의 힘은 인간
관계의 어떤 장벽도 능히 무너뜨릴 수 있다. 이것은 정말 놀라운
삶의 비밀이다. 그러니 당신의 모든 뇌 구조와 DNA부터 '긍정'
으로 튜닝하고, 매일 매순간 '기쁨'과 '감사'로 샤워해야 하지 않
겠는가.

자기 안에 있는 불평과 시기와 질투와 같은 부정적인 그림자를
걷어내고, 감사, 사랑, 밝음으로 끊임없이 자신을 리모델링하자.
오늘 당신이 만나는 사람에게 당신이 먼저 다가가 이렇게 인사하
는 건 어떤가.

"고맙습니다."
"덕분입니다."
"미안합니다."
"사랑합니다."

온라인 커뮤니티에서
인맥의 그물을 쳐라

인터넷이 우리 생활 깊숙이 파고들면서 나타난 가장 큰 변화 중 하나는 바로 의사소통 방식의 변화이다. 예전에는 사람을 만나서 얼굴을 마주 보는 상황에서만 대화가 가능했으나, 인터넷의 등장으로 이제는 얼굴을 보지 않고도 여러 사람들이 동시에 의사소통을 할 수 있게 되었다. 즉 사이버 세상에서 흩어졌던 동창을 다시 만나고, 새로운 친구를 사귀고, 상대를 스카우트하고, 사업 파트너를 만나는 등 '디지털 인맥 쌓기' 바람이 요즘 대세다.

특히 인터넷 커뮤니티는 시간과 공간을 초월해서 언제든지 필요한 정보를 공유할 수 있으므로, 오프라인 인맥과는 비교할 수 없을 정도로 방대한 만남의 장이 마련되어 있다. 그중에는 홈페이지나 블로그 등을 이용해 인맥을 구축해 나가는 사람들이 많다. 개인 홈페이지나 블로그는 유용한 정보를 교류하는 장으로 각자 취미와 성향에 맞춰 필요한 정보를 교환하며 친밀감을 높이는 데 활용할 수 있기 때문이다. 따라서 이러한 인터넷 시스템을 잘 파악하여 개인의 인맥을 넓히는 데 제대로 활용한다면 자신의 인생에 엄청난 플러스 효과를 가져 올 수가 있다.

사회생활을 하는 사람이라면 대부분 인맥의 필요성을 절감한다. 특히 거래와 영업이 많은 직장인이나 기업인들에게 잘 구축된 인맥은 종종 성공의 보증 수표가 되기도 한다. 그러므로 포털 사이트

‘다음’이나 ‘네이버’ 등에서 동창회 카페만 뒤적거리지 말고, 자신의 목표와 관심 분야에 꼭 맞는 온라인 커뮤니티를 보다 적극적으로 찾아 가입하는 노력이 필요하다. 예를 들어 ‘석세스피아(www.successpia.co.kr)’와 같은 직장인 관련 커뮤니티, ‘총무닷컴(www.chongmu.com)’이나 ‘한국비서협회(www.kaap.org)’와 같은 직종 관련 커뮤니티, ‘삼성경제연구소(www.seri.org)’나 ‘매일경제신문(http://comm.mk.co.kr)‘ 같은 경제 관련 커뮤니티 등을 통해 업무와 관련된 주요 정보도 얻고 사회생활에 꼭 필요한 처세 및 경제 감각을 익힐 수 있는 지식 등을 제공받을 수 있다.

좀 더 구체적으로 인맥 구축의 필요를 느낀다면 보다 전문적인 인맥 구축 서비스(SNS : social networking service)를 이용해볼 만하다. 실제로 ‘링크나우(www.linknow.kr)’ 같은 사이트는 회원들이 비교적 쉽게 인맥을 넓혀갈 수 있도록 사용자 환경을 구축해놓고 있어서 최근 직장인들의 이용이 늘어나고 있는 추세다. 업종별, 출신 대학별, 회사별, 국가별 키워드 등으로 다양하게 인물을 검색할 수 있다.

인맥 연결은 이런 식으로 한다. 먼저 상대방의 프로필을 확인한 후에 ‘인맥 연결(1촌)’을 하고 싶다면 이를 요청한다. 그러면 상대방은 요청을 받아 검토한 후 1촌 수락 가부를 결정한다. 인터넷 커뮤니타나 홈피에는 오프라인상의 지인이나 추천하고 싶은 비회원 등을 초대하는 기능도 있다. 초대에 상대방이 응하면 자동으로 1촌이 된다. 이밖에도 파워 인물 검색, 퀵 메일, 상세 프로필 보기,

내 프로필 방문자 보기 등의 서비스를 제공하고 있어 4촌 이상의 먼 인물까지 상세한 프로필을 보고 검색할 수 있다.

진화심리학자들의 연구에 따르면, 인간의 지능은 사람들 간의 사회생활을 통해 발전해온 '사회적 지능(social intelligence)'이라고 한다. 능력을 중시하는 비즈니스 시대에도 여전히 공동체적 연대감을 중시하는 이유가 바로 여기에 있다.

특히 요즘에는 기업 차원에서 직원들의 인맥을 챙기는 분위기가 확산되고 있다. 그러나 인맥 관리의 중요성을 알면서도 방법을 모르거나 노하우가 부족해 중요한 기회를 놓치는 경우가 생긴다. 이러한 사회 분위기에 발맞춰 기업을 대상으로 인맥 관리 종합 서비스를 제공하는 프로그램까지 등장했다. 회사 임직원들의 인맥 관리를 대행해주는 대표적인 서비스 제공 업체가 바로 (주)매경인터넷과 중앙조인스닷컴이다.

국내 최대의 인물 데이터베이스를 자랑하는 '조인스인물정보(http://people.joins.com)'는 최근 '조인스 힘'이라는 인맥 서비스 프로그램을, 매경인터넷은 'MKBNS'라는 인맥 서비스 프로그램을 각각 선보이고 있다. 임직원의 인맥 데이터를 저장·관리하던 기존의 지인 관리 시스템에서 한 단계 발전한 형태인 이 프로그램은 임직원들이 자신의 인맥과 지속적인 신뢰관계를 쌓고 이를 기업 차원에서 활용할 수 있도록 돕는 '기업용 인맥 관리 솔루션'이다.

이 솔루션은 '인맥 데이터의 최신성 유지'와 '개인의 인맥 커뮤니티 관리' 기능을 주요 특징으로 꼽을 수 있다. 그중에서도 직원의 인맥과 고객, 회사 차원의 업종별 인맥을 총괄하여 '자산화' 시켜주는 것이 강점이다. 등록된 개인의 인맥은 조인스인물정보 데이터베이스와 연결되어 있어 항상 최신 정보로 유지되고, 인맥 경조사 및 변동 사항이 발생하면 관계자에게 즉각 알려준다. 또한 기념일 등을 미리 설정하면 카드나 문자 메시지를 자동으로 발송해 주기 때문에 고객과 관련된 인맥에 지속적인 관심을 표현하도록 도와준다.

인맥이 곧 재산인 시대에는 사람에 대한 투자만큼 직접적인 이익으로 돌아오는 것도 드물다. 비록 온라인 인맥이 일정 부분 한계를 안고 있기는 하지만, 시공을 초월하여 다양한 정보를 얻고 방대한 그물을 칠 수 있다는 점에서는 오프라인 인맥과 비교할 수 없을 정도로 강점을 갖고 있는 것도 틀림없는 사실이다. 특별히 성격이 내성적이거나 말보다는 문장으로 자기 표현을 잘할 수 있는 사람에게 온라인 인맥은 오히려 강점이 되기도 한다.

단, 온라인에서 커뮤니케이션을 주고받을 때 주의할 것은 오프라인에서 사람을 만날 때와 마찬가지로 에티켓을 철저히 지켜야 한다는 점이다. 특히 인터넷은 문자로 소통하는 커뮤니케이션이므로 자칫 함부로 글을 올릴 우려도 없지 않다. 따라서 상대방으로 하여금 불쾌한 감정을 일으킬 수 있는 글이나 예의에 어긋나는 문장은 삼가야 한다. 자신의 의사를 명확하게 전달할 수 있는 간결한 문장을 사용하되, 맞춤법에 어긋나지 않도록 세심하게 살피는 노력도 필요하다. 말이나 글은 사용자의 인격을 대변하므로, 은어나

비속어 등의 사용도 삼가는 게 좋다.

중요한 것은 무조건 이익이 될 사람만을 찾아 나설 것이 아니라, 진실한 마음으로 다가서야 한다는 것이다. 혹시 당신은 지금도 온라인 동창회 카페만 드나들고 있는가. 지금 당장 생각을 바꾸고 시야를 넓혀 인터넷의 거대한 바다에 뛰어들어 보라. 그래서 당신을 간절히 기다리고 있을, 당신에게 꼭 맞는 보석 같은 인맥을 찾아보라.

TIP 참고할 만한 온라인 커뮤니티 & Social Networking Service

싸이월드(www.cyworld.com)
링크나우(www.linknow.kr)
삼성경제연구소(www.seri.org)
석세스피아(www.successpia.co.kr)
매일경제신문(http://comm.mk.co.kr)
조인스닷컴(http://people.joins.com)

안병재 회장은 조용하지만 추진력이 강하고 말을 아끼는 지혜로운 분으로 삼성경제연구소 Seri 포럼에서 1위를 차지하고 있는 '파사모'와 '명사모', '판사모'를 만들어 이끌어 가고 있으며, 국내 '파워포인트 1인자 명강사'로 통한다. 매주 한두 차례씩 이메일로 수만 명의 회원들에게 정보를 제공하는 등 24시간 온라인 포럼을 지키는 일을 4년째 해오고 있는 디지털 인맥의 대가이기도 하다.

안병재 회장과 직접적인 인연을 맺게 된 것은 내가 강사생활을 막 시작할 무렵인 2003년도였다. 전문 강사가 되기 위한 준비를 하며 이리저리 뛰어다니던 중 우연히 명강사들의 모임인 인터넷 Seri를 발견하고 나는 곧바로 '명사모'의 핵심 모임에 고개를 내밀었는데, 이곳의 핵심 리더가 바로 안병재 회장이었다. 이후 나는 적극적으로 이 모임에 동참하며 그를 비롯한 많은 강사들과 교류를 맺어갔다. 덕분에 명강사 모임의 대외협력위원장과 홍보위원장을 맡게 되었고, 한국강사협회와 한국경제신문이 공동 주관한 명강사 초청 세미나에서 '대한민국 제21호 명강사'로 위촉되는 영예를 얻었다.

이렇듯 만나고 싶은 사람을 만나기 위해 나는 적극적으로 발품을 팔았으며, 그 결과 이 모임의 동참자에서 어느덧 '동행자'가 되었다. 이때 안병재 회장은 초보 강사인 내가 강의 활동 영역을 넓혀나가는 데 필요한 실질적인 조언과 함께 강의 추천을 해주는 등 여러 모로 관심과 성원을 보내주었다. 무엇보다 그와의 인연이 나에게 각별한 의미를 지니는 것은 명사모에서 나로 하여금 많은 동료 강사들과 좋은 인맥을 형성하는 토대가 되어주었기 때문이다.

안병재 회장은 "혼자 꾸는 꿈은 상상으로 끝나지만, 꿈을 공유하면 그것을 실행할 수 있는 인재와 전략이 따라붙는다."는 인맥 철학을 늘 강조한다. 지금까지도 친근한 동료애를 나누는 그를 항상 고마운 은인으로 모시고 있다.

만남을 즐기는 **따뜻한 징검다리**가 되어라

유인경 (경향신문 선임기자, 방송인)

신문기자이면서 방송인과 강사로서도 활동 폭이 넓은 유인경 기자는 재치 있고 시원시원한 말솜씨만큼이나 솔직하고 편안하게 사람들을 대하는 것으로 정평이 나 있다. 그 어떤 편견이나 거부감 없이 사람들을 두루 편안하게 대함으로써 새로운 인간관계를 맺는 데 능숙하기 때문이다. '인간 복덕방'이라는 별칭이 어색하지 않을 만큼, 그에게는 각계 유명인사에서부터 시골 할머니에 이르기까지 전국에 팬(?)들이 많다.

하지만 유인경 기자의 말마따나 정작 그는 '인맥 관리'에 신경을 쓰지 않는다. 늘 새로운 사람을 만나는 것이 그의 일이기도 하지만, 천성적으로 사람을 좋아하고 그저 새로운 만남을 즐거워할 뿐, 여느 약삭빠른 사람들처럼 성공과 출세를 위해 전략적으로 연줄을 만들고 소위 사람을 '관리'하는 것과는 거리가 멀기 때문이다. 하다못해 인맥을 위한 사교 모임이나 서클 등에 단 한 번도 가입해본 적이 없는 그다.

그럼에도 유인경 기자를 찾아오는 사람들은 줄을 잇는다. 그는 신문 기사를 보거나 방송을 접하고 무작정 그를 만나기 위해 찾아오는 사람들도 마다하지 않고, 주변 누군가가 사소한 부탁이라도 해오면 웬만한 일은 다 들어준다. 그는 다만 '만남' 자체를 소중히 여길 뿐이라고 말한다.

"모든 사람은 나의 스승이자 교과서란 생각을 하고 있습니다. 어린 아이건 세계적 석학이건 어떤 사람에게나 내가 배울 게 있다고 생각하면 그들에게 교만하게 굴 수 없죠. 그래서 연령을 초월해 누구와도 쉽게 친해질 수 있는 것 같아요. 그리고 일단 친한 사이가 되면 상대방을 배려하는 마음이 절대 필요합니다. 기자라는 직업상 친한 이들과 관련한 기사를 제일 먼저 쓰고 싶은 욕심(기자 정신?)이 생길 때도 있지만, 그 기사로 상대에게 상처가 된다면 그건 지인에 대한 배려가 아니죠. 그럴 땐 먼저 상대에게 기사화해도 좋은지를 묻고, 쓰더라도 정확하게 기사를 작성하면 인간관계가 오래 갑니다. 그리고 나중에 훨씬 좋은 기사거리를 제공받게 되지요."

유인경 기자는 "사람들이야말로 나의 가장 큰 재산이다."고 말한다. 사람들은 통장과 지갑에 들어 있지 않지만 가슴속에 들어 있어서, 더 나은 삶을 살 수 있도록 조언도 해주고 영감도 주는 반면 교사 역할도 해주기 때문이다. 특히 자신이 중대한 결정을 내려야 하거나 실의에 빠져 있을 때, 그 어려운 상황에서 지혜로운 충고를 해주는 사람들 덕분에 오늘도 무사히 살고 있다고 그는 말한다. 또 그가 무엇인가를 성취했을 때, 자신의 일처럼 진심으로 기뻐해주는 사람들이 있어 행복하다는 것이 그의 고백이다. 그가 인간관계를 중요시하는 이유가 바로 여기에 있다.

"사람은 혼자 살 수 없고, 서로 영향과 도움을 주고받으면서 살아갑니다. 흔히 21세기를 정보화 시대라 하는데, 실제 정보의 바다라 불리는 인터넷에서 구하는 정보는 극히 미미합니다. 사람, 특히 친한 이들에게서 얻는 제대로 된 정보와 도움이 적절한 물건 구입부터 직장생활, 미래의 인생에 엄청난 영향을 주지요. 눈에 보이는 이익만이 아니라, 좋은 이들과 더불어 나누는 아름다운 시간과 추억들이 훌륭한 인생을 만들어간다고 생각합니다. 늙어서 제일 필요한 것도 우아한 노후를 더불어 보낼 친구들이라고 생각하면 보험을 드는 마음으로 사람들과 친분을 유지해야겠지요."

정리되어 줄줄 나오는 그의 인맥 철학을 듣다 보니, 그가 평소 인간관계에서 가장 중요하게 여기는 것이 무엇인지 궁금해졌다.

"사람을 진심으로 대하는 것이죠. 뭔가 바라고 이익을 얻기 위해 관계를 유지하면 금방 탄로가 나서 오래 가지 못합니다. 튼튼한 밧줄이라고 믿었던 것이 알고 보면 썩은 동아줄일 수도 있고, 처음엔 시시해보였던 돌멩이가 알고보니 빛나는 보석이듯 사람들의 위치나 능력이 어떻게 변할지 모르므로, 그 사람이 성공했을 때뿐만 아니라 실패했을 때도 한결같이 친분을 유지하는 것이 중요합니다."

유인경 기자는 또한 자신이 도움을 받은 만큼 다른 사람에게 그 이상으로 도움을 주려고 노력하는 자세가 중요하다고 했다. 실제 그는 누가 부탁을 해오면 가능한 한 들어주고, 필요한 사람이 있으면 서로 연결해준다. 한 마디로 '인간 복덕방' 역할을 톡톡히 하고 있는 셈이다. 그는 객관적으로 판단해 서로가 도움이 될 듯한 사람들, 자신이 이미 잘 알아서 판단이 서는 이들을 연결해준다.

그러기 위해서는 그들이 현재 무슨 일에 제일 관심이 있는지, 그들의 특징과 자원은 무엇인지, 그리고 어떤 일을 원하는지 등을 알아야 한다. 따라서 그는 주변의 누군가가 근황을 이야기할 때 무심코 흘려듣지 않는다고 한다. 지인의 이야기를 귀담아 들었다가 필요한 사람을 연결하거나 적절한 정보를 전해주면, 그들도 나중에 보답한다고 한다.

"노력까지는 아니지만 선물을 자주 하는 편입니다. 워낙 책을 좋아하는데 감사하게도 출판사에서 책을 많이 증정받아요. 주변 사람이 필요로 하거나 읽어도 좋을 책들을 골라 선물하거나, 갖고 있는 물건 중에서 내가 필요하지 않은 가방, 액세서리 등을 후배들에게 나눠주지요. 취재원을 만나러 갈 때도 꽃다발이나 케이크, 혹은 그분이 좋아하는 특정한 물건들을 사서 가면 인터뷰가 훨씬 잘 풀립니다."

이렇게 마음을 나누는 인간관계를 맺어가다 보니, 이를 통해 정작 혜택을 누리는 사람은 유인경 기자 자신이라고 한다. 특히 만나기 어려운 사람들을 인터뷰할 때 지인들의 도움을 아주 많이 받고 있다고 했다. 돌아가시기 직전 마지막 인터뷰어가 된 피천득 선생과, 두 군데나 연재소설을 쓰는 살인적 스케줄 가운데서도 인터뷰에 응해준 최인호 선생 등은 모두 그와 친한 지인들이 만남을 주선해준 경우라고 한다.

"대학 경영학과에 다니는 딸에게 마케팅 등에 필요한 외국계 기업의 인물을 접촉할 수 있게 해주어서 엄마로서 체면이 섰답니다. 평소 친한 이들이 도움을 주어 가능한 일이었지요. 또 IMF 시절, 한 여성이 자기 남편이 실직 후에 침대 세탁을 하는 업체를 차렸는데 홍보가 필요하다고 해서 장마철에 기사를 내준 적이 있는데, 그 기사로 대박이 나서 성공했습니다. 그 덕분에 10년이 지난 지금도 1년에 한 번씩 침대 세탁을 무료로 제공받고 있어요."

그런가 하면 자신과 친한 이들을 동원해 어려운 상황에 처한 사람들을 도와준 것이 인간관계에서 그가 얻는 가장 큰 보람이라고 한다. 이혼과 실직으로 경제적으로 어려운 후배를 아는 분의 회사에 취업시켜준 것, 무료로 유방암 행사 사회를 봐준 인연으로 국내 최고의 명의에게 후배 부인이 급히 유방암 수술을 받게 한 것 등.

이렇듯 유인경 기자는 전략적으로 사람을 관리하지는 않지만 어떤 대가를 바라지 않고 진심으로 사람을 대하는 데 익숙해 있다. 결과적으로 그의 이런 따뜻한 마음이 계속 인맥을 풍부하게 하는 것이 아닐까. 그는 젊은 후배들에게 인맥에 관해 다음과 같이 조언한다.

　"세상에 공짜는 없습니다. 좋은 친구를 원하면 좋은 친구가 되어
주어야 하듯, 인맥을 넓히려면 내 시간과 땀을 투자해야 합니다.
또 그저 남에게 받기만 하려거나 이용만 하려는 얄팍한 생각은 오
히려 자신을 왕따로 만들게 하지요. 받으려는 생각 없이 나의 시간
과 정보와 사랑을 주면 그것이 몇 배로 확대되어 돌아온다는 점을
꼭 말해주고 싶어요.

　특히 남들이 잘되었을 때보다 힘들 때 진심으로 위로해주거나
도움(그것 역시 보답받으리란 기대 없이)을 주는 마음이 필요합니다.
안부를 묻는 간단한 문자 메시지, 이메일, 전화 또는 작은 선물로
마음을 충분히 전할 수 있습니다. 그것이 이어져 곧 좋은 인맥이
된다는 걸 기억하세요. 또한 꼭 내 또래나 비슷한 분야의 사람들과
만 인맥을 형성하지 말고 가능한 한 전혀 다른 분야, 그리고 다양
한 계층의 사람들과 폭넓은 만남을 가질 것을 제안합니다. 사고의
폭도 그만큼 넓어지고, 많은 걸 배우게 될 것입니다."

마당발이 되기보다 진실한 관계를 우선하는 매너짱이 되어라

인간관계, 즉 인맥이란 사람과 사람 사이를 이어주는 매듭과 같아서 처음에 어떻게 맺어지느냐가 굉장히 중요하다. 무조건 많은 사람을 대하고 명함을 수백 장씩 돌린다고 해서 인맥을 잘 쌓는 것이라고 단정 짓기는 어렵다. 실속 없이 아는 사람이 많은 것도 능사는 아니다.

그 사람들이 나를 어떻게 기억하느냐가 진정한 인맥을 결정한다. 단지 아는 얼굴이 많다고 해서 훌륭한 인맥을 형성했다고 말할 수는 없지 않은가. 주위 사람들과 얼마만큼 진실한 관계를 맺고 있느냐가 그 사람의 소중한 재산이 된다.

진정성이 빠진 인맥은 금세 허물어질 모래성을 쌓는 것이나 다름이 없다. 훌륭한 인맥은 거창한 환경에서 만들어지는 것이 아니라, 주어진 여건 속에서 최선을 다해 맡겨진 일을 충실히 하며 주위 사람들에게 인정과 신뢰를 받을 때 자연스럽게 이루어진다. 세계 최고의 '백화점 왕' 페니의 젊은 시절 이야기는 진실한 인간관계가 일생을 살아가는 데 얼마나 큰 힘이 되는지를 잘 보여준다.

대학에서 경영학을 전공한 페니는 졸업 후 친구와 함께 백화점에 취직했다. 친구와 그는 당연히 관리 부서에 배치받게 될 줄 알았다. 그런데 뜻밖에도 두 사람에게 맡겨진 일은 엘리베이터 안내직이었다. 크게 실망한 친구는 회사를 그만 두었고, 젊은 페니는 이 자리가 자신으로 하여금 많은 사람들과 인간관계를 쌓을 수 있는 절호의 기회가 될 것이라 생각하고 열심히 일했다. 주위에는 '이런 하찮은 일을 계속하는 이유가 뭐냐?' 면서 비판적인 충고를 하는 사람도 많았다. 하지만 그는 묵묵히 자기에게 주어진 일을 성실하게 했고, 그 일을 하는 동안 직장 동료들은 물론 수많은 고객들과도 친밀한 인간관계를 맺을 수 있었다.

마침내 페니는 한 부서를 이끄는 책임자가 되었다. 그는 엘리베이터 안내를 하면서 맺게 된 많은 조력자들이 있었기에, 새로운 일이 주어질 때마다 그들로부터 적절하게 도움을 받을 수 있었으며, 결국에는 CEO 자리에까지 앉게 되었다.

페니의 이야기가 우리에게 주는 교훈은 인간관계든 직장일이든 당장 눈앞의 이익만을 생각하는 사람이 되지 말아야 한다는 것이다. 조직을 위해서, 이웃을 위해서 이기심을 버릴 때 풍성한 인맥을 만들어 갈 수 있다.

나(서필환)는 처음 사람을 만날 때마다 머뭇거리는 상대에게 먼저 다가가 손을 내민다. 그리고 헤어진 뒤에는 그들의 얼굴과 이름을 떠올리며 한 사람 한 사람에게 문자 메시지나 이메일을 보낸다. 모두에게는 아니지만 만남에서 특별히 인상적인 느낌을 받았거나 도움을 입은 사람에게 감사하는 마음과 감동받은 내용을 글로 표현한다. 이때 고맙다는 인사와 함께 상대에 대한 칭찬과 따뜻한 격려의 말을 아끼지 않는 편이다. 비록 짤막한 몇 줄의 글이지만 이런 나의 진심은 상대에게 전달되어 그 사람도 나에 대해 좋은 인상을 갖게 된다. 만나는 주위 사람들에게서 좋은 점을 발견하여 이를 적극적으로 표현하고, 그들이 나에게 베풀어준 작은 호의에도 늘 감사하는 마음을 갖고 산다면, 모든 일은 잘되게 되어 있다. 이것은 내가 경험으로 체득한 인생철학이다.

특히 좋은 인간관계를 맺기 위해서는 상대에 대해 깍듯이 예의를 갖출 필요가 있다. 도움을 받았을 때는 고맙다는 표현을 하고, 잘못한 점에 대해서는 반드시 사과와 용서를 구해야 한다. 아무리 가깝게 지내는 동료사이라 할지라도 함부로 농담을 주고받거나 거친 말투로 대하다 보면 실수를 하게 마련이다.

모든 만남에서 '예절' 이라는 것은 조용한 그림자 역할을 한다. 예의범절이 몸에 밴 사람은 주위 사람에게 존경을 받을 뿐만 아니라, 그에게서 우러나는 품위로 항상 좋은 자리로 안내받게 되어 있다. 하다못해 상품을 팔 때도 예절을 갖추어 고객을 진심으로 대하면 몇 배의 가치가 돌아온다. 진실 없이 호들갑스럽고 부산하게 긴 수다를 늘어놓는 것보다 절제된 언어와 세련된 매너를 보여줄 때 상대는 당신에게 호의를 느껴 당신의 평생 고객으로 남고 싶어할 것이다.

분별력 있는 사람들은 예절을 세련된 호의의 징표로 삼는다. 예절은 모든 인간관계를 향상시킨다. 모든 사람과 진실한 관계를 추구하되, 특별히 감사하는 마음과 예절이 갖는 힘을 체득해보라.

대가 없는 도움과 마음이 담긴 선물로 감동을 주어라

성공한 사람에게는 한 가지 공통점이 있다. 먼저 베푼다는 것이다. 꼭 거창한 것이 아니더라도 작은 것을 베풀어줌으로써 상대방을 감동시킬 수 있다. 사과 씨 하나를 땅에 심으면 그것은 수 년이 지나 무성한 꽃과 열매를 생산하는 큰 나무가 된다.

이와 마찬가지로 인간관계에서도 내가 먼저 감동의 씨앗을 심어야 한다. 물질에 마음을 담아 상대를 배려하거나 상대에게 이익을 주었을 때 그것이 훗날 몇 배의 결실과 보람으로 나에게 돌아오는 것이 인간관계의 기본 법칙이다. 우리 주위에는 종종 자기는 상대에게 아무 것도 베풀지 않으면서 얻으려고만 하는 사람이 있다. 이런 사람은 자연의 법칙을 모르는 이들이다.

주변 사람들에게 진심으로 도움을 줄 때, 이미 자신 곁에도 도움을 줄 누군가가 다가와 있다는 사실을 놓치지 말기 바란다. 특히 상생관계를 지속적으로 유지하기 위해서는 내가 먼저 '주는' 입장에 서야 한다. 할 수만 있다면 도움은 항상 내가 먼저 주는 것이 좋다. 자신이 혹은 자신의 조직이 줄 수 있는 것을 두 번 세 번이라도 주고 난 후, 내가 원하는 하나를 받는다는 생각을 하는 것이 상생관계의 핵심이다. 즉 내가 철저히 '기브맨(give man)'이 될 때, 어느덧 신뢰받는 '테이크맨(take man)'으로서 기쁨을 맛볼 수 있다.

부탁을 하거나 부탁을 들어준다는 것은 인간관계가 그만큼 깊어졌다는 뜻이다. 또 누군가 나에게 부탁을 했다는 것은 그만큼 나를 신뢰하고 있다는 증거다. 따라서 이것을 부담스럽게 여길 게 아니라, 자신이 부탁을 들어줄 수 있는 위치에 놓여있음을 고맙게 여겨야 한다.

상대의 부탁이 내가 해결해줄 수 있는 것이라면 가능한 한 성의를 다해 도와라. 도와준다고 철썩 같이 약속해놓고 흐지부지 뒷마무리를 못하면 애초에 부탁을 수락하지 않은 것만 못하다. 상대에게 실없는 사람으로 낙인찍히거나 괜히 동료들 사이에서 당신의 이미지만 흐려질 수 있다.

그러나 자신이 처한 형편상 도와주는 것이 도저히 어려운 경우도 있을 것이다. 그럴 때는 다짜고짜 거절부터 하지 말고 있는 사실 그대로를 전하라. 도움을 줄 수 없는 이유를 솔직하게 말하고, "도움이 못되어서 미안하다."라는 말을 정중하게 덧붙임으로써 상대가 거절당한 기분이 들지 않도록 하는 것이 좋다. 또 추후라도 그 일은 잘 해결되었는지 관심을 가져주고 격려해준다면 상대도 상처받지 않으며 계속 좋은 관계를 유지할 수 있다.

이처럼 부탁을 하거나 도움을 줄 때는 상대방의 입장을 충분히 헤아려서 피차 난처해지지 않고 서로에게 이익이 되도록 배려하며 최선을 다하는 자세가 필요하다. 그렇게 해야 서로가 부탁을 들어주지 못하는 상황이 생기더라도 계속 고마워하며 격려를 주고받을 수 있는 좋은 관계로 발전할 수 있다. 이렇게 동료 간에 도움을 주고받으면서 쌓은 인맥은 힘이 되고, 정보와 아이디어가 되어 자신을 성장시켜 줄 것이다. 또한 깊어진 인간관계만큼이나 우리의 삶도 풍성하게 된다.

마음이 풍요한 인맥 부자들은 한결같이 주기를 좋아하는 사람들이다. 그들의 입은 칭찬을 효과적으로 활용하여 만나는 상대에게 용기와 희망을 주며, 그들의 손은 편지를 써서 진솔한 사랑의 마음을 전달하고, 자신의 도움을 필요로 하는 곳에 늘 함께한다.

특히 자신에 대한 인상을 상대에게 호의적으로 전달하거나 소중한 인연을 평생 인맥으로 가꾸어 가려면 나름대로 정성과 노력이 필요한데, 그중 하나가 바로 '선물하기' 이다. 필자는 평소 고맙고 소중한 주변 분들에게 작지만 진심 어린 선물을 종종 하는 편이다. 그것은 상대에게 잘 보이기 위한 뇌물(賂物)이 아니다. 뇌(마음)를 움직이게 하는 선물, 즉 작지만 진심이 담긴 선물은 상대에게 잔잔한 감동을 주고 상호 간의 관계에 훈기를 불어넣어 주는 뇌물(腦物)의 의미가 깃들어 있다.

인간관계는 단순히 비즈니스에 이용할 인적 사항을 확보하는 것이 아니라, 따뜻함을 나누며 평생을 함께할 이웃을 만드는 것이다. 그 관계를 보다 아름답고 끈끈하게 이어주는 윤활유 역할을 하는 것이 바로 선물임을 잊지 말자. 선물하는 것이 아직 익숙하지 않다면 우선 연말에 정성스런 연하장을, 그리고 명절에 작은 선물이라도 보내는 것으로 시작하는 것이 어떤가.

사람들을 이어주는
인간 복덕방이 되어라

좋은 인맥을 만드는 방법은 사람을 대할 때 언제나 '상대 중심'의 배려를 아끼지 않는 것이다. 세상 사람들이 좋은 인맥을 만들지 못하는 이유는 '나 중심'으로 생각하고 사람을 대하기 때문이다. 그러나 좋은 인맥을 만들려면 이 세상에 오직 내 앞에 있는 이 사람이 전부라는 생각을 가지고 주위 사람을 대해야 한다.

인생이란 다른 사람과 더불어 살아가는 여정이다. 혼자 성공할 수 있다는 생각, 나만 생각하는 이기심을 버려야 한다. 오히려 다른 사람들의 이익을 먼저 챙겨라. 그 원칙을 실행하며 살아갈 때 더 큰 이익이 나에게 돌아온다. 이것은 아주 정확한 에너지 법칙이다.

'상대 중심의 인맥'을 만들어 가는 방법 중에 중요한 하나가 바로 나의 인맥을 주변 사람과 공유하는 것이다. 사람들은 흔히 '자기 인맥'을 지나치게 소중히 여기거나 과도하게 평가한 나머지 타인에게 자신의 지인을 잘 소개하지 않으려는 경향이 있다. 이러한 심리적 배경에는 내 인맥을 다른 사람에게 소개하면 손해를 본다는 생각을 하기 때문이다. 하지만 인맥의 달인은 자기 인맥을 혼자보다는 주위 사람들과 공유함으로써, 더 넓은 인맥 무대로 나아간다.

누군가의 표현처럼 인맥은 '근육질'과 같아서 서로 이어질수록 더욱 단단해진다. 인맥의 중심에는 언제나 그 인맥을 소개해준 내가 있고, 나 또한 잘 단련된 그 인맥의 '근육질'을 통해 더욱 강한 인맥을 확장해갈 수 있기 때문이다.

로버트 기요사키라는 작가는 『부자 아빠 가난한 아빠 2』에서 세상에는 종업원, 자영업자, CEO, 투자자, 이렇게 네 종류의 사람이 있는데, 그들이 어떻게 돈을 벌고 있는지 그 차이를 확실히 아는 것이 부자가 되는 첫걸음이라고 한다. 자유로운 CEO는 자신의 회사 종업원에게 일자리를 제공해주고, 그를 통해 고객에게 서비스와 재화를 제공함으로써 수입을 얻는 사람들이다. 그런데 종업원과 자영업자는 자신의 노동력을 제공하고 수입을 얻는다. 이런 사람들이 계속 일해도 풍요로워지지 않는 가장 큰 원인은 '혼자서' 하고 있기 때문이다. 반면에 CEO나 투자자는 주변에 좋은 사람을 불러 모아 항상 '팀 플레이'로 승부한다. '지렛대 원리'에 의해 이런 사람은 점점 더 부자가 된다는 것이다.

인맥도 마찬가지다. 자신이 형성한 인맥을 혼자 움켜쥐고 있다고 해서 나에게 이익이 되는 것은 하나도 없다. 손바닥 위의 모래를 예로 들어보자. 손을 쫙 펼수록 모래를 많이 쌓을 수 있지만, 그것을 움켜쥐는 순간 모래는 손가락 사이로 다 빠져나가 버린다. 내가 알고 있는 지인들을 또 다른 주변 사람에게 소개하고, 나는 상대방의 인맥을 소개받고 하는 과정에서 인맥은 점차 더 넓어진다.

인간 복덕방이 되어 서로의 인맥을 공유함으로써 확장된 인간관계는 자신의 비즈니스와 삶을 훨씬 더 풍요롭게 해준다. 이것이 나와 너, 그들 모두를 윤택하게 하는 '상생의 원칙'이다.

실제로 나는 인맥 공유를 통해서 기대하지 않았던 뜻밖의 행운을 누릴 때가 많다. 늘 새로운 교육 프로그램을 짜고 강사 초빙을 고민해야 하는 기업 교육 담당자에게는 내가 알고 있는 강사를 성의껏 추천해주고, 비즈니스를 하는 지인들에게는 내가 잘 아는 업체와 적절하다 싶은 인맥을 선별해서 내 일처럼 연결해주는 편이다. 그런데 거기서 기대하지 않았던 인맥의 싹이 터 더 좋은 사람들을 알게 되고, 이것이 나의 비즈니스로 이어지거나 더 넓은 활동 무대로 나아가는 발판이 되는 경험을 자주 해왔다.

우리는 이 세상에 태어나 평생 많은 사람과 인연을 맺고 점진적으로 인맥을 늘리면서 살아간다. 그런데 나 혼자 저절로 맺어진 인간관계는 거의 없다. 대부분은 누군가의 소개를 통한 것이고, 인맥이 또 다른 인맥을 연속적으로 불러오는 결과일 뿐이다. 그러므로 인맥을 서로 공유한다는 것은 한 사람과 한 사람이 만나 둘이 되는 덧셈이 아니라, 무한대로 확장되는 '곱셈'이 되는 것이다.

인맥은 서로 공유하면서 길게 보고 꾸준하게 쌓아갈 때 비로소 빛을 보게 된다. 그렇지 않고 '나만의 인맥', '너만의 인맥'을 따지며 경계를 짓는 사람은 당장 눈앞의 이익을 챙길 수 있을지는 몰라도 자신의 인생을 성공으로 이끌 수는 없다.

직장생활을 하다가 퇴직한 사람들 중에는 평소 잘 다져놓은 인맥을 활용하여 개인 사업에 성공한 사람들이 있다. 이런 사람은 설령 사업에 어려움이 와도 그를 포진하고 있는 주변 인맥으로 거뜬히 위기를 헤쳐 나갈 수 있다. 반면에 평소 인간관계를 소홀히 하며 그나마 몇 명 안 되는 인맥을 혼자서만 움켜쥐는 사람들은 소극적인 태도로 인해 훗날 독자적으로 무슨 일을 시작할 때 어려움을 겪게 된다.

세상에 영원한 내 인맥이란 없다. 돈이 돌고 도는 것처럼 인맥도 활발하게 순환할 때 나와 주변 모두를 살린다는 사실을 기억하라.

유인경 기자와 인연을 맺어온 지도 어언 15년째다. 그 무렵 나는 여성잡지 기자생활을 거쳐 정보작가로 일했는데, 우연히 취재로 알게 된 국내 한 여성 속옷 디자이너를 언론매체에 홍보하는 일을 맡게 되었다. 여성 속옷에 관한 이야기는 일반 소비자들의 관심 테마인 만큼, 경향신문 생활팀장을 맡고 있던 그에게 자료를 건네주며 도움을 요청했던 것이 만남의 계기였다. 처음 만났지만 그는 참 편안했다. 무엇보다 그와 얘기를 나누는 동안 나는 그가 인간관계에 막힘이 없고 새로운 만남을 매끄럽게 이어가는 데 무척 능숙한 사람이란 것을 알 수 있었다.

이후에도 나는 사람을 소개받는 일과 관련해서 언니 같은 유인경 기자에게 여러 차례 도움을 요청했는데, 그때마다 그는 자신의 일처럼 도와주었다. 기자라는 직업을 떠나 업무는 업무대로, 인간관계는 인간관계대로 적절하게 균형을 유지해 나가는 그에게서 나는 언제나 인간적인 매력과 친밀함을 느낀다. 한번 알게 된 사람이면 어떤 계산이나 대가를 바라지 않고 상대방에게 필요한 도움을 주는 것은 물론 경조사까지 챙길 정도로, 그는 주변 사람에게 늘 '의리 있고 따뜻한 마음'을 나눠주는 사람으로 통한다. 그러니 모두가 그를 좋아할 수밖에.

그가 신문 매체 외에 자신이 쓴 책이나 방송, 강의 등 다양한 채널을 통해 대중들의 사랑을 폭넓게 끌어내는 이유도 이렇듯 모든 관계의 중심을 '사람'에 두고, 꾸밈없이 자신의 삶을 진솔하게 드러내는 솔직함에 있다고 본다. 일 년 동안 얼굴 한 번 안 보고도 단지 전화 통화만으로 좋은 관계를 유지할 수 있는 그가 있다는 것, 나에게는 든든한 배경이 아닐 수 없다.

사회에 공헌할 수 있는 순수하고 끈끈한 인맥을 구축하라

이 선 구 (사랑의쌀나눔운동본부 이사장)

“세상 일이란 인간과 인간의 만남에 의해 만들어지고 이루어지기 때문에 어디서 무엇을 하든 인맥은 너무나 중요하게 작용합니다. 더구나 우리 한국 사회에서는 소위 ‘누가 자신 있게 소개하는 사람’, ‘아무개가 밀어주고 키워주는 사람’, ‘○○줄’ 이라는 식의 복잡다양하게 연결된 인간관계 속에서 살아가고 있기 때문에 풍부한 인맥을 갖고 있는 사람이 어떤 일을 수행하기가 훨씬 더 수월하지요.

특히 요즘 시대는 과거와 달리 혼자서 꿈을 이루기가 어렵고, 주변 사람들과 인맥을 잘 형성하고 있는 사람이 성공합니다. 모 컨설팅 회사에서 직장인을 대상으로 실시한 인맥 관련 설문조사에서 96퍼센트가 ‘인맥이 중요하다.’고 답한 결과가 이 사실을 증명해 주고 있습니다. 그만큼 인맥이 조직에서나 사회생활에서도 중요한 몫을 차지한다는 뜻이지요.”

사랑의쌀나눔운동본부 이선구 이사장이 들려주는 인맥의 중요성에 대한 설명이다. 젊은 시절 품은 사회사업가의 꿈을 실현하기 위해 그동안 사단법인 한국신장협회, 한국사회복지지원재단, 사랑의쌀나눔운동본부를 만들어 어려운 이웃들에게 사랑과 생명의 빛을 나눠온 그는 ‘어려운 이웃들에게 사랑을 나눠주자고 부탁하는 일이야말로 세상에서 가장 아름다운 프로포즈'라고 말하는 전형적인 사회사업가이다. 지난 날 그가 신장협회를 설립하여 수백 명의 신장병 환자들이 장기 이식을 받고 새 생명을 얻게 할 수 있었던 활동 배경에는 그와 연결된 각계각층의 많은 지인들의 관심과 지원이 있었기 때문이라는 사실을 아는 사람은 그다지 많지 않다.

2008년 초 정부의 정식 인가를 받아 새롭게 출발한 '사랑의쌀나눔운동'을 시작할 수 있었던 것도 마찬가지다. 과거 건설업에 오래 종사해온 그는 아파트 모델하우스에 전시된 축하 화환을 보며 '행사에 잠깐 쓰고 버리는 화환을 가치 있게 쓰는 방법은 없을까?'를 고심하다가 그 비용으로 쌀을 사서 불우 이웃을 도우면 좋겠다는 아이디어를 떠올리게 되었다. 그 뒤 각 기업을 찾아다니며 이 제안을 꺼내놓았고, 많은 기업들은 그의 청을 흔쾌히 받아주었다. 평소 이선구 이사장의 인품을 신뢰하고 그의 매력적인 면모를 아끼는 사람들이 주변에 많았기 때문에 가능한 일이었다.

실제로 이선구 이사장은 '마당발'로 통할 정도로 정·재계는 물론 각계에 폭넓은 인맥을 형성하고 있는 것으로 알려져 있다. 그러다 보니 주변 많은 사람들로부터 "○○를 아느냐?", "○○를 소개해 달라."는 등의 청탁이 많이 들어와 힘들 때가 많은 것도 사실이다. 하지만 복잡하게 연결된 인간관계 속에서 살아가노라면 이런 일을 피할 수 없음을 누구보다 잘 알고 있는 그다. 자신이 현재 펼치고 있는 사회 봉사 활동도 실제 풍부한 인맥을 바탕으로 이뤄지고 있기 때문이다. 지난 여름 몇 차례에 걸쳐서 펼쳤던 '독거노인에게 삼계탕 대접하기' 행사도 따지고 보면 자원 봉사자로 나서준 많은 주변 사람들의 도움 덕분이라고 그는 말했다.

그렇게 형성된 주변의 인맥을 통해 그가 얻은 수확은 무척 많았다. 대표적인 사례로 젊은 시절 한국청년회의소(JC) 활동으로 쌓은 두터운 인맥은 그가 전국 주택 건설업자들의 집합체인 대한주택건설협회를 조직할 수 있는 힘이 되어주었다. 또한 대한주택건설협회에서 맺은 탄탄한 인맥은 이후 한국신장협회를 조직해서 초대 창립 회장으로 7년간 훌륭한 사람들과 함께 불모지대와 다름없던 장기 기증 운동을 우리 사회에 정착시키는 밑거름이 되어주었다.

"여러 가지 활동으로 구축한 다양한 인맥은 거기서 그치지 않고, 현재 전국적 범국민 운동으로 펼치고 있는 '사랑의쌀나눔운동본부'를 세워 소중하고 가치 있는 일을 많은 분들과 함께할 수 있는 보람을 안겨주고 있습니다."

그런 만큼 이선구 이사장은 인맥의 소중함을 기억하면서 그들에게 감사하는 마음을 갖고 살아간다고 한다. 그렇다면 주변 사람들과의 관계 향상을 위해 그가 특별히 기울이는 노력이나 그만의 구체적인 인맥 구축 비결이 있을 법도 하다. 그의 말을 들어보자.

"지성이 있는 사람이라면 누구나 가치 있는 삶을 살다가 세상을 떠나고 싶어하는 공동의 가치 추구 정신이 있다고 생각합니다. 즉 다른 사람을 도우려는 착한 본성, 봉사를 통해 보람과 행복을 얻고자 하는 욕구가 그것이죠. 다수의 사람들이 함께 인류 사회에 공헌할 수 있도록 힘과 지혜를 합하는 조직 구성으로 끈끈하고 순수한 인맥을 구축하고자 노력합니다. 따라서 모든 이를 잠시 잠깐 사귈 상대처럼 대하지 않고 오랜 시간을 함께할 사람이라고 생각하며 진실하고 정직하게, 그리고 소중하게 대합니다. 특히 저는 대인관계에서 '신의'를 중요하게 여깁니다. 그래서 한 번 한 약속은 손해되는 어떠한 일이 있어도 반드시 지키려고 노력하지요."

이선구 회장은 "가치 있는 지식과 정보는 인맥을 통해 흐르는 성질이 있다."고 한다. 과거에는 학연, 혈연, 지연 등 수직적 인맥 관리가 중요했다면, 요즘 같은 지식·정보화 시대에는 커뮤니티, 포럼, 동호회 활동 등 수평적 인맥 관리가 중요하다는 것이다.

결론적으로 좋은 인맥을 쌓으려면 한 번 사귀게 된 소중한 인연을 평생 지속한다는 마음을 갖는 것이 중요하다고 그는 조언한다. 특히 한 순간의 이익을 위해 상대를 배신하거나 공을 가로 채지 말고, 모든 인간관계에서 신의를 지키며 긍정적인 인맥을 꾸준히 구축하고 관리하는 태도가 필요하다고 한다.

그는 자신의 이익을 위해서 상대방의 인맥을 이용하려는 얄팍한 생각이나 태도는 애초에 제거하라는 말도 빠뜨리지 않았다. 또 "오히려 상대가 필요로 하는 것을 먼저 줌으로써 감동을 선물한다면 인간적인 매력으로 탄탄대로가 펼쳐질 것입니다."라고 덧붙였다.

신용은 인간관계의 끈,
약속은 죽어도 지켜라

신용이란 낱말을 들을 때마다 언젠가 책에서 읽었던 한 외국 소년의 이야기가 삽화처럼 떠오른다. 가난한 집안의 이 남자 아이가 초등학생일 때 같은 반 여자 아이에게 돈을 빌려달라고 했다. 석 달치 용돈과 맞먹는 제법 큰 액수였으므로 여자 아이가 주저하는 기색을 보이자 소년은 고개를 푹 숙이고 작은 목소리로 말했다.

"급히 쓸 데가 생겨서 그래. 일주일 안에는 꼭 갚을게."

하는 수 없이 여자 아이는 돈을 빌려줬다.

드디어 약속한 날짜가 돌아왔다. 그런데 소년은 학교에 오지 않았다. 실망한 그녀는 종일 남자 아이를 원망하며 잠자리에 들었다. 그때 창문을 두드리는 손이 보였다. 돈을 빌려간 소년이었는데, 손에는 꼬깃꼬깃한 지폐가 들려 있었다.

"오늘을 넘기지 않으려고 한 달음에 뛰어왔어."

남자 아이가 쾌활하게 웃으며 돈을 건넸다.

　나중에 그 소년은 글짓기 대회에서 상을 받았다. 여자 아이는 그 글을 읽으면서 비로소 자기에게 빌려간 돈의 쓰임새를 알게 되었다. 소년은 저혈당인 자기 엄마에게 포도당을 사드리려고 돈을 빌렸고, 약속한 날짜에 돈을 갚기 위해 밤마다 시장에서 야채장수를 도와주고 그 돈을 모은 것이다. 오랜 세월이 흐른 뒤 이 소년은 아주 큰 기업의 회장이 되었다. '약속' 을 생명처럼 지키려 했던 어린 시절 자세가 성공의 밑거름이 되었던 것이다.

　우리는 일생 동안 주위 사람들과 크고 작은 약속을 무수히 하며 살아간다. 약속이란 쌍방 간에 정한 내용을 지키며 실행한다는 전제가 깔려있는 만큼 한 번 약속한 사항은 반드시 지키는 것이 중요하다. 인간관계에서 약속이란 '신뢰의 끈' 이라 할 수 있다.

　그런데 우리는 공연히 지키지 못할 약속을 남발할 때가 종종 있다. 신뢰를 져버리는 행위인 줄 알면서도 당장의 불편함을 모면하기 위해 쉽게 약속을 해버리는 까닭이다. 하지만 이런 일이 한두 번 반복되다 보면 그동안 유지해왔던 관계마저 금이 가게 마련이다. 특히 업무나 비즈니스 관계에서 약속을 이행하지 못할 경우에는 자칫 믿을 수 없는 사람으로 낙인찍히는 것은 물론 자신의 인생에 커다란 손실을 가져오게 된다는 사실을 명심해야 한다.

　성공한 사람의 면면을 살펴보면 그들은 하나같이 약속을 생명처럼 지키고 실천해온 이들이라는 점을 발견할 수 있다. 현대그룹의 고 정주영 회장이 자금이 없어 쩔쩔 매던 사업 초창기 때, 평소에 약속을 철저히 지키는 그를 옆에서 봐온 어느 돈 많은 사람이 사업

자금을 대주었다는 유명한 일화가 있다. "다른 사람은 몰라도 당신은 절대 내 돈을 떼먹을 사람이 아니다."며 선뜻 거액을 내놓았다는 이야기는 인생을 살아가는 데 약속이 얼마나 중요한 것인지를 잘 말해주고 있다.

물론 약속을 일일이 다 지키려다 보면 피곤할 때도 있고, 시간적·경제적으로 손해나는 일도 있다. 필자(서필환)의 경우 딱한 처지에 놓인 지인의 돈 부탁을 거절할 수 없어 주변 사람에게 차용해서 건네주었다가 상대가 기한 안에 갚지 못하게 되자, 내 통장에 남은 잔액으로도 부족해서 현금 서비스까지 몽땅 받아서 대신 갚아주어야 했던 적이 있다. 물론 지인의 사정은 그 후로도 호전되지 않아 그 빚은 결국 내가 떠안게 되었다.

심지어 아버지의 장례 기간 중에, '맞춤 강의'를 의뢰해온 기업체와 한 약속을 어길 수 없어서 상주의 몸으로 강단에 선 적도 있다. 당시 나는 그 회사가 이번 교육을 얼마나 중요하게 여기는지 잘 알았을 뿐 아니라 교육 담당자의 열의와 정성에 감동하여 퇴근 이후 그 회사를 몇 차례나 방문하여 강의를 성공적으로 이끌기 위한 사전 조율을 마친 상태였다. 그런데 강의 전날 갑작스럽게 아버지가 운명을 달리 하시는 바람에 나를 대신하여 다른 누군가에게 맡길 수도 없는 난감한 처지에 놓이게 되었다. 할 수 없이 형제들을 불러놓고 가족회의를 열었다. 가족들은 내가 처한 상황을 충분히 이해하고 그쪽 회사 입장도 있고 하니 예정대로 강의를 진행하라고 배려해주었다. 2시간 강의를 위해 자리를 비울 동안 조문객들에게는 내가 장지에 간 것으로 말했다. 강의를 마치는 인사를 하면서 부친의 부음을 전했을 때, 이 회사 대표와 임원진은 물론 전 직원이 나에게 위로의 기립 박수를 보내주었다.

주위 사람들과 한 약속을 지키는 것, 고객과 신뢰를 유지하는 것은 감정을 저축하는 중요한 일이다. 이 중요한 약속을 이행하지 않는다면 저축한 감정이 대량 지출로 이어지게 된다. 그러므로 약속을 할 때는 신중히 하고, 일단 자기 입을 통해 약속을 했으면 철저히 지켜야 한다. 또한 지키지 못할 약속은 남발하지 않는 것이 최선이다.

말에 대한 약속 못지않게 시간 약속 또한 상대의 신뢰를 가늠하는 중요한 요소다. 일본의 한 기업이 신입 사원을 채용하는 면접 시험에서 가장 비중을 둔 것은 응시자들의 시간 약속에 대한 개념이었다. 그래서 면접 담당자는 아침 9시에 면접이 있을 예정이나 특별히 6시까지 나와줄 것을 통보했다. 대부분의 면접생들은 9시가 다 되어서야 고개를 내밀었으며, 그중에 몇 명만이 6시까지 당도했다. 당연히 면접을 볼 줄 알았던 많은 응시생들은 집으로 돌려보내졌고, 성실하게 시간을 지킨 이 몇 사람만이 면접 없이 채용되었다. 아무리 실력이 뛰어나도 시간 약속에 대한 개념이 흐린 사람은 회사에서 필요로 하는 조직원으로서 자격을 상실했다고 판단한 것이다.

이렇듯 타인과의 약속이든 자신과의 약속이든, 일단 약속을 지키는 일에 엄격한 사람은 삶에서도 스스로 자신감을 가질 수 있다.

뿐만 아니라 주위 사람들에게도 두터운 신망을 얻게 되고, 그 신뢰와 신용을 바탕으로 주변 사람들과 계속 더 좋은 인맥을 형성하게 된다. 이것은 성공을 향해 한 걸음씩 나아가는 징검다리가 되어줄 것이다.

사람을 끌어당기는 힘, 매력을 길러라

일본의 부호이자 '긴자마루칸'의 창업자인 사이토히토리는 '매력이 있는 사람이 성공한다.'고 했다. 그의 말에 의하면, 사람이 따라야 돈도 따르고 행복한 삶을 살 수 있다.

사람이 따른다는 것은 뭔가 끄는 힘, 즉 매력이 있다는 말이다. 심리학자들의 연구에서도 밝혀진 것처럼 성공한 사람들은 대체로 남에게서 호감을 이끌어내고 인정을 받는 데 타고난 능력을 갖고 있다. 이들의 몸짓과 행동 하나하나는 마치 자석처럼 사람들을 끌어당기는 힘이 있다. 성공한 사람들에게는 그들만이 갖는 강렬한 매력과 품위가 있다. 무엇보다 긍정적인 에너지를 뿜어내는 이들은 늘 생기가 넘치며, 자신감 있는 목소리로 주위 사람을 압도한다. 그러면서도 자신의 감정에만 따르지 않고 때로는 냉철하게 인생을 풀어간다.

바른 신체 언어로 매력의 등급을 올려라

매력은 행복처럼 발견하는 것, 깨닫는 것, 발전시키는 것이다. 자기만의 매력 포인트를 발견하여 품위 등급을 높이려면 어떻게 해야 할까? 우선 신체 언어를 바르게 사용할 수 있어야 한다. 사람의 자세는 품위를 더하게 할 수도 있고 덜하게 할 수도 있다. 자세가 바르면 몸짓이 유연해지고 목소리에도 깊이가 생겨 내가 원하는 이미지를 만들 수 있다는 사실을 기억하라. 이런 에너지를 풍기는 사람은 눈빛도 빛나고 전체적으로 생기가 넘쳐 누구라도 친하게 지내고 싶어할 것이다. 자신의 몸가짐, 즉 신체 언어가 얼마나 중요한지를 아는 것이 중요하다.

얼굴 화장보다 더 중요한 표정을 메이크업하라

필자가 아는 어느 은행 지점장은 죽을 상을 하고 들어오는 손님에게는 절대로 대출을 해주지 않는다고 한다. 그런 사람에게 대출해줬다가는 이자는커녕 원금도 받기 힘들다는 것이 그의 주장이다. 나이 40이 넘으면 자기 얼굴에 스스로 책임을 져야 한다는 말이 있다. 그만큼 얼굴 표정은 그 사람의 생애 전체 무게를 담고 있다고 봐도 지나친 말이 아니다. 또한 표정은 삶의 가치 즉, 몸값으로 이어지기도 한다.

우리가 만나는 사람들 중에는 얼굴이 좀 덜(?) 생기고 차림새가 수수해도 어쩐지 자꾸만 끌리는 사람이 있는가 하면, 미스 코리아 뺨치게 생긴 여자가 잔뜩 멋을 부리고 나왔어도 왠지 모르게 호감이 가지 않는 사람이 있다. 만나면 기분이 좋아지고 가깝게 지내고 싶은 사람들의 공통점은 바로 표정이 밝고 생기가 넘친다는 데 있다. 이런 사람들의 주변에는 언제나 사람들이 모여들게 마련이다. 그러므로 다른 이에게 호감을 주는 얼굴 표정을 지녔다는 것은 이미 성공의 기초를 마련해 둔 것과 같다.

의외로 많은 여성들이 얼굴 화장에는 신경을 쓰는 데 비해, 자신의 얼굴 표정에는 대부분 무신경하게 지낸다. 화장한 얼굴은 아무리 예뻐도 잠들기 전에 지워야 하지만, 밝은 표정으로 메이크업 해 놓으면 평생 지속된다는 것을 기억하라. 남자들도 예외는 아니다. 이발소에 부지런히 출입하고 돈이 생기면 양복점이나 성형외과로 달려가는 사람은 많아도 자신의 표정에 투자하는 사람은 그다지 많지 않다. 얼굴에 어두운 그늘이 보이거나 표정이 좋지 않은 사람은 큰 성공을 거두기 어렵다. 희망이 보이지 않는 얼굴을 한 사람에게 협조자가 다가올 리 없지 않는가?

진정으로 성공하기를 원한다면 투자의 우선순위를 바꿔야 한다. 인간은 누구나 자신만의 성품과 재능과 개성을 가지고 있다. 다만, 이를 어떤 방법으로 연출하느냐에 따라 성공과 실패가 달려 있다. 특히 어렵고 힘든 때일수록 자기 연출과 얼굴 표정에 신경을 써야 한다. 자신의 내면을 전문 지식으로 무장한 사람이라 할지라도 겉으로 드러나는 표정이 산뜻하지 않으면 자칫 사람들에게 원치 않는 오해를 낳을 수 있기 때문이다. 비싼 돈을 들여 화장품을 사고 얼굴을 뜯어 고쳐도 표정은 바뀌지 않는다. 그 오해의 껍질을 벗겨

내기 위해서 가장 먼저 해야 할 일은 바로 얼굴 표정을 점검하고 고치는 것이다. 다시 말하건대, 얼굴 표정은 그 사람의 전체를 보여주는 창구인 동시에 인격과 태도의 도매상이다.

지금 당장 거울을 들어 얼굴 표정부터 점검하라. 그리고 환하게 미소 짓는 연습과 함께 얼굴 전체에 온화하고 따스한 기운이 퍼지도록 표정을 성형하라.

상대와 눈을 맞춰라

인체 중에서 그 사람의 매력을 좌우하는 것은 단연 눈빛이다. 사람이 무엇에 관심을 두고 있는지 눈빛을 보면 금세 알 수 있다. 상대와 마주하고 있으면서도 무엇인가에 넋을 놓고 있거나 자기 자신에게 사로잡혀 있는 사람은 좋은 인상을 주기 어렵다. 의도적이건 버릇 때문이건 주변 상황에 초점을 맞추지 않는 이런 협착한 시야는 왠지 모르게 불안정해 보이고 차가운 인상을 주기 쉽다. 그런 눈빛에서는 결코 매력이 우러나오지 않는다. 반면에 상대방과 눈을 마주치는 사람은 지적이고 자신감 넘치는 인상을 심어준다. 상대의 존재를 인정하고 상대에게 호감을 전하고자 할 경우 가장 쉬운 방법은 그 사람의 눈을 바라보는 것이다. 따라서 대화를 시작할 때나 작별 인사를 할 때도 상대방과 눈을 맞추는 것이 중요하다.

상대의 이름을 불러주어라

우리는 사회생활을 하면서 숱하게 많은 명함을 주고받는다. 그런데 특별한 관계가 아닌 경우 서로 인사를 하고 대화를 나누다가 헤어질 때는 그 사람의 이름조차 기억하지 못하는 수가 많다. 하지만 상대의 이름을 기억하는 것은 인맥을 만드는 데 매우 중요하다. 특히 비즈니스를 하는 사람들에게는 큰 자산이 되기도 한다.

인간은 자신의 이름에 특별한 관심을 가지고 있기에, 누군가 자신의 이름을 기억하고 불러주는 것에 감동한다. 또 그런 상대에게 호감을 가질 수밖에 없다.

먼저 관심을 보이고 배려하라

자신에게 관심을 보이고 호감을 표현하는 사람을 싫어할 위인은 아무도 없다. 건강한 인간관계는 당연히 무언가를 주고받는 관계다. 이왕이면 내가 먼저 그들의 문제에 관심을 보이고, 인사도 먼저 건네는 것이 좋다. 가령 출근하면서 제일 먼저 눈을 마주치는 건물 수위 아저씨에게 "수고하십니다."라고 말하거나, 청소하는 아주머니에게 "덕분에 깨끗한 화장실을 사용할 수 있어 고맙습니다."라고 인사하는 건 어떤가.

이처럼 내가 먼저 상대를 소중한 존재로 인정하고 관심을 가져줄 때 마음이 풍요로워질 뿐만 아니라 나의 매력도 저절로 발산된다. 내가 먼저 상대를 배려하고 관심을 가져주는 것이 성공적인 인간관계의 출발이다. 이 기본은 아흔 아홉 사람도 잃지 않고 한 사람마저 얻을 수 있게 해 줄 것이다.

1. 항상 표정이 밝고 유머 감각이 탁월하다
2. 약속을 생명처럼 여긴다
3. 다른 사람의 말을 경청한다
4. 사람을 가리지 않고 누구와도 잘 지낸다
5. 평소 감사하는 마음이 넘치며 이를 곧잘 표현한다
6. 상대의 이름을 자주 불러주고 그에게 관심을 기울인다
7. 타인에 대한 이해와 배려가 깊다
9. 늘 유쾌하게 말하며 긍정적인 언어를 사용한다
9. 개성이 강하고 자기계발에 적극적이다
10. 자신을 사랑할 줄 알며, 세상을 바라보는 시각이 따뜻하다

작은 인연을 소중히 가꾸어
금맥을 만들어라

필자는 기본적으로 인연을 소중히 여긴다. 공적인 만남이든 사적인 만남이든, 아니면 특별한 목적을 갖고 이뤄진 만남이라 할지라도 시간과 정성을 들여 마음으로 교류하다 보면 그 만남은 비즈니스 관계를 떠나 아름다운 친교로 이어진다. 그리고 이렇게 교류를 맺은 사람들은 모두 나에게 속한 사람들이 된다. 즉 내가 만나는 모든 사람은 남은 생을 함께할 성공 동반자가 되거나 나에게 소중한 인맥이 된다.

현재 내가 맺고 있는 인맥은 어림잡아 전국적으로 5천 명이 넘는다. 정·재계, 교육계, 법조계를 비롯해 정부 기관 및 지방자치단체, 종교계 등에 이르기까지 인맥 분야도 다양하다. 이 중에는 수시로 전화와 이메일을 주고받으며 가깝게 소통하는 1순위 그룹이 있고, 종종 안부를 물으며 생활 자문을 구하거나 서로에게 필요한 정보를 교환하는 지인 그룹도 있다. 또 일 년에 서너 번 정도 안부 전화를 나누는 데 그치는 관계의 사람도 상당수를 차지한다. 접촉 횟수로 인간관계의 거리를 잴 수는 없으나, 어쨌든 이분들은 모두 지금의 내가 있게 한 소중한 스승들이며, 내 삶을 윤택하게 가꿔주고 든든하게 받쳐주는 친구들이다.

이렇듯 다양한 분야에 걸쳐 형성된 인맥은 언제나 나의 비즈니스에 힘을 실어주고 기쁨이 되어준다. 물론 나는 인맥을 넓히려는 목적으로 발 벗고 나서거나 의도적인 노력을 기울인 적은 없다. 단지 과거 직장생활을 통해 맺어온 인간관계 위에 최근 수 년간 직업 강사로 활동해오면서 자연스럽게 다가온 인연을 소중하게 보듬으며 한 사람 한 사람에게 거짓 없는 관심과 애정을 기울였을 뿐이다.

요즘은 조금 뜸해졌으나 과거 한 때 필자(서필환)는 주변 사람들에게 자녀 이름이나 상호를 지어달라는 부탁을 무척 많이 받았었다. 나름대로 입소문이 났던 모양인데, 그렇게 나를 믿고 부탁해오는 것이 반가워서 나는 생활철학 전문가인 서본학 원장의 도움을 받아가면서까지 최선을 다해 작명을 해주었다. 물론 사례는 사양했다. 그랬더니 그들은 미안하고 고맙다며 셔츠나 양말을 선물로 보내주곤 했다. 그렇게 심혈을 기울여 지어준 이름이 1,000개는 넘지 싶다. 내가 지어준 이름을 평생 사용하며 살아갈 그들의 얼굴을 떠올리는 것만으로도 나에게는 엔도르핀이 솟는다.

한 번은 얼굴도 모르는 후배 한 명이 나를 찾아왔다. 서른 살을 훌쩍 넘겨 마침내 장가를 가게 되었는데, 주례 선생님을 아직 모시지 못했다고 했다. 나는 그 자리에서 국내 유명인사 한 분에게 전화를 걸어 흔쾌히 수락을 얻어냈다. 큰일을 해결해주어서 고맙다며 몇 번이고 인사를 하던 그 후배는 현재 아들과 딸을 낳아 기르며 잘 살고 있다. 이 후 후배는 잊지 않고 종종 안부를 전해오는데, 그 일을 통해 내가 느낀 것이 하나 있다. 상대에게는 태산준령과도 같은 일이 내게는 전화 한 통화로 아주 쉽게 해결할 수 있는 것들이 참 많다는 사실이다. 내가 조금만 수고하고 배려하면 상대에게는 큰 힘이 된다는 것을 알기에 나는 지금도 주변 사람들이 부탁해오는 일을 웬만하면 마다하지 않는다. 작은 인맥들도 소중하게 가꾸면 이렇게 금맥이 된다.

이런 소소한 인간관계 외에도 사회생활을 하면서 '평생 인맥'을 다질 수 있는 주요 무대는 단연 직장을 꼽을 수 있을 것이다. 직장생활을 기반으로 한 인맥은 가장 기초적인 인맥이다. 이해관계가 얽혀있으면서도 협력관계를 유지해야 하기 때문이다. 따라서 근무하는 부서가 다를지라도 직장 모든 동료는 나의 가장 중요한 인맥이라는 생각으로 그들과 좋은 관계를 유지할 필요가 있다.

나는 2003년 산업 강사로 직업을 전환하기 전까지 23년 동안 한국타이어에 근무했다. 이 기간 동안 많은 부서를 거치며 다양한 업무 경험을 쌓았는데, 그때마다 나는 직장 동료들에게 최선을 다했다. 대단한 인재들 틈에서 인정받는 직원이 되기 위해 부지런히 업무를 익히는 중에도 상사와 동료들을 항상 먼저 챙겼다. 누구보다 일찍 출근하여 남이 하기 싫어하는 일을 자원해서 먼저 했으며, 전체 회의석상에서는 동료나 후배들이 좋은 의견을 낼 수 있도록 배려했다. 무엇보다 동료들의 애경사를 챙기는 일에는 더욱 앞장섰다.

이렇듯 직장에서 다른 동료에 대한 배려와 솔선수범하는 자세는 그것이 비록 작은 것이라 하더라도 강한 전파력을 갖게 마련이다. 동료들에게 내가 먼저 다가가서 미소를 보내고 누구와도 벽 없이 지내다 보니, 그들은 모두 나를 도와주는 협력자가 되어 더 좋은 결과를 창출할 수 있도록 언제나 내 주변을 에워쌌다. 덕분에 나는 신나게 일할 수 있었고, 다양한 경험과 좋은 인연을 많이 쌓을 수 있었다. 이렇게 직장생활을 하는 동안 실질적으로 나에게 큰 힘을 실어주고 업무 능력을 키워준 분이 이희송 · 류희열 부사장님과 신봉규 · 장승학 · 배재용 · 김수경 · 김영진 · 김백수 상무님이셨다. 또 그 시절 한국타이어에서 돈독한 동료애를 나눴던 몇몇 동료들과는 지금까지도 변함없는 우정을 유지해오고 있다.

대체로 직장생활을 통해 한 번 맺어진 인연은 직장을 떠나서도 계속 자신에게 영향을 미친다. 이직을 하거나 새로운 사업을 시작할 때 전 직장에서 만난 사람이 뜻밖의 행운이나 기회를 가져다주기도 하고, 자신에 대한 그들의 평판이 곧 업계의 평판으로 이어지기 때문이다. 그러므로 직장에서 인간관계를 무엇보다 중요하게 여기며 잘 관리해 나갈 필요가 있다. 여기서 빼놓을 수 없는 인맥이 바로 일을 하면서 맺게 된 거래처 담당자와의 관계다. 거래처 담당자와의 조화로운 파트너십은 자신이 속한 회사의 이미지를 대변하는 동시에 업계 네트워크를 구축하는 데 결정적인 작용을 한다.

결론적으로 말하면 일하면서 알게 된 주변의 사소한 인연도 소홀히 하지 말고 소중하게 잘 가꾸어 나가야 한다. 이 세상에 사람의 인연만큼 소중한 것은 없다. 비록 처음에는 자신과 무관할 것 같은 사람일지라도 언제 어디서 다시 이어질지 모르는 것이 인간사이다.

좋은 인간관계를 오래 유지하는 것은 절대적으로 자신에게 달렸다. 비록 사소해 보이는 만남이라 할지라도 상대에 대한 관심과 배려를 바탕으로 상대와 보다 본질적인 관계에 초점을 맞출 필요가 있다. 상대를 위해 무엇인가 도울 것이 있다면 지금 당장 베풀어라. 최소한 당신은 평생 의지하며 함께할 새로운 친구 한 사람을 더 얻게 될 것이다.

사람에게도 향기가 있다. 좋은 사람 곁에 다가서면 아름다운 향기가 전해진다. 사랑의쌀나눔운동본부 이선구 이사장이 바로 그런 사람이다. 자신을 태워 세상을 밝히는 촛불 같은 분이라고나 할까. 누구나 할 수 있지만, 아무나 할 수 없는 사회 봉사 활동. 그는 잠시 잠깐이 아니라, 꽤 오랜 세월을 소외된 이웃을 돌보며 세상에 '맑은 물 붓기'를 해왔다.

나는 한 사람의 고귀한 정신과 실천이 세상을 훈훈하게 한다는 사실을 사랑의쌀나눔운동본부 이선구 이사장을 보면서 느낄 때가 많다. 아무리 뜻이 있다 해도 그것을 하루아침에 이뤄내기란 쉽지 않다. 오늘에 이르기까지 숱한 우여곡절이 있었다는 말을 나는 그에게 직접 들었다. 이 분의 고단했던 인생 여정과 그간 고귀하게 쌓아온 업적에 대해 함부로 치하하기는 조심스럽지만, 그의 나눔과 베풂의 삶은 언제나 나에게 귀감이 되고 가치 있는 인생의 표본이 되었다.

'마당발'로 통할 정도로 정·재계는 물론 각계에 폭넓은 인맥을 형성하고 있는 이선구 이사장. 내가 그를 처음 만난 것은 강사협회 세미나에서였다. 당시 이 분은 본인이 발행한 월간지 『작은 숲』을 안고 와 우리에게 나눠줬다. 그때 나는 이 분에게 풍겨지던 좋은 인상과 인품에 단번에 매료됐고, 첫 만남에서 많은 이야기를 나누었다. 둘은 금세 친해져 이후 서로 인맥과 정보를 공유하는 '패밀리'가 되었다. 현재 이 분은 서필환성공사관학교 이사장으로, 나는 사랑의쌀나눔운동본부 자문위원으로 활동하면서 상생과 참부자 정신을 실천해 나가고 있다.

마음의 눈을 열고 보면 세상에 존재하는 모든 자연물들이 '작품' 아닌 것이 없지만, 그중에서도 사람이 이뤄내는 선행이야말로 가장 향기로운 걸작품이 아닐까. 나는 믿는다. 이선구 이사장이 펼치는 사업이 따사로운 봄 햇살처럼 세상을 더욱 아름답게 수놓게 되리라는 것을.

희생한다는 마음으로 도와라

조서환(KTF 부사장)

KTF의 조서환(경영학 박사) 부사장. 그에게는 두 개의 굵직한 타이틀이 따라붙는다. '국내 마케팅의 고수', '베스트셀러 작가'가 그것이다. 그가 지난 4월에 펴낸 『모티베이터』는 발간 즉시 독자들의 뜨거운 호응을 얻으며 자기계발서 분야 베스트셀러 대열에 진입했는가 하면, 그동안 몇 권의 마케팅 관련서 출간과 함께 그가 업계에 끼쳐온 마케팅 활동은 조서환 부사장을 마케팅 업계의 신뢰받는 전문가로 올려놓았다.

실제로 조서환 부사장의 집무실 서가에는 국내외 마케팅 관련 서적들이 빼곡히 들어차 있었다. 그의 전문 분야를 한눈에 알아볼 수 있게 해주는 대목인데, 국내 일간신문의 모 기자가 표현한 것처럼 그의 CEO 브랜드는 '문무(文武)를 겸비한 마케팅 덕장'이라고 할 만하다. 대학 교재와 베스트셀러를 써낼 정도로 탁월하고 정교한 이론, 현장 분석력, 영어 실력 등으로 무장하고 있을 뿐만 아니라, 뚝심으로 걸어온 화려한 성공 신화가 '장수'로서 면모를 여실히 보여주고 있기 때문이다.

알려져 있다시피 조서환 부사장은 스물세 살에 육군 소위로 복무하던 1978년, 훈련 중 수류탄 폭발 사고로 오른손을 잃었다. 그는 어쩔 수 없이 장군의 꿈을 접어야 했다. 그리고 군복을 벗은 지 30년이 흐른 지금 업계에서 인정하는 마케팅 귀재가 되었다. 그가 역경을 딛고 성공할 수 있었던 것은 순제 '긍정의 힘' 덕분이다. 한 손을 잃은 뒤 주변의 편견과 수없이 맞닥뜨렸지만 그에게는 위기를 기회로 바꾸는 긍정의 힘이 있었다.

조서환 부사장을 든든하게 받쳐준 긍정의 힘은 인생의 변곡점 곳곳에서 발견된다. 그는 각고의 노력으로 대학을 졸업하고 취업의 문을 두드렸지만 번번이 낙방의 고배를 들어야 했다. 면접관들은 그의 오른쪽 의수에 시선을 보내고는 불합격 처리를 해버렸다. 생각다 못해 장애를 숨기고 면접을 봤다. 하지만 면접 도중 장애 사실을 털어놓고 '손으로 일하는 것이 아니라, 머리로 일하는 것 아닙니까?' 라며 당차게 맞섰다. 그의 이야기를 듣고 있던 한 여성 면접관이 희미한 미소를 지었다. 이튿날 합격 통지서가 날아들었다. 그 여성 면접관이 바로 장영신 애경 회장이고, 애경은 그의 첫 직장이 됐다.

조서환 부사장에게서 발견하는 또 하나의 놀라움은 그가 마케팅 분야에서는 모르는 사람이 없을 정도로 폭넓은 인맥을 가지고 있다는 점이다. 그는 유니레버코리아, 다이알, 로슈 등 외국계 회사를 두루 거쳐 1996년부터 애경산업에 복귀, 마케팅전략실 상무로 진급했다. 이어 2001년 KTF 마케팅전략실 상무로 전격 스카우트된 후 현재는 부사장으로 근무하고 있다.

특히 애경산업에 근무할 당시 그는 샴푸와 린스를 결합한 '하나로 샴푸' 를 개발하여 대히트를 기록했으며, '젊은 치약' 이라는 독특한 개념으로 접근한 '2080치약' 을 출시하여 치약 시장을 평정한 신화는 유명하다. IMF라는 한국경제사에서 유례없던 불황 속에서 거둔 성공이었기에 당시 그가 발휘했던 마케팅전략전술은 지금까지도 '전설'로 불리고 있다. 뿐만 아니라 KTF로 스카우트된 이후에는 여성을 대상으로 한 '드라마'와 대학생 대상의 '나(Na)'라는 브랜드로 또다시 선풍적인 유행을 만들며 실전 마케팅의 1인자로 자리매김하였다.

그러다 보니 실제로 많은 출판 기획자가 마케팅 관련 서적을 펴낼 때 조서환 부사장에게 추천사를 부탁한다. 그의 추천이 들어갔다는 것만으로도 일종의 '개런티'를 보장받을 수 있다는 생각 때문이다. 그의 인맥은 정치계를 비롯해 경제, 사회 등 다방면에 걸쳐 있으며 특히 학계, 그중에서도 마케팅 분야에서는 마당발을 넘어 '왕발' 수준의 인맥을 확보하고 있는 것으로 알려져 있다.

이렇듯 각계에 두루 인맥이 포진되어 있다 보니, 조서환 부사장의 휴대 전화나 이메일은 잠시도 고요할 짬이 없다. 왼손 하나로 계속 걸려오는 전화를 받고, 문자 메시지에 답을 보내고, 수시로 이메일을 체크하는 등 바삐 움직이는 것이 일상이 된 지는 이미 오래다. 주로 무엇인가를 부탁해오는 경우가 대부분이지만, 시간을 쪼개 낱낱이 피드백을 해주고 사람을 연결해주는 그의 자상한 모습에서 주변 사람에 대한 배려와 희생의 마음을 읽을 수 있었다. 조서환 부사장의 인맥 관리 비결을 꼽는다면 단연 '희생'으로 요약할 수 있다.

"일반적으로 인맥이라고 하면 학연과 지연, 혈연 등을 떠올리지만, 무엇보다 중요한 것은 누군가에게 도움을 요청했을 때 '자신을 희생하고 도와주는 사람' 이 진짜 인맥이라 할 수 있습니다. 이 말은 곧 그 누군가와 인맥을 맺고 싶다면 '자신을 희생했다는 느낌'을 주어야 한다는 뜻이에요. 남에게는 피해를 주지 않으려고 노력하는 반면, 자신은 약간의 손해를 보고 산다는 태도를 갖는 게 중요합니다. 조직은 사람이 뭉친 집단인데, 사람끼리 원활하게 소통하고 서로 좋은 영향을 주고받으려면 먼저 양보가 요구되기 때문입니다."

하지만 이것이 단순한 느낌이나 기술이 되어서는 안 된다고 그는 경고한다. 결국 자신에게 형성된 브랜드 퍼스낼리티를 기반으로 '신사적이고 믿음직한' 모습을 보여주어야 한다는 것이다.

이처럼 조서환 부사장은 '희생한다는 느낌으로 도와라.' 는 자신의 인간관계 모토를 실제 조직생활에서 실천해온 장본인이다. 그가 애경산업에 있을 때의 일화다. 당시 애경산업은 생활용품 시장으로 사업을 다각화하면서 외국과 합작을 통해 신규 제품 출시를 앞두고 있었다. 당시 과장이었던 그의 직속 상관은 모두 외국인이었다. 미래를 바라보는 지혜와 뚝심까지 갖췄던 조서환 부사장은 외국인 상사와 말다툼하는 일이 잦았다. 외국인 상사들은 생활용품의 브랜드 네임을 외국 이름으로 지으라고 요구했지만 그가 단호하게 거절한 탓이다.

그러던 어느 날 참다못한 외국인 상사들이 당시 애경산업의 장영신 회장에게 "조서환 과장을 퇴사시키라."고 요구했다. 이유가 궁금했던 장영신 회장이 그를 불러 무슨 일인지 물었다. 조서환 부사장이 그토록 외국 브랜드 이름을 쓰지 않았던 것은 먼 훗날을 생각했기 때문이었다.

"회장님, 저들이 언젠가 떠날 때 그들은 브랜드를 가져갈 것입니다. 그러면 우리 애경산업은 막대한 돈을 들이고 헛수고만 한 꼴이 될 것입니다."

장영신 회장은 눈이 동그래지면서 한동안 입을 다물지 못했다. 그 후 '하나로 샴푸'가 출시돼 대히트했으며, 덕분에 그는 애경산업 최초로 과장에서 부장으로 쾌속 승진을 했다. 옳지 않은 것에 대해서는 자기희생을 감수하고라도 상사와 과감하게 맞설 수 있는 자신감과 뚝심이 바로 오늘날의 그를 만들었다. 그가 오늘날 '마케팅 분야의 1인자'라는 브랜딩을 가지기까지는 'CEO 브랜딩'에 대한 명확하고 단호한 철학이 큰 몫을 차지했음을 알 수 있는 대목이다.

이렇듯 그는 '마케팅의 달인' 답게 기존의 마케팅 요소와 사람을 연결하는 독특한 철학을 가지고 있었다. 그는 "흔히 많은 마케터들이 4P(제품 차별화, 유통 채널, 판매 촉진, 가격 결정)라는 '마케팅 믹스'를 통하면 성공할 것이라고 생각하지만 꼭 그런 것은 아니다."고 말했다. 바로 여기에 '사람'이 더해져야 한다는 것이 그의 주장이다. 즉 마케팅 요소만으로는 뚫을 수 없는 기존 소비자들의 저항과 자신이 속한 회사 내부의 반발이 장애 요인으로 작용할 수도 있기 때문에, 이러한 장애를 돌파하기 위해서는 바로 신념과 철학을 가진 인재와 그 인재의 광범위한 인맥이 절대적으로 필요하다는 이야기다.

"인간관계의 중요성이 조직에서만큼 극명하게 드러나는 곳도 없다."고 말하는 조서환 부사장의 인맥 관리 성향은 바로 '선택과 집중'이다. 물론 여러 모임에 나가 자신을 알리고 새로운 사람을 만나는 것도 중요하지만, 그것만으로 인맥을 다져 나갈 수 있다고 말하는 것은 착각이라는 이야기다. 결국 한 사람 한 사람에 대한 선택과 집중을 통해 '신뢰'를 쌓아 나가는 것이 인맥 관리의 가장 중요한 원리라고 그는 조언한다.

그는 또한 신세대 직장인들에게 자신을 스스로 'SWOT 분석'하라는 충고도 빠뜨리지 않았다. 이렇게 하면 자신의 장·단점과 타인의 장·단점을 잘 파악할 수 있고, 이때 가장 적절하게 인맥 관리가 이뤄질 수 있다고 주장한다. 즉 '자기 브랜딩을 잘하면 인맥 관리는 저절로 된다.'는 것이 '국내 마케터의 고수' 조서환 부사장이 제시하는 인맥 마케팅 이론의 핵심이다.

뭉클한 배려와 희생으로
인맥 부자가 되라

터지는 수류탄을 자신의 몸으로 막아 장렬하게 전사한 고 강제구 소령은 부하들의 목숨을 건지기 위해 자신의 고귀한 생명을 희생함으로써 지휘관의 본보기를 보여주었다. 그러기에 그의 고귀한 희생정신은 오늘까지 우리 모두에게 귀감이 되고 있다.

요즘 시대에 타인을 위해 헌신적인 삶을 산다는 것은 어찌 보면 '바보짓'처럼 여겨질지 모른다. 하지만 주위 사람들과 더불어 끈끈한 인간관계를 맺고 인맥의 그물을 점차 넓혀가는 것은 희생과 헌신의 자세 없이는 불가능하다. 실제로 성공한 많은 경영자들은 이 '헌신'과 '희생'을 인맥을 쌓아가는 최고의 열쇠로 꼽는다.

예를 들어보자. 당신의 직원이 회사와 대표를 위해 고객들에게 최선의 서비스를 제공하며 열심히 일한다면 어떻게 하겠는가? 그의 헌신과 노력에 보답하기 위해서라도 연봉을 올려준다든가 그가 잘되도록 각별히 신경을 써줄 것이다. 반대로 당신이 직원들로 하여금 신바람 나게 일할 수 있는 근무 환경을 제공해주면서 돈도 더 많이 벌 수 있도록 배려해준다면 직원들은 감동하여 대표인 당신을 위해 매출을 올리는 데 최선을 다할 것이다.

다른 사람에 대한 이런 뭉클한 배려와 희생이 바로 견고한 인맥을 만들어주는 가장 정직한 해답이다. 총알과 포탄이 빗발치는 '자본주의' 전쟁터에서 자신의 목숨을 돌보지 않고 나를 도와준 사람, 혹은 그 모든 고생과 어려움을 함께한 사람에 대한 끈끈한 인간관계는 흔히 세상에서 통용되는 몇 가지 '인맥 스킬'로는 도저히 만들어낼 수 없는 고도의 경지에 이르러야 가능하다.

앞에서 소개한 것처럼 KTF의 조서환 부사장은 '진정한 인맥이란 누군가가 도움을 요청했을 때 자신을 희생하면서까지 적극적으로 도와주는 관계'라고 말한다. 그러기에 '자신에게 무엇인가를 바라지 않고 도와준 사람'을 최고의 인맥으로 꼽는다.

당연히 그도 주변 사람을 위해 희생하고 헌신할 자세를 가지고 있으며, 실제로 아무런 대가를 기대하지 않고 주위 사람을 도와주는 일에 앞장선다. 여기서 '대가 없이'라는 말은 곧 자기희생이 기반이 되지 않으면 안 되는 것이다. 희생까지 하기 힘들다면 최소한 '상대방의 윈(win)'을 생각하며 배려하는 마음 정도는 늘 유지할 수 있어야 한다는 것이 조서환 부사장의 조언이다.

그런데 우리는 간혹 '상대에게 아무런 도움도 주지 않으면서 인맥을 통해 자기 문제만을 해결하려는' 이기적인 사람들을 만나기도 한다. 그런 사람에게는 처음 몇 번은 도움을 받을 수 있을지 모르나 한 쪽으로만 흐르는 인간관계는 결코 오래 가지 못한다.

서로 도움 주고 도움 받는 '상호 이익(win-win)'이 바탕이 되어야 한다. 여기서 '도움'이란 반드시 경제적인 것만을 의미하지는 않는다. 정신적 안정감과 스트레스 해소, 함께 있다는 즐거움 등이 모두 이러한 '도움'에 속한다.

따라서 요즘 시대에 끈끈한 인맥이란 단순히 '희생'과 '원' 개념을 넘어 '케어(care)' 개념의 성격이 강하다. 케어에는 마치 부모가 자식을 보살피듯 보다 더 적극적인 도움과 섬세한 배려가 포함되어 있다. 그러므로 희생과 헌신의 마음으로 상대방의 필요를 채워주고 극진히 보살펴주는 것 또한 자신 스스로 주위 사람에게 똑같은 보살핌을 받는 지름길이 된다. 따라서 인맥 관리를 '경제적 관점'에서만 바라보는 편협한 시각은 버려야 한다.

인맥을 두고 사람들이 가장 크게 오해하는 부분은 그것을 하나의 '스킬'이나 '비법' 쯤으로 여기는 점이다. 하지만 그러한 얄팍한 생각은 현실에서 큰 힘을 발휘하지 못한다. 비록 짧은 기간에는 '약효'를 발휘할 수 있을지 모르나, 그것은 길게 가지 못하며 경우에 따라서는 치명적인 부작용까지 초래할 수도 있다.

인맥에서 무엇보다 중요한 것은 '아는 사람'을 많이 만드는 것보다, '핵심 인맥'을 만드는 것이다. 특히 '다수의 사람을 얕게' 알기보다는 '소수의 사람을 깊게 아는 것'을 당신이 구축하고자 하는 인맥의 궁극적 목표로 삼아야 한다.

필자(봉은희)에게는 인간관계를 둘러싼 원칙이 있다. 그것은 인맥 곧 '인생을 나눈다(share the life)'는 원칙을 지켜가는 것이다. 단지 비즈니스만 주고받는 것이 아니라 어려울 때 슬픔을 같이 나누고, 기쁨을 공유하는 삶이야말로 오래도록 깊게 신뢰할 수 있는 관계를 만드는 지름길이다. 그래서 출발은 비록 비즈니스 관계로 만났지만, 피를 나눈 가족처럼 서로 뭉클하게 살펴주고 배려하면서 깊게 교류하는 평생 동지 같은 인맥을 중요한 자산으로 여긴다.

많은 사람들이 '자기계발'이라는 이름 아래 본질에서 벗어난 곳에 투자하고 있는 경우를 종종 보지만, 경기가 나쁠수록, 사업이 어려울수록 가장 먼저 투자해야 할 대상은 사람이다. 정작 중요한 인간관계에 아무런 투자도 하고 있지 않으면서, 사업이 잘되기를 바라거나 수익이 많아지기를 기대하는 것은 잘못된 생각이다.

진정한 성공을 원하는가. 그렇다면 가장 먼저 주변 사람들에게 투자하라. 혼자 하는 일은 돈을 버는 데도, 승진을 하는 데도 한계가 있다. 남이 당신을 위해 뛰어줄 때 비로소 더 멀리 더 높게 나아갈 수 있다. 그러려면 당신이 먼저 그들을 위해 헌신하고 희생하는 모습을 보여주어라. 그것만이 당신을 인맥의 부자, 돈의 부자, 그리고 자기 분야에서 성공하는 사람으로 만들어줄 것이다.

긍정의 힘으로 자기만의 인생 드라마를 써라

지혜로운 사람은 그 어떤 불행 중에서도 새로운 가능성을 건져 올린다. 아니 오히려 불행을 성공의 발판으로 삼는다. 무엇보다 자신이 추구해야 할 인생의 목표를 명확히 정하고, 그 목표를 이루기 위해 어떤 일을 해야 할지 구체적인 계획을 세운다. 그리고 세찬 풍랑이 출렁거릴지라도 자신의 꿈을 실은 배가 무사히 목적지에 당도할 때까지 결코 항해를 멈추지 않는다.

알다시피 이명박 대통령의 '성공'도 팔자 좋게 물려받은 환경에서 온 것이 아니다. 현대건설 사장과 서울시장이라는 굵직한 타이틀을 획득하기 전 그는 가난한 가정 형편상 간신히 야간 상업고등학교를 졸업했고, 서울에 올라와서는 달동네와 헌 책방과 노동판을 전전해야 했다. 그러나 자신을 믿는 '긍정의 힘' 하나로 노력하여 눈부신 결과를 창조해낸 '신화의 주인공'이 되었다.

앞의 조서환 부사장처럼 어려운 역경에도 굴하지 않고 다방면에 실력을 갖춰 자신의 꿈을 이뤄가는 분들의 인생에 나는 늘 경외감을 갖고 있다. 그리고 지금도 그들의 자세를 본받아 부족한 나 자신을 채워가기 위해 부지런히 공부하며 최선을 다하려고 노력한다. 일본의 마쓰시다 창업주의 예화도 나에게는 늘 자극과 도전을 준다.

'경영의 귀재'로 불렸던 마쓰시다 고노스께는 94살까지 살면서 수많은 성공 신화를 만든 인물이다. 그는 자신의 성공을 한 마디로 '덕분에' 때문이라고 말했다. 먼저 그는 어려서 부모님을 여읜 덕분에' 일찍 철이 들었다고 했다. 다른 사람 같으면 20살이 넘어야 철이 들 것인데, 자신은 부모님이 일찍 돌아가셔서 초등학교 4학년 때 철이 들었다고 했다. 두 번째로 몸이 약한 '덕분에' 항상 건강을 돌보아서 94살까지 장수했다고 했다. 세 번째로 어려서부터 그를 괴롭혔던 가난 '덕분에' 크게 성공할 수 있었다고 했다.

우리는 시련을 당하고 어려운 일을 당할 때는 절망하거나 남을 원망하기도 하고, 어느 때는 분노를 터트리기도 한다. 심지어는 울분을 참지 못해서 생을 포기하는 경우도 종종 있다. 그러나 고노스께처럼 적극적으로 그것을 받아들여 잘 활용하기만 하면 인생을 변화시킬 수 있는 가장 좋은 기회가 될 수도 있다. 최적의 환경이면 더 좋겠지만, 문제의 사건과 환경보다 더 중요한 것은 그것을 어떻게 받아들이고 대처할 것인가 하는 '삶의 태도' 이다.

아무리 화가 나고 속상한 일이 벌어졌다 하더라도 고노스께처럼 주변을 탓하지 않고 그 상황을 웃음으로 넘기며 성장의 발판으로 삼는 사람은 모든 문제를 순리적으로 해결할 능력을 충분히 지녔다고 할 수 있다. 이러한 긍정적인 마인드가 불러오는 낙관의 힘은 어떤 문제의 장벽도 능히 뚫고 지나갈 수 있게 해준다.

화려한 학력과 경력이 자신의 능력을 대변하는 척도가 되어버린 요즘 사회 풍조 속에서 그 무엇 하나 변변히 내세울 것 없는 내가 국내 유수의 기업체와 쟁쟁한 대학을 순회하며 리더십과 성공학 강의를 꾸준히 할 수 있는 것은 자신에 대한 믿음을 갖고 스스로 계속 채찍질하며 달려온 덕분이다. 생을 포기하고 싶었던 어려운 고비마다 다시 용기를 내어 나만의 '인생 역전 드라마' 를 계속 써내려가게 해준 힘은 역시 자신에 대한 신뢰와 '하늘은 스스로 돕는 자를 돕는다.' 는 굳은 신념 덕분이다.

자신의 인생 드라마는 결코 남이 써주지 않는다. 내가 각본을 짜고, 잘못된 각본도 내가 수정하고 보완하여 최고의 아름다운 작품이 되도록 마지막까지 눈을 떼지 않아야 한다. 긍정적인 마음의 눈으로 세상을 바라보며, 간절히 원하는 방향을 향해 질주하는 자에게 오르지 못할 산과 이루지 못할 꿈은 없다. 무엇보다 긍정의 힘을 발휘하며 적극적으로 세상을 살아가는 사람에게는 그 꿈과 목표를 이루는 데 도움을 줄 인연이 우연처럼 다가오며, 그를 보다 나은 자리로 안내할 응원자들이 늘 주변을 에워싼다.

변신에 능한 카멜레온이 되어라

'개미 콤플렉스'라는 말을 들어본 적이 있는가. 내가 어린 날 배웠던 개미와 베짱이 이야기는 21세기에 와서 완전히 새로운 버전으로 옷을 갈아입었다. 여름 동안 쉬지 않고 부지런히 일한 개미는 죽어라 일만 하다가 허리 디스크에 걸려 겨울에 편하게 놀고먹기는커녕 병원 신세만 지다 모은 재산을 다 탕진하게 되었으나, 베짱이는 여름 내내 놀다가 겨울에는 개미를 모아놓고 콘서트를 열면서 신나게 살았다는 이야기다. 게다가 베짱이는 음반까지 제작해 부자가 되었다고 한다. 개미는 놀 줄도 모르고 일만 열심히 하다가 생을 마감하는 반면에, 베짱이는 남을 행복하게 해주면서 자기 삶도 즐길 줄 알았다는 내용인데, 이것이 바로 사고의 전환이다.

사실 어느 시대든 '사고의 변화'는 늘 중요한 덕목으로 강조되어 왔다. 그런데 반해서 개인이나 조직이 그 변화의 물결에 민감하게 대응하기란 그리 녹녹하지만은 않은 것도 사실이다. 사람은 언제나 익숙한 것에서 편안함을 얻는다. 대다수의 사람들은 변화에 대해 일단 경계심을 갖고 몸을 움츠린다. 하긴 복잡한 세상에서 편한 것을 버리기란 얼마나 힘든 일인가. 그러다 보니 우리 주위에는 '대충'이라는 사고에 젖어 지내는 사람들이 많다. 하지만 이런 태도는 변화와 창조의 최대 걸림돌이며, 인간관계 형성에도 지대한 영향을 미치게 된다.

기업을 법인(法人)이라 하는 이유는 기업 자체를 인간처럼 생명을 가진 유기체로 간주하기 때문이다. 조직 상황 역시 살아 있는 인간과 같아서 끊임없이 움직이기 때문에 언제든지 자신의 일상도 유동적일 수 있다는 것을 받아들이고 대비해야 한다. 목표에 도전하고 '변화가 체질'이 되는 일만이 이런 유동적 상황에서 자신을 지키며 앞으로 나아가는 방법이다.

사람과 조직의 공통적 특성을 두 가지만 꼽는다면 그것은 '환경 변화에 대한 적응'과 '생존 경쟁'일 것이다. 따라서 급변하는 환경에 적응하며 지속적인 성장을 도모해야 할 운명이라는 점에서 사람도 조직도 예외가 될 수 없다. 이것은 우리가 '변화'에 민감하게 대응해야 하는 첫 번째 이유이기도 하다.

변신의 대명사인 '카멜레온'은 주변 색깔에 따라 몸 빛깔을 바꾸는 능력이 탁월하다. 양쪽 눈이 360도로 따로따로 움직이면서 주위를 경계하거나 먹이를 찾는 이 파충류는 긴 혀를 이용해 곤충이 나타나면 재빨리 잡아먹는다. 이러한 특성을 빗대어 자신의 이익을 위해 잘 변신하는 사람을 우리는 곧잘 '카멜레온'이라고 불러왔다. 어떻게 보면 자연의 잔인한 속임수 같지만, 카멜레온으로서는 생존을 위해 모든 장치를 갖추고 있는 것일 뿐이다.

변화의 핵심을 알고 그러한 변화에 대처해 나가는 능력이 어느 때보다 중요해진 이 시대에 '선견력'과 '적응력'은 탁월한 실력을 발휘하는 모든 사람이 가진 특성이다. 그러므로 개인이든 조직이든 우리는 생존을 위해 보다 효과적이고 능동적으로 자신을 변화시키는 능력을 키워야 한다. 고정된 사고 패턴이나 행동 방식에 얽매이지 말고, 시대가 요구하는 보다 다양하고 중요한 가치에 유연하게 대처할 수 있는 능력을 '카멜레온의 보호색'에서 찾아내고 키워야 할 것이다.

위대한 조직에는 어느 곳이나 위대한 조직 문화가 있기 마련이다. 문화란 어느 집단의 전 구성원이 동일하게 가지는 정신 프로그램을 뜻한다. 그러기에 조직의 어떤 사안에 대하여 최고 경영자와 구성원들은 모두 동일한 목표 의식을 갖고 같은 흐름을 타야 한다. 무엇보다 전 조직원이 기업의 나아갈 방향, 즉 기업 가치와 이에 근거한 경영 원칙을 공유해야 한다.

예를 하나 들어보자. 담배가 몸에 해롭다는 것은 상식이다. 그런데 당신이 만약 세계적으로 훌륭한 기업 문화를 가진 담배 회사 직원으로 입사했다면 당신은 담배가 해롭다는 소비자의 항의에 어떤 대답을 하겠는가. 모르긴 해도 당신이 그 기업의 조직 문화를 제대로 숙지하고 있는 사람이라면 담배가 정신 건강에 좋은 수만 가지 이유를 들어가며 상대를 설득할 것이다. 이것이 바로 조직의 건강함을 상징적으로 나타내주는 조직 문화의 위대성이며, 조직을 성공으로 이끄는 열쇠다. 이렇듯 한 기업의 구성원인 당신은 조직이 의도하는 방향이나 목표를 따라 자신을 능동적으로 변화시키면서 끊임없이 움직여야 한다.

21세기에 성공한 사람들이 갖추고 있는 공통점은 근면, 성실보다 자기만의 독특한 영역을 키우며 거기서 재미와 행복을 구할 줄 아는 것이다. 요즘 소위 '천재'로 불리는 사람은 개미처럼 열심히 일하는 성실한 사람보다는 재미있게 일하면서 놀기도 잘하는 창조적인 사람들이다. 사람은 행복하다고 느낄 때 감탄사가 절로 나오며, 그 감격과 감탄 속에서 창조적인 아이디어가 생산된다. 우리가 음악을 듣고, 산에 오르며, 아름다운 장소를 찾는 것도 바로 그 때문이다. 그러므로 진심으로 감격하여 '원더풀'을 연발할 수 있는 환경을 우리 자신에게 계속 공급해주어야 한다.

변화의 시대에 걸맞게 나를 바꾸고, 새로운 환경에 신속하게 적응하는 것. 이것이 곧 생존을 위한 실력이며 경쟁력이다.

스물세 살의 꽃 같은 나이. 장군을 꿈꾸던 청년 장교에게 갑작스럽게 들이닥친 불운의 사고. 사고가 발생했던 바로 그 시간, 나는 조서환 부사장과 한 훈련장에 있어야 할 몸이었다. 그런데 37사단 웅변대회에서 최우수상을 받은 것이 인연이 되어 방송 안내 멘트를 맡게 되면서 나는 사고 현장을 비껴갈 수 있었다. 그 사고로 동료 몇 명이 목숨을 잃었고 부상자가 발생했는데, 그중 한 명이 바로 조서환 부사장이다.

그리고 얼추 30년의 세월이 흘렀다. 한국능률협회컨설팅이 주관한 마케팅컨퍼런스에서 특강을 듣는데, 열강하는 초대 강사가 낯이 익었다. 강사는 의수를 착용하고 있었지만, 나는 그가 30년 전 한 부대에서 같이 복무했던 조서환 소위임을 알 수 있었다. 강의가 끝나자마자 나는 뛰쳐나가 그를 만났다. 조서환 KTF 부사장과의 인연은 그렇게 다시 이어졌다. 그와는 요즘 강의 현장에서 주로 동료 강사 자격으로 만나고 있다. 얼마 전에는 동원대학 최고경영자 과정에서 한 날 앞뒤로 강의하게 되었다.

자신의 불행을 긍정의 힘으로 극복한, 우리 시대 최고의 모티베이터 조서환 부사장. 이런 그를 나는 존경해 마지않는다. 누구보다 불가능한 일에 도전했으며, 원칙을 가지고 사람의 마음을 움직이면서 대한민국 최고의 마케터가 된 입지전적인 인물이 바로 그이기 때문이다.

"안 된다고 생각하지 마라. 할 수 있다고 말하라. 그럼 뭐든지 할 수 있다." 는 좌우명으로 걸어온 '긍정맨' 조서환 부사장. 그가 얼마 전 나에게 최신형 휴대 전화 단말기를 선물로 보내주었는데, "휴대 전화를 잘 사용하고 있다."는 인사를 여기서 해도 될시. 휴내 전화를 사용할 때마다 나는 그가 생긱닌다.

인맥 관리의 첫걸음은 피드백이다

유순신 (유앤파트너즈 대표, 헤드헌터)

국내 '여성 헤드헌터 1호' 유순신(유앤파트너즈) 대표. 그는 20대의 아들이 있는 주부라는 사실이 믿기지 않을 정도로 젊음과 미모를 겸비한 커리어우먼으로 통한다. 그에게서 발견한 또 하나 놀라운 사실은 자신의 일에 대한 열정이 누구보다 넘치면서도 자기 관리에 철두철미하다는 점이다.

한 예로 그는 개인적인 저녁 약속은 절대로 하지 않는다고 한다. 일대일로 만나는 저녁 식사는 물론이고 5~6명이 모이는 소규모 자리도 가급적 피한다. 그가 자문위원 등으로 참여하는 회의가 저녁에 끝날 경우 식사는 가끔 하지만 뒤풀이 자리에는 가지 않는다. 퇴근 후에는 가정에 충실해야 한다는 생각이 강한 데다 저녁 모임을 자주 하다 보면 이상한 소문이 날 수 있어서 이런 원칙을 정했다고 했다. 이렇듯 사람들과 친해질 기회를 스스로 제한하지만, 그는 여전히 인재 추천 서비스 분야에서 '마당발'로 통한다. 꾸준히 나가는 친목 모임만 해도 와인 소모임인 '와인앤컬쳐' 등 10여 개나 된다고 한다.

그의 휴대 전화에는 1천 명의 연락처가 등록되어 있다. 그들은 이름만 등록하고 연락을 전혀 하지 않는 사이가 아니라, 모두 다 꾸준히 연락하는 사람들이다. 통상 마당발들이 술을 잘 마시는 두주불사(斗酒不辭)형이거나 하루 저녁을 전반과 후반으로 나눠 식사를 두 번씩 하는 것과 비교하면, 유순신 대표는 '차별화된' 마당발인 셈이다. 이렇게 전형적인 마당발과는 거리가 먼 유순신 대표가 여러 분야에서 일하는 많은 사람들과 두터운 인맥을 맺게 된 비결은 무엇일까.

"만남 자체를 즐기지요. 비즈니스를 생각하지 않고 만나기 때문에 많은 사람과 좋은 관계를 유지할 수 있지 않나 생각됩니다. 그런데 이해관계를 따지지 않고 만나다 보면 그 만남이 비즈니스로 연결되는 경우가 많아요."

그가 현대건설 아파트 브랜드 '힐스테이트'에 출연하게 된 것도 이런 사례에 속한다. 몇 년 전 여기자들과 기업체 홍보 담당 여직원들이 모이는 자리에 나와 달라는 초대를 받았다. 가정을 함께 꾸려가야 하는 직장 여성의 고민에 대해 인생 선배로서 조언해 달라는 것이었다. 그 모임에서 유순신 대표에 대해 좋은 인상을 받았던 현대건설 홍보팀 직원이 유순신 대표를 적극 추천하여 광고 모델로 데뷔하게 되었다.

유순신 대표는 평소 저녁에 약속을 하지 않는 대신 조찬 모임에는 적극적으로 참가한다. 일주일에 세 번은 조찬 모임에 나간다. 저녁 모임도 공식적인 포럼에는 참석을 한다. 한 번에 많은 사람을 만날 수 있기 때문이다. 그는 또한 자투리 시간을 적극적으로 활용하여 주변 사람들을 챙기는 데 할애한다.

"인맥 관리의 기본은 '피드백'이라고 생각합니다. 그래서 저의 경우 이메일은 받는 즉시 답신을 보내죠. 즉시, 그리고 꼼꼼하게 답신을 해주는 사람에게는 누구라도 마음이 가게 되어 있는 게 인지상정입니다. 물론 전화 답신도 마찬가지구요. 업무적인 용건이건, 사적인 안부이건 자신이 보낸 메시지에 아무런 반응을 보이지 않는 사람과 적극적이고 긍정적인 피드백을 보내오는 사람은 인간 관계를 형성하는 과정에서 엄청난 차이가 결과로 나타납니다. 결과적으로 내가 주변 사람에 대해 얼마나 관심을 갖고 배려하느냐가 좋은 인맥을 맺는 비결이 아닐까요."

유순신 대표는 대학을 졸업하고 항공사 승무원으로 사회에 첫발을 내디뎠다. 당시만 해도 여느 여자와 다를 바 없었다. 그저 막연한 호기심에 이끌려 승무원이 되었고, 때가 되면 결혼을 하겠다는 20대 초반의 여성이었다. 그렇게 평범한 여승무원으로 4년을 보내던 어느 날, 그는 여성도 사회에서 성공할 수 있다는 자신감을 갖게 되었다.

"처음 4년간은 외국을 오가면서 그저 평범한 여승무원으로만 지냈습니다. 그런데 어느 날 문득 현재에 안주하지 말고 도전하고 열정적으로 일하기로 마음을 바꿨어요. 여자라서 안 되고 못할 게 없다는 생각을 하는 순간, 성공할 수 있다는 자신감이 거짓말처럼 불쑥 솟구쳤습니다."

이후 그는 프랑스계 기업인 프라마톰코리아로 자리를 옮겼다. 그곳에서 행정관 보좌역으로 일하며 주어진 일에 최선을 다했다. 대우도 연봉도 좋았기에 자부심도 높았다. 하지만 프랑스계 기업은 프로젝트가 끝나자 철수해버렸다. 유순신 사장은 어느 날 갑자기 실직자 신세로 전락했다. 새로운 일자리를 찾아 나섰지만, 아이까지 딸린 30대 여성이 일자리를 마련하기란 결코 쉽지 않았다. 그래도 좌절하지 않았고 포기하지 않았다.

그는 다시 미국 기업인 NCH에서 세 번째 직장생활을 시작하게 되었다. '세일즈'라는 미지의 영역에 도전장을 던진 것이다. 간단한 소비재를 제외하고는 산업용 제품 분야의 세일즈 우먼은 거의 찾아볼 수 없던 시절, 그는 자기 의사를 명확히 전달하고 타인과 소통하는 법을 그때 기를 수 있었다고 한다. 이러한 능력은 이후 유니코서치에 입사해 헤드헌팅을 시작하는 데 밑바탕이 되었고, 2003년에는 '유앤파트너즈'를 설립하여 명실상부 고급 인재 추천 서비스 전문가, 여성 CEO의 대명사가 되었다.

유순신 대표는 요즘에도 빡빡한 스케줄에 시달리는(?) 편이다. 하지만 우선순위 노트를 작성해 중요한 일부터 먼저 처리하는 습관을 가지고 있기에 시간 낭비는 거의 없는 편이다. 그의 개인적인 시간 활용 방법과 인맥 관리 방식은 이렇다.

"다음날 입을 의상을 미리 준비해 놓는다든지, 자투리 시간을 이용해 지인들에게 안부를 묻는 등 일상적인 부분을 시스템화하면 그만큼 남는 시간을 활용할 수 있습니다. 그리고 되도록이면 저녁 약속을 잡지 않는 편인데, 그러면 가족과 함께 보낼 수 있는 시간은 물론 독서와 공부 등 제 자신에게 투자할 시간도 충분히 확보할 수 있습니다.

거듭 말하지만, 인맥 관리의 첫걸음은 피드백입니다. 내가 연락을 못하면 비서를 통해서라도 답신을 보내야 하며, 상대방을 서운하게 한 건 없는지 주변을 살피는 것도 중요합니다. 처음부터 비즈니스를 염두에 두고 만나는 인맥 관리는 성공할 수 없습니다. 비즈니스는 사람을 충분히 알고 나서 하는 것이므로, 상대방이 처음부터 부담을 느낀다면 지속적인 관계를 유지하기 어렵기 때문이지요."

나는 인맥을 어떻게 쌓아야 하는지 고민하는 20대 직장 여성이나 여성 CEO를 꿈꾸는 많은 여성 직장인들을 위해 해주고 싶은 조언이 무엇이냐고 물어보았다.

"여성들의 사회생활 성취도가 높아질수록 결혼이나 육아를 외면해선 안 된다고 봅니다. 일과 생활이 적절한 조화를 이루어야 하는 것이죠. 또 남들이 다 좋다고 하는 길 말고 자신에게 잘 맞는 분야를 개척해야 합니다. 그러기 위해선 '내가 이 일을 왜 하는가?' 하고 끊임없이 질문하며 항상 새로운 가능성을 찾으려 노력해야 합니다. 또한 개인 브랜드 시대인 만큼 공부만 하는 것이 아니라, 자신의 정체성과 장점을 찾아 세련되게 발전시키고 홍보할 수 있도록 창의적으로 '이미지 메이킹'을 해야 합니다. 저는 여성에게 절대적으로 유리한 자원은 뭐니 해도 소통을 통한 조정력에 있다고 봅니다. 과거 사회의 주류가 남자들이었던 만큼 그들의 남성우월적인 집단문화를 제대로 이해하지 못해 사회생활에 어려움을 느낀다는 여성들을 종종 만나는데, 이러한 장점을 최대한 활용하고 자신만의 룰을 만든다면 한결 수월한 사회생활을 할 수 있으리라 생각합니다."

그는 "사회적인 네트워킹도 개인의 자산"이라며 "사람을 처음 만나면 분위기가 어색하고 불편한 게 사실이지만, 생각을 바꿔서 만남 자체를 즐겨라."고 덧붙였다.

| 인맥 핵심 가이드 |

내 안의 셀프 리더십을 깨워라

어느 날 문득 자신이 매일 똑같은 일상을 되풀이하고 있다는 사실에 직면해본 적이 있는가? 일상이 단조로우면 안정감은 있을지 모르나, 자신이 하는 일에서 제자리걸음만 하고 진전을 보지 못할 수 있다. 또 한 가지 일만 너무 오래하면 마음이 느슨해지고 정신이 해이해지기 쉽다. 이러한 단조로운 삶에서 벗어날 수 있는 간단한 방법은 일상에 변화를 주는 것이다. 평상시 라이프 스타일을 확 바꿔보거나 새로운 일에 도전해보라. 이런 결단을 통해 일상의 편안함에서 걸어 나올 용기가 있다는 사실을 자기 자신과 타인에게 보여주는 것도 훌륭한 일이다.

삶을 흥미롭고 보람되게 하는 가장 확실한 방법은 앞에서 소개한 유순신 대표처럼 자신에게 끊임없이 '도전' 하는 것이다. 나는 사람들을 유심히 관찰하기를 좋아하는데, 일반적으로 가만히 앉아 있거나 아무 일도 하지 않는 사람들은 눈빛이나 행동에 생기가 없다.

반면 뚜렷한 목표 의식을 갖고 무슨 일에든 전념하는 사람은 온몸에서 팔팔한 에너지가 발산되는 것을 볼 수 있다. 그런 사람에게는 항상 가야할 곳과 만나야 할 사람이 있고, 성취해야 할 중요한 일이 있다. 사실 사람의 마음을 읽기란 불가능하다. 하지만 상대방의 행동을 보면 그 사람의 생각, 감정, 태도를 명확하게 파악할 수 있을 때가 많다.

우리의 인생은 숱한 우여곡절, 그리고 변화와 도전으로 가득 차 있다. 우리가 내리는 모든 결정은 삶의 방향에 영향을 주는 나침반 역할을 한다.

현재 삶의 방향이 마음에 들지 않는다면 그 방향을 바꾸어보라. 지금도 늦지 않았다. 인생에서 너무 늦는 법이란 없다. 무엇보다 인생의 방향을 새롭게 바꾸고 계획하는 일은 아주 즐거운 일이다.

스트레스와 두려움도 따르지만, 팽팽한 긴장감이 당신을 잠에서 깨어나게 할 것이다. 어떤 일을 이전에 한 번도 해보지 않았다고 해서 지금 그 일을 못할 이유는 없다. 오히려 "나에게 이런 면이 있었나?" 하고 놀랄 정도로 전혀 생각지 못했던 재능을 발견할 수도 있고, 마음속으로는 품고 있었으나 평생에 이루리라고는 생각지 못했던 꿈을 펼칠 수도 있다.

필자(서필환)의 경우도 마찬가지다. 23년간 다니던 회사를 나와 막 판촉 사업을 시작한 나에게 전국 지점장들을 대상으로 하는 'CS 특강'을 해달라는 강의 제안이 국내 최고 기업 S사로부터 들어왔을 때, "한 번도 강의를 해본 적이 없다."고 사양했다면 아마 '강사'로서 지금의 나는 존재하지 않을 것이다.

하지만 예상치 않게 찾아온 그 기회를 나는 흘려보내지 않고 붙잡았다. 결국 하루 만에 꼬박 밤을 새워 의욕적으로 준비한 강의안을 갖고 다음날 강단에 섰고, 그날 나는 쟁쟁한 베테랑 영업자들로부터 '최고의 강의'였다는 극찬을 받아 지금까지 6년째 출강하고 있다. 언뜻 보기에는 무모한 듯하나, 그때 내가 잘한 것은 용기를 내어 강의라는 전혀 '새로운 무대'에 과감히 도전함으로써 셀프 리더십(self readership)을 발휘한 점이다.

셀프 리더십과 도전 정신을 발휘하여 자신의 삶을 일약 '명품 인생'으로 바꾸는 데 성공한 사람들이 우리 주변에는 많다. 무슨 일이든 마찬가지다. 자신의 목표를 달성하고 상대방을 만족시키기 위해서는 철저한 준비가 필요하고, 그것을 행동으로 옮기는 데는 용기와 결단력이 있어야 한다.

많은 CEO를 비롯해 주변에서 성공한 사람들의 공통점을 살펴보면 자기가 맡은 분야에서 열정을 불태우며 용기를 가지고 도전하지 않으면 최고가 될 수 없다는 생각을 하고 있다. 그들은 한계보다는 가능성에, 과거보다는 미래에 초점을 맞추고 그들 앞에 놓인 수많은 걸림돌을 '도약의 디딤돌'로 바꿔놓은 사람들이다. 지금까지와는 다른 삶을 살고 싶다면 자신 앞에 놓인 한계를 훌쩍 뛰어넘어 그것을 실천하는 용기를 발휘해야 한다.

인생에서 우리가 시작하기로 결심한 일 가운데 대부분은 이전에 해본 적이 없는 것이다. 나 역시 수년 전까지만 해도 강의라는 것은 해본 적이 없고, 얼마 전까지만 해도 책이라는 것을 써본 적이 없는 사람이다. 그러나 경험이 없다고 해서 강사가 될 수 없거나, 책을 쓰지 못하는 것은 아니라는 사실을 지금 당신은 나를 보면서 깨닫고 있지 않은가.

당신의 나이와 경력이 얼마이냐와 상관없이 항상 새로운 방향을 개척하고, 새로운 길을 탐구하며, 당신의 '쾌감대'를 확장해 나가야 한다. 이전에 한 번도 해본 적이 없는 일을 용기 내어 시도해보라. 그러자면 당신을 이끌어주고 지지해줄 수 있는 주변의 도움이 필요하다.

이때 제일 큰 힘이 되어줄 만한 응원자는 그동안 가장 많은 시간을 함께해온 가족들과 동료들이다. 이 외에 멘토나 상담자, 친한 친구나 정기 모임에서 도움을 받을 수도 있다. 당신의 도전 정신과 열정에 불을 지펴주고 새로운 인생의 방향을 향해 전진할 수 있도록 격려해줄 사람을 찾아라. 무엇보다 당신 안에 있는 빛나는 강점과 자원을 끄집어내어 디자인해주고 당신이 목표를 향해 가는 것을 기꺼이 도와줄 사람들과 좋은 관계를 가꾸어 나가라.

나만의 차별화된 모드로 명품 인생을 만들어라

세계적인 광고회사 사치앤사치(Saatchi & Saatchi)의 최고 경영자인 케빈 로버츠는 21세기 직장인의 생존 비결로 브랜드와 아이디어를 꼽았다. 그는 남들과 차별화된 자신만의 컬러와 창의력만이 성공을 담보한다고 했다. 시장에서 뛰어난 브랜드만 살아남듯이 이제 개인도 자기만의 상징을 구축해야 생존할 수 있다는 이야기다.

데이비드 베컴이나 마리아 샤라포바 역시 자신만의 상징을 구축한 대표적인 스포츠 스타이다. 이들은 단순한 운동선수가 아니라 멋진 것, 도회적인 것의 상징이다. 데이비드 베컴과 마리아 샤라포바는 다른 선수들과는 달리 패션을 자신에게 접목시킴으로써 새로운 상징으로 성장하는 데 성공했다.

사람에게는 누구나 자신만의 색깔과 향기가 있다. 다른 사람이 쉽게 모방할 수 없는 그만의 독특한 개성이나 분위기라고 해야 할까. 그렇게 자기만의 모드를 잘 가꾸어 멋스럽게 표현해낼 줄 아는 사람은 주변의 관심과 호감을 끌게 되어 있다.

주위 사람을 끌어당기는 매력은 내면에 감추어진 정신세계일 수도 있고, 겉으로 드러나는 패션 감각이나 준수한 외모일 수도 있다. 이제는 외모도 경쟁력인 시대다. 그러나 한 가지 명심해야 할 것은 겉으로 드러나는 이미지의 진가를 지속적으로 발휘하려면 내적으로도 탄탄한 실력을 갖추어야 함은 물론이고 시대 흐름에 민감한 트렌트 워처(trend watcher)가 되어야 한다.

이렇게 시대의 흐름에 발맞추는 사람들은 어떤 형태로든 티가 나게 되어 있다. 그들은 누구와 만나 대화를 나눠도 언제나 유쾌하며 신선하다. 그런가 하면 최신 트렌드에 따라 자신을 포장하는 센스도 남달라서 굳이 한 가지 스타일만을 고집하지 않는다. 직장인의 고루함을 탈피하기 위해 기꺼이 카멜레온과 같은 변신도 주저하지 않는다.

성공한 사람들은 하나같이 이런 진리를 알고 몸으로 실천하는 사람들이다. 이처럼 늘 새로움을 추구하며 변화의 능력이 탁월한 그들의 면모는 자신의 가치나 이미지의 유효 기간을 연장한다. 무엇보다 그 사람의 차별화된 영역, 곧 그만의 모드는 직장생활이나 사회생활에서 다른 사람들을 자석과 같이 끌어당기는 힘이 있다.

필자(봉은희)의 지인 중에 어언 20년째 두터운 친분을 나눠오고 있는 P 선배가 있다. 오랜 동안 기업 홍보실에 근무하다 퇴직한 그는 현재 CEO 전문지 편집인으로 일하고 있는데, 그에게서 일찍이 발견한 매력은 늘 단정한 외모에 철학적 사고가 짙게 묻어나는 대화 스타일이다. 그의 말재주가 현학적이라거나 화려하다는 뜻은 아니다. 단지 철학, 역사, 문학 등 인문학을 두루 아우르고 있는 탄탄한 정신세계에서 뿜어져 나오는, 그 사람만의 인간과 세상을 바라보는 따뜻하고 깊이 있는 시선이 언제나 그에게 다가가고 싶게 만드는 매력으로 작용한다.

그런 P 선배에게는 인맥 관리라는 말이 어쩌면 어울리지 않을 수도 있다. 평소 자신의 철학에 따라 단정한 삶을 추구하면서 사람을 대할 때 언제나 상대방에 대한 기본적인 이해와 배려가 바탕을 이루다보니 주변에는 그를 따르고 좋아하는 선후배들이 늘 줄을 잇는다. 그렇게 인간관계에서도 균형을 잘 유지해나가는 P 선배. 하지만 그에게는 자신의 매력을 배가하는 '무기'가 하나 더 있다. 타이를 메지 않는 옷차림이 트레이드마크인 그는 노래를 어찌나 멋스럽고 맛있게 부르는지 좌중을 자기 노래에 풍덩 빠져들게 만든다. 노래방 문화에 익숙해진 기교 섞인 노래가 아니라, 가사에 의미를 실어 부르는 그의 음률과 몸짓은 가히 그만의 '아름다운 모드'로 규정하지 않을 수 없다. 요즘에도 그와 안부를 주고받을 때면 "선배 노래 한번 들어야지."라는 인사말을 덧붙이곤 한다.

우리는 사회생활을 하면서 하루에도 수많은 사람을 만난다. 그런 만큼 내가 상대방을, 상대방이 나를 잊어버리는 것은 시간 문제다. 사내에서도 내가 윗사람을 기억하기는 쉬우나, 수많은 부하직원을 거느리고 있는 회사 대표나 임원이 특별히 나만을 기억하는 데는 한계가 있다. 조금이라도 자신을 상대에게 기억시킬 수 있도록 하기 위해서는 상대에게 호감을 살만한 강렬한 인상을 남겨야 한다.

이때 바로 당신이 평소 구축해 둔 자기만의 '차별화된 모드'가 힘을 발휘할 수 있다. 한 발 더 나아가 상대에게 당신이 도움이 될 수 있음을 부각시키는 것도 좋다. 상사나 대표가 관심을 두고 있는 프로젝트에 필요한 최신 정보나 새로운 아이디어를 제시해보라. 아마도 그는 '이 친구 쓸 만한데……' 라는 생각과 함께 당신을 관심 갖고 지켜보게 될 것이다.

차별화된 자기만의 모드를 갖는 것은 이제 우리 삶 전반에서 중요한 키워드로 작용하고 있다. 나는 강사라는 직업상 많은 사람들을 만난다. 대학생부터 공무원, 기업 CEO, 정부 관료들, 법조계 인사들, 대학 교수, 기업체 교육 담당자, 주부들에 이르기까지 계층과 연령층도 천차만별이다. 그런데 명함을 주고받고 인사를 나누는 숱한 사람 중에서도 오래도록 기억에 남는 이름과 얼굴들이 있다. 쉽게 잊혀지지 않는 이들의 공통점을 찾는다면 비록 짧은 만남이었을지라도 '자기 자신을 아주 독특하고 인상 깊게 표현' 했던 사람들이라는 점을 꼽을 수 있다.

대중의 사랑과 관심을 한 몸에 받고 사는 연예인들이야말로 자신만의 차별점을 갖기 위해 모든 것을 건다 해도 지나친 말이 아니다. 독특한 몸짓, 튀는 의상, 세련된 무대 매너 등은 곧바로 유행을 불러일으키고, 구사하는 언어와 차별화된 모드는 곧 연예인으로서 인기(브랜드 가치)와 직결된다.

커뮤니케이션에 관해 강의하는 필자 역시 나만의 차별화된 모드를 개발하기 위해 지금도 끊임없이 연구하며 고민한다. 그리고 언제부터인가 나에게는 이런 수식어가 따라붙는 것을 알게 되었다. 큰절하는 강사, 어깨에 별 다섯 개와 가슴에 명찰을 달고 다니는 강사, 엄지손가락을 쭉 펴 올리며 만나는 모든 이에게 '당신 멋져, 원더풀!'을 외치는 강사, '먼저 다가가 악수를 청하는 강사' 등이 그것이다.

내가 강의를 시작하면서 청중을 향해 큰절을 올리는 것은 청중과의 만남에 대한 반가움의 표현이고, 나보다 경험이 많고 훌륭한 분들이 내 강의를 들어주는 것에 대한 고마움의 전달 방식이다. 또 내 어깨에 달린 별 다섯 개는 위엄과 권위를 내세우는 것이 아니라, 앞으로 5천 번의 명품 강의를 실현하겠다는 나의 인생 목표와 포부가 담겨 있다. 게다가 강의 복장에 항상 부착하고 다니는 명찰은 필자인 '서필환'을 개인 브랜드로 알리고 홍보하기 위해서다.

결과적으로 자신만의 차별화된 모드를 갖는다는 것은 단순히 다른 사람들보다 자신을 '튀어보이게 하는' 차원을 뛰어 넘는다. 남의 호기심이 어린 시선이나 끌어 모으는 얄팍한 몸짓은 더욱 아니다. 물건에도 명품이 있듯이 자기 자신의 장점과 가치를 찾아 자꾸 표현하고 업그레이드시키는 것은 스스로 '명품 인생'을 만들어 가는 노력의 과정이다. 당신은 자신을 스스로 업그레이드시켜 나갈 수 있는 당신만의 '차별화된 모드'를 갖고 있는가?

직장 동료는 나의 지혜대사, 그들과 친하게 지내라

직장에서 직원들을 관리 지도하는 임원들의 말에 의하면, 요즘 20~30대 신세대 중에는 '나 홀로족(族)'이 많다고 한다. 이들은 부서 내의 상사나 선배에게 쉽사리 마음을 터놓지 않으며, 나이가 비슷한 또래 동기들과도 일정한 거리를 둔 채 가깝게 지내려 하지 않는다고 한다.

하지만 원만한 사회생활을 위해서는 인간관계망이 절대적으로 필요하고, 돈독한 인간관계를 맺으려면 함께 어울리는 것만큼 좋은 것이 없다. 그러므로 탄탄한 인간관계 형성을 바탕으로 사회생활을 잘 해나가기 위해서는 자기가 속해 있는 집단의 성격에 자신을 맞춤으로써 그들과 같은 부류의 사람임을 인식하게 하는 것이 중요하다.

물론, 당신이 성장해온 사회적·문화적 배경이 상대방과 현격하게 다를 때 상대방에게 나를 접근시킨다는 것은 그다지 쉬운 문제가 아니다. 그러나 이것도 생각하기 나름이다. 조직이란 서로 다른 취향과 성격을 가진 사람들이 비슷한 목적을 갖고 모인 집단일 뿐, 나와 똑같은 복제인간이 함께 하는 단체는 아니다.

따라서 그들에게 동류의식을 불러일으키는 가장 좋은 방법은 같이 어울리고 함께 행동하는 것이다. 특히 한국적 풍토에서 사람을 잘 사귀려면 무엇보다도 사람 사귀기를 즐기는 성격을 가져야 한다. 미국의 케네디 2세조차 "사람 만나기를 즐겨 하지 않으면 대성할 수 없다."고 말한 것을 보면 이런 인간관계의 법칙은 동서양이 모두 같다는 생각이 든다.

그런 면에서 좋은 인맥을 쌓으려는 당신에게 직장 동료만큼 유리한 환경을 제공해주는 사람도 없다. 일단 활동 공간이 같고 함께하는 시간이 가장 많기 때문이다. 무엇보다 같은 조직 문화와 이념을 공유한 점에서 결속력과 연대감을 높이기에 좋다. 따라서 직장 동료와 친하게 지낸다는 것은 파트너십과 우정을 함께 키울 수 있어 일석이조의 효과가 있다. 즉 업무 효율성도 높이면서 기쁨과 행복을 함께할 인생의 소중한 친구를 얻게 되는 것이다.

동료와 사귀는 데 특별한 방법을 찾아 나설 필요는 없다. 그냥 인간관계 속에서 누구나 인정하는 예의와 도덕을 지키면서 열린 마음으로 동료들을 대하면 그것으로 충분하다.

누군가와 대화를 할 때 자기 이야기만 하려 들지 말고 상대방의 말에 귀를 기울여라. 사람은 누구나 자신에게 관심을 보이고 호감을 표현하는 사람을 좋아한다. "응, 그래그래.", "저런! 마음이 많이 상했겠군.", "나라면 그렇게 못 해냈을 텐데, 참 대단하십니다."와 같은 말로 상대의 이야기에 귀를 기울이고 적극적인 관심과 반응을 보여주면 어느덧 주변에서 사람들이 몰려들 것이다. 내가 먼저 상대를 배려하고 이해하는 태도를 갖는 것이 성공적인 인간관계의 출발이다.

특히 공적인 자리에서 자신을 화제로 삼는 일은 가급적 삼가는

것이 좋다. 많은 사람들 앞에서 변변치 못한 주제를 끄집어냈다가
는 자칫 주위 동료들에게 이미지를 손상시킬 수 있다. 사적인 자리
라 하더라도 그 자리에 없는 누군가를 깎아내리거나 험담을 하는
어리석은 짓 또한 하지 말아야 한다. 그 말은 반드시 당사자의 귀
에 들어가게 마련이며, 당신의 인격에도 똑같은 손상을 가져온다.

　필자(서필환)가 직장생활을 할 때 유일하게 불편한 관계에 놓인
동료 한 명이 있었다. 그는 나보다 연상이며 직위도 높았는데, 무
슨 연유에서인지(당연히 내가 잘못한 부분이 있었을 것이다) 나를 대하
는 태도가 우호적이지 않았다. 내가 하는 일에 자주 시비를 걸어왔
으며, 다른 사람에게 나에 대한 험담을 노골적으로 흘리고 다닌다
는 이야기도 들려왔다.

　그러던 가운데 반전의 기회가 왔다. 그의 딸 결혼식이 있다는 얘
기를 듣고 나는 제일 먼저 달려가 축하해주었다. 물론 꽃집에서 가
장 비싼 화환도 함께 보냈다. 전혀 예상하지 못한 상황이었던지 그
는 겸연쩍어 하면서 나에게 고맙다고 손을 내밀었다. 내 마음도 한
결 가벼워졌다. 그리고 얼마 뒤 내가 부친상을 당했는데, 그가 빈
소로 나를 찾아왔다. 손을 잡고 포옹하는 순간 나는 그동안 그와의
사이에 있었던 불편한 감정이나 섭섭한 마음이 봄눈 녹듯 사라지
는 경험을 하게 되었다.

　이렇듯 누군가와 관계가 불편하거나 갈등의 앙금이 있다고 생각
되면 세월의 흐름에 방치하지 말고 적극적으로 관계 개선에 나서
는 것이 좋다. 그 첫 단계는 내가 먼저 그에게 다가가는 것이다. 나

를 불편하게 하는 그 사람과의 관계 개선으로 인맥 관리 실력이 향상된다는 사실을 잊지 마라.

특히 직장 안에서 이뤄지는 모든 인간관계나 동료들과의 크고 작은 갈등들은 나 자신을 보다 성숙시키고 지혜로운 사람으로 이끌어주는 성장촉진제인 셈이다. 그러므로 그들과의 사귐을 피하지 말고 더 가까운 벗이 되어라.

직장 내에서 폭넓은 사귐을 할 수 있는 최고의 방법은 동료들과 자주 밥을 먹거나 사내 모임에 적극적으로 참여하는 것이다. 대부분 직장인들은 밖에서 친구들과 술을 마시거나 쇼핑하는 것은 즐기지만, 직장 행사에 참여하는 것은 그다지 좋아하지 않는 편이다. 하지만 여기서 꼭 기억해야 할 것이 있다. 직장 동료들과 사무실 밖에서 이뤄지는 모임은 근무의 연장이면서 동시에 얻을 수 있는 정보가 상당히 많다는 것이다.

그러므로 직장 내 취미 클럽, 동호회, 친목 모임에 앞장서서 참여할 필요가 있다. 사무실에서 보이지 못한 당신의 진정한 매력을 과시(?)할 수 있고, 주고받는 대화 속에서 유용한 조직생활의 노하우를 배울 수도 있다. 꼬여만 있던 회사 업무의 실마리를 찾을 수도 있다. 상사도 부하 직원도 다 같은 인간이다. 한 번이라도 얼굴을 더 보고 이야기를 나눠본 사람이 하는 일이라면 조금 더 돕고 싶지 않겠는가. 성공하고 싶다면 열심히 움직여라.

최악의 인맥관리법 

나(봉은희)는 이전에 유순신 대표와 사실상 깊은 유대가 없었다. 다만, 유순신 대표가 헤드헌팅업계에서 워낙 실력을 인정받는 우먼파워를 가졌다는 점과 탁월한 노하우를 지닌 인맥 전문가라는 사실을 알고, 이번 인터뷰를 통해 첫 인연을 맺게 됐다. 무엇보다 유순신 대표에게 지면을 빌어 감사를 표하고 싶은 것은 그가 무척 바쁜 일정을 보내고 있음에도 마다하지 않고 자신의 시간과 귀한 정보를 아낌없이 내어준 점이다. 인터뷰이와 취재원으로 만난 이번 만남을 계기로 앞으로 그와의 인연을 소중하게 키워가고자 한다.

그는 인맥관리에서 피해야 할 점이 무엇인지에 대한 질문에 좋은 답을 주었다. 흔히 술자리와 골프를 많은 사람들은 인맥 맺기에 가장 좋은 방법으로 꼽는데, 오히려 이는 '최악의 방법'이 될 수 있다는 것이 유순신 대표의 조언이다.

그는 머리 좋은 경영자들이 단지 사람들과 친해지기 위해서만 술을 마시거나 골프를 치지는 않는다고 한다. 거기에는 바로 상대방을 '평가'하고 '판단'하고자 하는 의도도 있기 때문이다. 그곳에서 경영자들은, 술에 취했을 때 타인을 대하는 태도는 어떤가, 경기에 지고 있을 때 어떠한 행동을 취하는가라는 질문을 던지며 사람들을 지켜본다고 한다. 그러므로 실수했을 경우 술자리와 골프는 돌이킬 수 없는 '최악의 인맥 관리법'이 될 수 있다고 그는 귀띔한다.

고마운 사람보다
필요한 사람이 되어라

박 한 수 (건강을지키는드림팀 회장, 사단법인 대한경호협회 상임고문)

조직 활동 및 모임 주선에 대체로 적극적인 대한민국 남성들. 그 '활동파' 남성들 중에서도 이벤트 전문가이자 각종 모임을 주도해 가고 있는 박한수(건강을지키는드림팀 대표, 좋은인연을함께하는평생동지회 회장) 씨는 오프라인 인맥 분야에서 단연 '왕마당발'로 통할 만큼 각계각층에 두터운 인맥을 형성하고 있다. 뿐만 아니라 그가 속해 있는 많은 모임과 조직에서 그는 늘 모임의 방향을 설정하고 이끌어가는 '키맨' 역할을 한다.

각종 모임에서 그가 보여주는 탁월함은 수천 명의 이름과 전화번호를 그의 두뇌에 입력하고 있다는 점 외에 짧은 시간 안에 자신의 인맥을 동원하여 번개처럼 사람을 불러 모을 수 있는 뛰어난 섭외력과 순발력에 있다.

예를 들어, 주변 누군가가 상을 당했다 치자. 이 경우 박한수 씨는 전화 통화만으로 2~3시간 뒤면 대형버스 한 대를 가득 채우고 지방에 단체 문상을 다녀올 수 있을 정도로 사람의 마음을 한 군데로 묶는 흡인력이 탁월하다. 가까운 사람에게 돌발사고가 발생하면 한밤중에라도 자신의 지인들을 불러 대책을 세워 힘을 보태줄 정도로 주변 사람을 살피는 일에도 헌신적이다. 의협심 강하고 따스한 특유의 성품 때문인데, 그러다 보니 박한수 씨를 만나는 사람들은 '절망이 희망으로 바뀌고, 문제가 절로 해결되는' 경험을 자주 하게 된다. 남녀노소 많은 사람들이 그를 에워싸고 든든한 울타리로 삼는 이유가 바로 여기에 있다.

"모임을 이끄는 대표란 한 마디로 '심부름센터장'입니다. 가장의 역할이 가족의 안전과 생계를 책임지는 것이듯, 회장은 전체 회원의 심부름꾼으로서 그들을 모신다는 마음을 항상 지니고 있어야 하죠. 그래서 그들의 안녕을 살피고 가려운 곳을 긁어줄 때 가족 같은 결속력이 생기는 것 아니겠어요. 좋을 때만 덩달아 웃어주고 어려운 일을 당했을 때 나 몰라라 한다면 평생을 함께 하는 이웃이라고 말할 수 없지요."

남에게 베풀면 그만큼 돌아온다는 말이 있다. 내가 가진 것이 많지 않아서 남에게 베풀기 어렵다는 말은 적어도 끈끈한 인맥에서는 통하지 않는다. 박한수 씨의 말마따나 '상대에게 관심을 갖고 찬찬히 살피면 내가 도와줄 일은 반드시 있게 마련'이다. 주변의 누군가가 고민에 빠져 있거나 힘들어 할 때 "제가 무얼 도울까요?"라고 묻는 것도 좋지만, 적어도 끈끈한 인간관계를 유지하려면 묻지 않고 먼저 헤아려서 가려운 곳을 긁어주는 사람이 되어야 한다.

박한수 씨가 정의하는 진정한 인맥 관리란 어려운 세상살이에 버팀목이 되어줄 '힘 있는' 누군가를 내 편으로 만드는 것이 아니라, '나와 같은 누군가와 비전을 공유하며 보다 더 큰 그림을 그려 나가는 과정'이다. 그러므로 진정한 인맥 형성의 시작은 일방적이지 않고 쌍방 간에 관심의 교환이 이루어질 때 비로소 가능해진다고 그는 말한다. 그러자면 상대가 지닌 취향과 문화를 이해하고 받아들여야 하며, 당연히 그가 원하는 것이 무엇인지를 간파해야 한다고 그는 말한다. 그래서일까. 그와 마주하고 있으면 유난히 반짝이는 눈빛에 꼼짝없이 붙들리고 만다.

박한수 씨에게서 발견한 놀라움은 크게 두 가지였다. 한 사람 한 사람의 캐릭터와 내면을 읽어내는 통찰력과 상대의 신상정보를 컴퓨터처럼 기억하는 암기력이 그것이다.

실제로 박한수 씨의 머릿속에는 4천 명이 넘는 지인들의 이름과 전화번호가 저장되어 있으며, 전국에 살고 있는 9만 명 정도의 인맥 리스트를 갖고 있다고 한다. 평소 그는 주변 사람들에게 매일 200~300개 정도의 문자 메시지를 발송하고, 중요한 행사가 있을 땐 1천 통 이상의 문자를 보내는데 많은 시간을 투자한다.

또한 다양한 주제의 모임을 수시로 주선한다. 그가 관여하고 있는 200여 개 단체의 공식 행사 외에도 자원봉사, 여행, 우정의 식사, 팥빙수 모임에 이르기까지. 주변에서 그를 '오프라인 인맥의 대가', '번개 모임의 선봉장'이라 부르는 것도 거저 붙여진 이름이 아님을 알 수 있는 대목이다.

이렇듯 그가 폭넓은 인맥을 쌓게 된 데에는 그의 과거 직업과 깊은 연관이 있다. 젊은 시절 국가 기관을 상대로 문화사업을 펼치다 크게 실패했던 그는 엄청난 부채와 경제적 손실 때문에 한때 자살을 생각했던 적이 있었다고 한다. 그러나 주변에 피해를 주어서는 안 되겠다 싶어 다시 용기를 냈고 부지런히 일하여 수년 만에 부채를 모두 갚았다.

이 과정에서 ROTC 출신인 그는 대한민국ROTC중앙회 모임을 비롯해 수많은 단체의 행사 진행과 사회를 맡았다. 타고난 '추진력'과 '재치 넘치는 입심'을 공인받아 여기저기서 계속 이어지는 행사 의뢰로 어느덧 '이벤티스트'로서 활동 무대를 넓혀갔다.

덕분에 박한수 씨는 민간인으로서 연예인 못지않은 '팬 그룹'을 전국에 형성하며 차츰 정·재계, 법조계, 문화계 등에 이르기까지 두터운 인맥을 쌓기에 이르렀다. 그러다 보니 선거철이 되면 그에게 도움을 요청하는 '러브콜'이 쇄도한다.

하지만 그는 요지부동한다. 소중한 인연을 특정 목적을 위해 함부로 이용해서도 안 되지만, 인맥의 순수성을 퇴색시키고 싶지 않은 평소 가치 철학 때문이다. 그런 그에게 폭넓은 인간관계 유지 비결을 물어봤다. 그는 "한번 인연을 맺으면 봉사하는 자세로 끝까지 최선을 다하는 것"이라고 말했다.

"인간관계에서의 핵심은 '고마운 사람이 되기보다 필요한 사람으로 남는 것'입니다. 대부분 사람들은 자신에게 베풀기만 하는 사람은 쉽게 잊어버리지만, 필요한 사람은 절대로 놓치지 않으려고 하지요. 한때 하늘을 나는 새도 떨어뜨릴 듯한 위세를 가졌던 고위 공직자들이 은퇴하고 난 뒤 하루아침에 사람들의 뇌리에서 사라지는 것도 알고 보면 이러한 평범한 진리를 깨닫지 못했기 때문일 것입니다."

　단 하루도 모임이 없는 날이 없을 정도로 외부 활동이 활발한 박한수 씨. 그가 현재 주도적으로 모임을 이끌어가거나 이미 존재하는 네트워크에 초대되어 교류하는 모임만 해도 건강을지키는드림팀, 대한민국ROTC중앙회, 충청향우중앙회, 국제라이온스협회 등 8곳에 이른다. 그러다 보니 하루에 약속이 5~6개씩 잡히는 것은 예사다.

　술, 담배를 하지 않으니 그나마 건강에 다행이다. 그는 건강 관리를 위해 자정 전까지는 자리를 뜬다는 원칙을 지키고 있으며 무슨 일이 있어도 새벽 5시면 일어나 운동을 한다. 덕분에 주위 사람들에게 '천하무적 박 장군'이란 별명도 얻었다.

　"가족이나 가까운 이에게 소홀히 하면서 밖으로 인맥을 확장하는 것은 내실이 없는 것이며, 언행이 일치하지 않는 삶 또한 가짜"라고 단호하게 말하는 박한수 씨. 그는 어른을 깍듯이 공경하는 사람으로 정평이 나 있다. 충청향우회 경호의전 부총재로서 지역 어르신을 섬기는 일 외에 소외계층 사람들을 꾸준히 찾아 나섬으로써 '봉사대상'(헤럴드경제 선정, 2008년)을 수여받기도 했다. 그런 그를 많은 이들이 따르며 좋아하는 이유는 단순히 그가 '유머와 재치를 겸비한 재담꾼'이어서만은 아니다. 오히려 그 자신이 '가지런한 사고와 반듯한 행동'의 표본이 되어 늘 주변 사람들을 살피고 베푸는 삶을 살아가기 때문이다.

뜻이 맞는 사람끼리 큰 그림을 완성하라

떼를 지어 움직이는 철새들에게 우리가 배울 만한 교훈이 몇 가지 있다. 그중에 하나가 동족 간에 '동고동락' 하는 것이다. 이들은 어느 한 마리가 아프거나 상처를 입어 대오에서 떨어져 나가면 다른 두 마리가 그 새를 따라 함께 내려앉는다. 낙오된 그 동료를 도와주고 보호하기 위해서다. 그 새가 다시 날 수 있게 되거나 죽을 때까지 그들은 함께 머물러준다고 한다. 그 기간이 빠르면 원래의 대오로 따라붙을 수 있지만, 기간이 늦어지면 다른 대오를 만나 합류한다. 이렇듯 철새들은 혼자서는 불가능한 일을 그룹을 지어 함께 날면서 공동의 힘을 극대화함으로써 자신들의 목적지에 도달한다.

필자를 중심으로 135명의 교수진이 함께 하는 '서필환성공사관학교' 는 다양한 계층에서 전문적으로 활동하는 사람들이 공동의 목표와 비전을 품고 뜻을 합해 결성한 교육 전문가 그룹이다. 2010년까지 153명의 교수진 결성과 함께 성공사관학교 교사(校舍)를 건립하고, 베풂을 실천하는 '참부자 정신' 을 소유한 1만 명의 성공자를 배출하는 것이 공동의 목표와 방향이다.

이러한 '동반자적 상생관계' 를 지향하는 대표적인 행사 중 하나가 매월 22일에 치루는 '성사Day(성공사관학교의 날)'이다. 매번 다른 강의 주제를 통해 교수진들 각자가 가지고 있는 새로운 교육 이론과 강의 기법을 주고받는 이 날은 세미나 외에도 동료 간에 친목과 우의를 다지는 유익한 시간으로 채워진다. 또 평상시에는 온라인과 오프라인 만남으로 다양한 홍보 마케팅 방안들을 마련하고 실천하면서 성공사관학교의 공동 목표 달성을 향해 한 걸음씩 나아가고 있다.

이런 만남 속에서 필자가 꼭짓점에 두는 것은 동료 간의 결속력과 소속감이다. 지속적인 교육을 통해 전문 강사로서 자질을 갖추고 역량을 강화해 나가는 것도 중요하지만, 소속 회원 모두가 공동의 비전과 목표를 갖고 한 방향을 향해 나아갈 때 그 그룹이 훨씬 지속적이고 탄탄하게 성장할 수 있기 때문이다.

한 사람의 영웅이 역사를 바꾸는 시대는 지났다. 모든 면에서 완벽한 한 사람보다 조금씩 부족하지만 어느 한 분야에서 특출한 재능을 가진 사람들이 모여서 만든 조직이 훨씬 창조적인 성과를 만들어 낸다. 나 혼자서 만능이 되려고 하기보다는 전문 영역을 갖고 있는 여러 사람들을 알고 지내면서 그들과 더불어 함께 'win-win' 할 수 있는 큰 그림을 그려가는 것이 훨씬 바람직하다.

나부터 인맥의 귀감이 되어라

　　좋은 인맥을 형성하기 위해서는 먼저 자신이 주위 사람들에게 꼭 필요한 사람이 되어야 한다. 대체로 사람들은 영향력 있는 사람들과 더 가까이 하고 싶은 심리적 속성을 가지고 있다. 때문에 이왕이면 호감을 주는 인상이 낫고, 주변에 도움을 줄 수 있는 경제력과 실력을 갖춘 유능한 사람이 더 대접받게 되어 있다. 또 찬바람이 쌩쌩 부는 차가운 사람보다 봄 햇살처럼 따사롭고 마음이 푸근한 사람에게 더 끌리게 되어 있다.

　　이런 사람 주변에는 언제나 사람들이 모여들게 마련이다. 하다 못해 초등학교 어린이들 사이에도 공부 잘하고 힘이 센 친구 곁에 아이들이 많이 모이는 것을 볼 수 있다. 10대 여학생들이 잘생기고 유머 감각이 풍부한 남학생을 좋아하는 현상도 같은 맥락이다. 이유인 즉, 그런 사람 곁에 있을 때 자신의 가치도 덩달아 올라가고 그와 친구라는 것으로 자긍심이 생기기 때문이다.

　　특히 사회활동을 하는 데 우리나라처럼 혈연, 학연, 지연 등과 같은 연줄로 얽혀 있는 나라도 드물다. 전에 비해 출신을 따지는 문화가 많이 사라졌다고는 하나, 여전히 이름을 날리는 사람 뒤에는 그가 어느 지역, 어느 학교 출신인지가 꼬리표처럼 따라붙는다.

　　그러다 보니 한 가문이나 동창 가운데 출세한 인물이 나오면 당사자가 원하지 않아도 그 주위에는 언제나 사람들이 모여 든다. 성공한 사람과 인맥이 닿아 있다는 것은 자신의 위상과도 연결될 뿐만 아니라, 그에 따른 반사이익을 기대하는 마음 때문일 것이다.

반면에 사람들은 자신에게 피해를 주거나 실패한 이들과는 일정 거리를 두고 싶어 한다. 자신의 이미지 보호를 위한 것도 있지만, 실패한 이들은 주위 사람들에게 아무 것도 제공할 수 없기 때문이다. 한 예로 국회의원에 당선된 사람과 낙선한 사람의 위상은 현격하게 차이가 난다. 당선자는 민원을 해결할 수 있는 능력이 생겼기 때문에 사람들이 줄을 잇지만, 낙선한 이의 주변은 금세 썰렁해지고 만다.

이런 풍경은 비단 정치계나 연예계뿐만 아니라, 우리 사회 전반에서 흔히 볼 수 있다. 대부분 사람들이 자신의 분야에서 실력을 갖춰 유능해지려 하고, 사회적 지위와 부와 명예를 얻어 성공하려는 것도 따지고 보면 자신을 좋아하고 따르는 인맥을 구축하고 싶기 때문일 것이다.

탄탄한 인맥을 갖고 있다는 것은 그만큼 유능하며 성공한 사람이라는 증거가 되기도 한다. 따라서 좋은 인맥을 구축하고 싶다면 먼저 자신이 주위 사람들에게 좋은 사람이 되어야 한다.

결과적으로 따뜻한 정이 흐르는 인맥은 사회적으로 화려한 지위나 경제력에서 나오는 것이 아니라, 실력(competence), 인격(character), 헌신(commitment)을 갖출 때 부수적으로 얻을 수 있다. 미국 최고위 공직자 자리에 오른 재미교포 강영우(국가장애인위원회 정책차관보) 박사는 『도전과 기회』라는 책에서 이 '3C'를 21세기에 지도자가 겸비해야 할 리더십 덕목으로 꼽고 있다.

우리나라 역사적 인물 가운데도 이렇듯 나눔과 배려의 삶을 실천함으로써 주위 사람들에게 꼭 필요한 '인맥의 귀감'이 되어준 자랑스러운 모델이 있다. 유한양행 창업주 유일한 박사와 경주 최 부잣집이 대표적인 예다.

조선 시대 최고 부자였던 경주 최 부잣집은 1600년대 초반부터 1900년대 초반까지 약 300년간 만석꾼의 부를 유지할 수 있었는데, 그 부의 비밀은 집안 대대로 내려오는 '여섯 가지 가훈'에 있었다.

첫째, 과거를 보되 진사 이상 벼슬은 하지 마라.

둘째, 1만 석 이상의 재산은 사회에 환원하라.

셋째, 흉년기에는 땅을 늘리지 마라.

넷째, 과객을 후하게 대접하라.

다섯째, 주변 1백 리 안에 굶어죽는 사람이 없게 하라.

여섯째, 시집 온 며느리들은 3년간 무명옷을 입어라.

이상 여섯 가지 가훈을 최 부잣집은 철칙으로 지켜왔는데, 실제로 1년 소작료 수입은 1만 석을 넘기지 않았으며 그 이상은 소작료 할인 방식으로 사회에 환원했다고 한다. 다른 부잣집들이 소작료를 수확량의 70퍼센트 정도 받았다면 최 부자는 40퍼센트에서 멈췄다. 사촌이 논을 사면 배 아파 하는 것이 우리네 인심이었지만, 최 부자가 논을 사면 박수를 쳤다고 한다.

또 최 부잣집은 1년에 약 1천 석의 쌀을 과객들의 식사 대접에 사용했다. 뿐만 아니라 과객들이 묵고 가는 사랑채에는 별도로 뒤주를 둬 누구든지 쌀을 가져가 다음 목적지까지 노자로 사용할 수 있도록 배려했다고 한다.

이렇게 함으로써 최 부잣집의 인심은 널리 알려졌으며, 민란 등 사회적 혼란기에도 폭도들이 털끝 하나 건드리지 않았다고 한다. 주위 사람에게 덕을 베푼 결과이다.

이처럼 주변인들과 좋은 관계를 지속하기 위해서는 자신이 먼저 상대에게 가치 있는 사람이 되어야 한다. 이것이 좋은 인간관계의 제1원칙이다.

상대에게 줄 수 있는 가치는 다양하다. 만나면 즐거움을 준다든지, 말하지 않아도 상대의 마음을 읽고 편안하게 해준다든지, 주변 사람의 고민거리나 문제를 신속하게 해결해준다든지, 상대가 좋아하고 원하는 것을 챙겨준다든지 하는 작은 관심과 배려가 모두 상대에게 줄 수 있는 가치에 속한다. 중요한 것은 내가 받는 것보다 상대에게 주는 것이 더 많을수록 나의 가치가 더 커진다는 사실이다.

인간관계에서 공평해야 한다는 것은 만고의 진리다. 내가 준만큼 받고, 받은 만큼 돌려주는 인간관계의 균형도 나쁘지는 않다. 그러나 지금보다 더 나은 삶을 살고 더 나은 인맥을 쌓길 원한다면, 지금보다 더 월등한 가치를 계속해서 창출해 나가야 한다. 당신의 진정한 가치는 부단한 자기계발과 더불어 당신 스스로 가치

를 높여 상대에게 더 많은 것을 줄 수 있을 때 더욱 빛을 발한다는
사실을 기억하라.

확장하고 싶은 나만의 인맥 지도를
기획하라

일본 아오모리현은 사과 산지로 유명하다. 어느 해 마을에 큰 태
풍이 불어 대부분 사과가 익기도 전에 땅에 떨어지고 말았다. 그나
마 남아 있는 사과마저도 제 맛이 나지 않게 되자, 그해 농사를 망
친 모든 마을 주민들은 크게 좌절하고 있었다.

이때 도전적이고 창의적인 발상으로 마을 전체를 위기에서 구출
한 사람이 있었다. 이 사람은 맛이 형편없어서 마을 주민들도 판매
를 포기할 수밖에 없던 이 사과에 다른 어떤 지역 사과도 견줄 수
없는 아주 '특별한 의미'를 부여함으로써 사과가 불티나게 팔릴
수 있는 마케팅 포인트를 찾아냈다.

이 사람은 한 개에 1백 엔을 받던 사과를 '모진 비바람과 거센 태
풍에도 떨어지지 않은 행운의 사과'로 광고하며, 시험을 앞둔 자녀
를 둔 학부모들과 굳은 의지가 필요한 환자들이 있는 병원에 개당
3천 엔씩에 판매했다. 결국 한 사람의 지혜로 사과는 불티나게 팔
렸고, 아이모리현은 큰 태풍이 닥쳤지만 예년을 뛰어넘는 수익을

거두었다.

남들과 다른 사고로 자신은 물론 마을 전체 운명을 바꾸었던 이 사람의 이야기처럼 우리가 넓히고자 하는 인맥 지표에도 이런 기획 마인드를 접목해볼 만하다.

첫째는 변화의 인맥 기획이다. 만약 아오모리현 사람들이 기존 시장을 새로운 시장으로 변화시키지 못했다면 마을 운명은 침체 국면에 빠져 어쩌면 다음해에 농사를 지을 의욕조차 상실했을지도 모른다.

인맥을 구축하기 위해 사람들을 만난다고 하면서도 사람들의 변화에 대해서 관심을 기울이지 않는 경우를 종종 볼 수 있다. 이것은 원활한 의사소통에 걸림돌이 되기 쉽다.

우리들이 살고 있는 세상은 끊임없이 변화하고 있다. 나를 변화시키지 않고는 변화하는 사람들을 곁에 둘 수 없다. 사람들의 변화를 읽지 못할 경우 사업에서는 물론 세상을 헤쳐 나가는 데도 그만큼 뒤쳐질 수밖에 없다. 인맥을 잡기 위해서는 변화를 잡아야 한다. 사람들의 변화, 세상의 변화를 따르자.

둘째는 창조의 인맥 기획이다. 아오모리현 사람들이 맛이 형편없게 되어버린 사과로 좌절하여 낙담한 채 '행운의 사과'라는 역발상의 새로운 아이디어와 가치를 찾아내지 못했다면 수익의 기쁨도 누리지 못했을 뿐만 아니라 결코 유명해질 수도 없었을 것이다.

세상은 창조하는 자의 것이다. 특히 탈정보화 시대인 21세기에는 과거의 고정관념이나 통상적인 규범에서 벗어나 남들이 미처 생각하지 못한 상상력을 소유한 자들이 세상을 지배하게 되어 있다. 그러므로 기존 세상에 창조적인 발상으로 색을 입히자. 단점을 장점으로 만들어버리는 나만의 창조적인 발상이 필요하다. 더 나아가 함께하는 사람들에게 새로운 창조적인 가치를 부여하자. 주위 사람들에게 가치를 부여할 때 나의 인맥 지수는 저절로 확장된다.

셋째는 도전의 인맥 기획이다. 만약 아오모리현 사람이 태풍이 몰고 온 불운을 불가항력의 일이라고 좌절하고 말았다면 그 마을의 운명은 어찌 되었을까.

인맥을 발견하고 만들어갈 때 실패가 동반되는 경우도 종종 발생한다. 어떠한 어려움에도 좌절하지 않고 항상 도전적인 자세로 실패를 두려워하지 않는다면 인맥이 되어줄 사람은 나를 지켜보고 있다가 결정적인 순간에 든든한 인맥이 되어주는 것을 나는 종종 체험한다.

인맥은 당신의 도전을 배신하지 않는다. 그리고 당신의 인맥은 항상 당신을 지켜보고 있다는 사실을 명심하라. 결과적으로 변화, 창조, 도전적인 기획을 통해서 인연이 인맥으로 만들어진다. 인맥에 대한 기획 마인드가 필요한 이유도 이 때문이다.

나의 경험에 의하면, 인맥 관리를 제대로 하기 위해서는 평일에 잠잘 시간을 줄여야 하고 공휴일에도 자기 시간이 없을 정도가 되어야 한다. 경조사 찾아다니는 일 외에 친목 모임을 통해 사람들이 모여들 수 있는 유익한 '거리'를 계속적으로 만들어 내야 하고, 온라인 커뮤니티에서도 끊임없이 정보를 주고받아야 하기 때문이다.

앞에서 소개한 박한수 씨는 오프라인 인맥 관리의 달인으로 꼽을 만한 사람인데, 그는 하루에 평균 1~2백여 통의 문자 메시지를 날리고, 일주일에 3번 정도 정기 모임과 번개 모임을 주선하며, 크고 작은 다양한 이벤트를 자주 연다. 그러다 보니 보통 이상의 노력이 필요하고 많은 시간이 소요되며 경우에 따라서는 금전적 지출 또한 만만치 않다.

오늘 당신의 인맥 지도를 그려보라. 또한 당신이 앞으로 넓히고자 하는 인맥 지표에 기획 마인드를 도입해보라. 그동안 얼마나 많은 사람들과 관계망을 형성해 왔는지 당신이 아는 모든 사람들의 이름을 적어보는 것이다.

그리고 이 명단을 그룹별로 분류해보라. 친구, 동료, 친척, 동호회 등. 이루고자 하는 목표와 계획에 연관 있는 사람들이 몇 명이나 되는지 검토해보고, 그 목표에 맞는 관계망을 차츰 넓혀가라.

혹여 당신이 혼자 노는 '외로운 백로'라고 느껴지는가. 그렇다면 위에서 말한 내용들을 당장 실천에 옮겨보기 바란다.

젊었을때는 돈을 빌려서라도 훌륭한 인맥을 만들어야 한다.
물은 어떤 그릇에 담느냐에 따라 모양이 달라지지만, 사람은 어떤 친구
를 사귀느냐에 따라 운명이 결정된다.

– 히구치 히로타로, 아사히 맥주 전 회장

우리 성공사관학교의 최고 홍보대사로 활동하는 박한수 씨는 주변 사람들의 이름을 낱낱이 기억하고 불러주는 부분에서 탁월한 1인자다. 그가 기억하고 있는 사람의 이름은 무려 9만 명이나 되며, 그중에 약 4천 명의 전화번호를 머릿속에 입력하고 있다. 그는 처음 인사를 주고받을 때 상대방의 인상 특징과 함께 이름을 기억하는 데 집중한다. 그리고 명함 정리를 하면서 다시 한번 이름을 떠올린다고 한다.

박한수 최고 홍보대사를 만난 것은 내 인생에 크나큰 행운이다. 나는 그와 나이가 비슷해서 친구처럼 지내는데, 그는 워낙 인맥이 넓은데다 추진력까지 있어서 우리 성공사관학교에서 중요한 행사를 할 때마다 큰 도움을 주고 있다. 우리는 평소 전화 통화를 하는 것 외에도 일주일에 한 번씩은 만난다. 나도 매주 일요일 오후 박한수 대사가 이끄는 '건강을지키는드림팀'의 산책 모임에 나가 동작동 국립묘지 경내를 한 바퀴 걷기 때문이다. 이 모임은 기존 회원 외에 늘 외부 사람들이 동참하는데, 산책을 마친 뒤에는 반드시 뒤풀이를 한다. 이때가 바로 이 모임이 지향하는 비전을 나누며 친목을 다지는 시간이다. 결과적으로 이런 모임을 통해 그가 꿈꾸는 최종 목표는 '좋은인연을함께하는평생동지회'를 확장하여 서로의 인생에 힘을 실어주고 더 나아가서는 사회와 국가를 위해 뭔가 의미 있는 일을 계속해서 실천해 나가는 것이다.

그런가 하면 개인적으로 그만큼 가정에 충실하며 가족을 챙기는 일에 소홀함이 없는 사람도 드물다. 부인의 직장 동료들에게도 '존경과 사랑'을 한 몸에 받는 멋진 남편이다. 또 지금은 돌아가신 부모님을 대신해 고향에 계시는 형님과 누나들에게 매일 안부 전화를 할 정도로 가족애가 두텁기로 소문 나 있다. 진정한 사나이. 그가 나는 좋다.

금맥을 만드는 최고의 사교 도구는 정성과 관심이다

김 태 오 (하나금융지주 부사장)

　　"**인**생은 만남의 연속입니다. 우리는 누구나 혼자 이 세상에 와서 부모와의 만남, 스승과의 만남, 친구와의 만남, 좋은 책과의 만남 등 숱한 만남의 고리를 만들어 갑니다. 독일의 문학자 한스 카롯사가 '인생은 너와 나의 만남이다.' 라고 말했듯 인간관계야말로 삶의 시작이자 끝이라고 말할 수 있죠. 우연한 만남이든, 운명적 만남이든 '만남' 이 인생의 모든 것을 결정하고 인생의 변화 또한 만남을 통해 시작되고 완성되기 때문입니다. 또한 우리는 만남을 통해 서로를 발견하게 되고, 서로에게 의미를 부여합니다. 인간관계가 중요한 이유가 바로 여기에 있지요."

　　하나금융지주 김태오 부사장이 들려주는 인맥에 대한 평소 철학이다. 그가 주변 사람을 대할 때 가장 소중하게 여기는 것은 '진실한 관계' 의 추구이다. 진실한 사람과 대화를 나누면 상대에 대해 믿음이 생기고 자신조차도 순수해지는 것처럼, 그 역시 거짓 없이 사람을 대하는 것을 인간관계의 가장 중요한 덕목으로 삼는다. 즉 김태오 부사장은 인맥 형성의 기초를 진실성에 두고 있다. 그런 만큼 그는 동료들과 후배들에게 '존경받는 선배', '상대를 깊이 배려하는 관리자' 로 신망을 얻고 있다. 또한 김태오 부사장을 아는 사람들은 그가 평소 인간관계를 소중히 여기며, 인맥 관리 분야에도 관심이 남다르다는 것을 잘 알고 있다.

"조직의 오너나 관리자는 물론이고 직장생활을 하는 사람들이라면 당연히 인간관계를 잘 맺어야지요. 하지만 인맥을 이용하여 개인의 이익이나 챙기려는 얄팍한 태도는 철저히 경계해야 합니다. 개인이건 조직이건 인맥을 긍정적으로 활용했을 때는 부가 가치가 커지지만, 자칫 청탁용으로 잘못 사용할 경우에는 비리를 낳거나 이미지가 실추되는 결과를 가져올 수 있습니다."

인맥 관리에 정도(正道)가 있다고 말할 수는 없다. 하지만 김태오 부사장은 자신이 지향하는 인맥의 '바이블'은 어떤 물리적인 이익을 주고받는 관계보다 쌍방 간의 단점을 보완해 나갈 수 있도록 서로의 삶에 참여함으로써 정신적인 시너지 효과를 낼 수 있는 관계라고 했다. 또한 새로운 사람을 만날 때 단순히 그 한 사람만 만나는 것이 아니라 그와 연결된 인맥과도 접촉할 기회를 갖게 되는 것인 만큼, 결국 자신과 마주하고 있는 한 사람에게 시간과 정성을 들여 '진정한' 관계를 형성하는 것이 중요하다고 역설했다.

특히 김태오 부사장은 인맥 형성 과정에서 '직접 만나 얼굴을 마주 대하고 이야기를 나누는 것'이 중요하다고 말했다. 과학 문명과 인터넷의 발달로 온라인 인맥이 아무리 커졌다 해도 직접 만나서 식사도 하고 정담을 나눌 때 서로를 깊이 이해하게 되고 신뢰감도 높아진다는 생각에서다.

"상대를 이해하기 위해서는 내가 먼저 그에게 관심을 가져야 합니다. 내가 다른 사람에게 관심을 보여주고 배려할 때 상대도 나에게 관심을 갖게 됩니다. 관심을 가지면 상대를 제대로 알게 되고, 알면 사랑하게 되고, 사랑하면 이해의 폭이 커지는 것이 인간관계의 자연스런 순리입니다. 그런 것들이 모여서 빛나는 '금맥'으로 연결되는 거지요. 관심을 갖는 것이 최고의 사교 도구입니다."

김태오 부사장이 주변 사람들과 관계 향상을 위해 평소 기울이는 노력은 지극히 평범하다고 볼 수 있다. 사람과의 관계를 돈독하게 만드는 것은 작은 생활 습관에 있다고 여겨온 그는 새로운 사람과 만나 헤어진 뒤에는 상대방에게 받은 명함 뒷면에 기억하기 쉽게 인상 특징과 나눴던 대화 내용, 시간, 장소 등을 짧게 기록한다. 이때 업무적으로 자주 접촉해야 하거나 특별히 가깝게 지내고 싶은 사람에게는 문자 메시지나 이메일을 활용하여 친밀감을 쌓아간다.

짤막하나마 이렇게 문자로 주고받는 편지는 나를 상대에게 각인시키고 상호 유대감을 갖게 해주는 장점이 있기 때문이다. 이후에도 부담되지 않는 선에서 먼저 주기적으로 안부를 전하는 편인데, 이렇게 쌓은 인간관계로 그동안 그가 얻은 수확은 적지 않았다.

김태오 부사장이 지점장 시절에 있었던 일이다. 실적이 좋지 않은 지점 중 한 곳으로 발령을 받게 되었는데, 지점의 실적을 올리기 위해서는 고객에게 많은 상품을 권유하며 판매를 해야 할 상황이었다. 하지만 그는 단기적인 성과에 연연해하지 않았다. '작은 감동이 경쟁력이다.' 라는 생각으로 고객의 눈높이에 맞춰 고객의 이야기를 듣고, 고객의 입장에서 자신이 대출을 받거나 상품을 가입한다는 생각으로 상품을 꼼꼼하게 설명하는 것은 물론 주의해야 할 점들을 자세하게 알려주었다. 특히 다른 은행 상품이라도 자사(하나은행) 은행의 상품보다 더 좋은 조건일 때는 주저 없이 고객에게 추천해주었다.

그러자 처음에는 반신반의하던 사람들이 성실하고 진실한 마음으로 대하는 그의 태도에 한둘씩 마음의 벽을 허물고 차츰 고객이 되어주기 시작했다. 한 마디로 고객의 신용을 얻게 된 것인데, 그러다 보니 고객들이 은행에 왔을 때 제일 먼저 찾은 곳이 은행 창구가 아닌 지점장실이 되었다고 한다. 이렇게 고객과 꾸준한 만남으로 신뢰를 쌓은 결과 그들이 나서서 주변 지인들을 소개시켜주어 큰 계약도 성사시키는 등 높은 실적을 낼 수 있었다.

김태오 부사장은 지점장 시절에 맺은 고객들과의 인연을 지금도 소중히 이어가고 있다고 한다. 종종 안부를 주고받는 것은 물론이고, 그들의 생일이나 경조사도 빠짐없이 챙긴다. 이 외에도 필요한 재테크 정보나 좋은 일이 있으면 교환하며 친구처럼 지낸다고 한다. "사람에게 감동을 주는 것은 결코 어려운 일이 아니다. 고객, 가족, 친구를 떠나 상대방에게 진심어린 관심을 갖는다면 어느 조직에서든, 또한 누구와도 끈끈한 인맥을 형성할 수 있다."는 것이 그가 강조하는 말이다.

그는 인생 선배로서 젊은 후배들에게 인맥과 관련해 다음과 같이 조언해주고 싶다고 했다.

"인간은 조직과 사람을 떠나 혼자서 살아갈 수 없는 사회적 동물입니다. 다른 사람들과 친분을 맺길 원하지 않아도 직장 동료, 거래처 직원, 학교 선후배 등 다양한 사람의 도움 없이는 제대로 일을 처리하기가 어렵습니다. 그러므로 인맥을 맺는 것도 가능하면 일찍 시작하는 것이 좋습니다. 젊었을 땐 이것저것 계산하지 않고 감정적으로 호감만 가면 좋은 인간관계를 맺을 수 있지만, 나이가 들수록 어떤 조건이나 환경을 고려해서 만날 확률이 높아지기 때문에 감성적으로 접근하기보다는 대체로 이성적인 판단에 의해 움직이게 됩니다. 그러다 보니 마음을 터놓고 친해지기가 훨씬 더 어렵지요.

따라서 조금이라도 젊었을 때부터 인맥을 쌓는 것이 감성적으로 친해질 수 있는 기회가 훨씬 더 많습니다. 또한 젊어서 만든 인맥이야말로 평생토록 지속할 수 있을 만큼 강력합니다. 그러므로 이왕이면 다양한 모임과 클럽에 가입하여 폭넓게 친구들을 사귀십시오. 인맥은 결국 인간관계이기 때문에 내가 먼저 관심을 보여주고 감동을 베풀면 그 누구와도 좋은 인맥을 만들 수 있다는 사실을 믿고 지금 바로 실천해보세요."

명함만 주고받지 말고
마음을 주고받아라

인간은 누구나 인정받기 원하고 관심의 중심에 있고 싶어한다. 따라서 자신이라는 존재를 알아주고 자기에게 호감을 표현하는 사람을 특별하게 생각할 수밖에 없다. 여기서 알아두어야 할 점은 상대방의 이름을 불러주고 그의 존재를 최대한 기억해주는 것이 호감을 얻을 수 있는 기초적인 방법이라는 것이다. 성공적인 인간관계는 상대가 나의 이름을 기억해주기를 기다리기보다 내가 먼저 상대의 이름을 불러주고 한 발 다가가 관심을 표현하는 데서 출발한다.

물론 처음 만난 사람의 이름을 선뜻 부른다는 것이 조금은 어색할 수도 있다. 그래도 연습해보자.

"처음 뵙겠습니다, ○○○님. 뵙게 되어 반가워요."

누군가를 소개받거나 인사를 나눌 때 이렇게 명함에 적힌 이름과 직함을 불러주면 자연스럽게 이름을 외울 수 있을 뿐만 아니라 상대방의 호감을 얻는 데도 효과가 있다.

이때 주의할 점은 받은 명함을 서둘러 가방 속에 집어넣는 실례를 범하지 않도록 하는 것이다. 상대의 명함을 받고 나서는 유심히 살펴보는 배려가 뒤따라야 한다. 소속 회사 이름과 부서, 직위, 회사 위치를 파악하고, 그 회사에 대해 알고 있는 것이 있으면 짧게나마 언급하는 것이 좋다. 가령, "사무실이 저희 회사와 무척 가까운 곳에 있네요.", "교육 컨설팅을 담당하고 계시는군요. 얼마 전 신문에 소개된 선생님의 기사를 봤어요."라는 식의 인사를 하면 첫 만남이 주는 거리감을 한결 좁힐 수 있다. 추후 연락할 때를 대비해서 상대방에게 받은 느낌이나 대화 중에 인상적이었던 내용을 한 문장으로 압축해서 만난 날짜와 함께 명함에 간단히 메모해 두는 것도 좋다.

어쨌든 다른 사람을 처음 만나서 명함을 교환할 때는 상대방의 명함에 적혀 있는 내용을 꼼꼼히 살펴본 후 짧게라도 그 내용을 소재로 대화를 나누는 배려가 필요하다. 상대방에게 진심으로 관심을 기울여주는 가장 좋은 방법은 명함 교환이다. 명함을 교환한다는 것은 종이를 주고받는 것이 아니라, 마음을 주고받는 것임을 명심하기 바란다.

당신이 세심한 관찰력과 센스가 있는 사람이라면 상대방의 전체적인 분위기와 스타일을 파악하여 적절한 찬사를 보내는 것만으로도 호감을 살 수 있을 것이다. 물론 상대방을 칭찬해주기 위해서 억지로 마음에 없는 말을 꺼낼 필요는 없다. 섣부른 칭찬은 오히려 당신의 이미지를 가볍게 심어줄 뿐이다.

어떤 자리에서 어떤 목적으로 누구를 만나든 간에 중요한 것은 그 만남을 둘러싼 추후 관리다. 인맥을 '관리'한다는 표현이 썩 적절하다는 생각은 들지 않으나, 어쨌든 그 만남을 소중하게 가꾸어 나가는 노력과 정성이 필요하다. 모든 인맥은 첫 만남에서 시작되어 계속 이어지고 발전하고 확대되기 때문이다.

어떤 사람을 만나 정말 유익한 대화를 나누고, 그 사람과 함께 도모할 수 있는 건설적인 일까지 구상해두었다고 하자. 그 다음에는 어떻게 해야 할까?

나는 일단 내가 주도적으로 나서는 편이다. 당연히 첫 만남 이후 연락도 대체로 내가 먼저 한다. 특별한 용무가 없어도, 상대가 나보다 나이가 많든 적든, 직책이 높든 낮든 상관하지 않는다. 상대와 만남이 나에게 각별한 인상을 남겼거나 첫 만남에서 조금이라도 도움을 받았을 경우에는 하루나 이틀 안에 문자나 이메일로 그 만남에서 기억되는 느낌과 짤막한 감사의 인사를 전한다. 그러면 상대가 느끼는 감동은 기대 이상이다. 으레히 상대는 자신의 이름과 직함, 그리고 자신이 한 말과 자신의 이미지까지 기억해준 것에 대한 고마운 마음을 담아 답장을 보내온다.

이렇게 서면으로나마 일단 인사를 트고 나면 시간이 한참 흐른 뒤에 연락을 해도 전혀 서먹함이 없다. "지난번 ○○에서 뵈었던 서필환입니다. 그동안 잘 지내셨지요?"라고 인사를 건네면 대체로 상대방은 "어머, 선생님. 반가워요. 시간이 되신다면 다시 한번 뵙고 싶어요."라고 한다. 그러면 자연스럽게 대화가 이어지면서 다음 만남이 한결 수월하게 진행된다.

특별히 비즈니스 포럼이나 세미나에서 새로 알게 된 사람일 경우, 그리고 그 상대가 행사를 주최한 사람이라면 나는 훌륭한 행사에 초대해준 것에 대한 감사의 인사를 빠뜨리지 않는 편이다. 이때는 행사에 참석한 나의 개인적인 소견과 함께 구체적으로 어떤 점이 잘되었는지, 행사장에서 만난 진행요원의 수고와 잘한 점에 대해서도 칭찬과 격려를 보낸다. 이러한 피드백은 참석자의 관심을 드러낼 뿐만 아니라, 행사 주최자에게는 동기 부여와 후속 조치 수단이 되기 때문이다. 평소 붓글씨 쓰기를 좋아하는 나는 손으로 직접 쓴 카드를 보낼 때도 있지만, 별도로 해당 업체의 홈페이지나 관할 관청의 홈피 '칭찬합시다' 코너에 공개적으로 글을 올리기도 한다.

한 예로 2008년 초 나는 서울시가 자체 주관한 행사에 초대받은 적이 있다. 서울시 모니터 요원의 한 사람으로 참가했는데, 나는 그날 받은 느낌과 감동을 수첩에 메모했다. 그리고는 혼자만 간직하기에는 어쩐지 아까운 생각이 들어서 서울시청 홈페이지에 칭찬의 글을 올렸다. 이 글로 나는 서울시장 비서관과 다산콜센터 직원에게 감사하다는 인사를 받게 되었고, 그들과 새로운 인연을 맺게 되었다. 모든 인간관계는 이렇듯 상대방에 대한 관심에서 시작된다는 것을 기억하라.

세련되고 자연스런 인간관계를 맺는 고수들은 대체로 첫 만남 이후 후속 행동을 먼저 취한다. 이들은 특별한 용무가 없더라도 평소에 전화나 이메일로 안부를 챙긴다. 사업은 잘되고 있는지, 집안에 별일은 없는지, 건강한 지 등. 굳이 일정한 주기를 정할 필요 없이 짬이 날 때 연락하여 자신이 상대를 잊지 않았음을 상기시켜 주는 것이다. 이왕이면 이때 상대방에게 칭찬거리를 찾아 격려하고 힘을 실어주는 것이 훨씬 효과적이다.

내 경험에 의하면, 자주 만나지 않더라도 평소 상대방이 하는 일에 관심을 가지고 사소한 것 하나라도 신경 써주는 것이 무슨 기념일에 거창한 선물을 보내는 것보다 훨씬 더 기억에 오래 남고 끈끈한 관계를 지속해 나가는 비결이 아닌가 한다. 특별히 상대가 골몰해 있는 연구 분야가 있거나 사업을 구상 중인 경우, 도움이 될 만한 관련 자료를 수집해서 보내주는 것도 인간관계를 돈독히 하는 아주 좋은 방법이다.

평상시에 내 주변에 있는 누군가가 생각날 때 한 통의 전화나 이메일이라도 보내 소소하게 안부를 챙겨보라. 그러다 보면 상대에게 필요한 도움이 무엇인지를 알 수 있을 것이고, 경우에 따라서는 그에게 필요한 사람을 적절하게 소개해줄 수 있는 기회도 생긴다.

건강한 인간관계는 당연히 무엇인가를 주고받는 관계다. 이왕이면 내가 먼저 그들의 문제에 관심을 보여주자. 중요한 것은 진실한 마음이다. 인맥을 위한 인맥은 버려야 한다. 의도적으로 접근하고 계획하는 사람에게는 한계가 있다. 결국 끝까지 함께 하는 사람이 진실한 사람임을 잊지 마라.

경조사만 잘 챙겨도 당신의 인맥 신호등은
녹색불이 들어온다

'햄릿'의 대신 폴로니어스는 아들 레어티스에게 이렇게 이른다.

"중용을 잃었을 때 행동하지 마라. 상냥하되 천박해서는 안 된다. 믿을 만한 친구를 사귀어라. 함부로 나서지 마라. 분쟁을 조심하라. 귀는 빌려주되 말은 적게 하라. 형편이 되는 한 옷을 잘 입되 낭비하지는 마라. 빚지지 마라. 너 자신에게 정직하라."

현재를 살아가는 이 땅의 부모와 멘토는 여기에 한 가지 조언을 덧붙일지 모른다.

'경조사를 잘 챙겨라.'

무한경쟁 시대에 인맥은 곧 힘이고, 인맥 만들기의 기본은 경조사를 빠짐없이 챙기는 일이라고 여기는 까닭이다. 애경사 부조는 상부상조 정신에 따른 우리의 미덕이다. 그래서 우리나라에서 사람 구실 제대로 하며 사는 것 가운데 하나가 바로 지인들의 경조사를 챙기는 일이다.

많은 사람들과 교류하다 보면 크고 작은 경조사 소식을 자주 듣게 된다. 경조사는 크게 결혼식, 회갑연, 칠순잔치, 돌잔치, 배우자 및 부모님 상(喪) 등을 꼽을 수 있다. 요즘에는 상급학교 진학, 승진 및 취임, 창업, 명예퇴직, 임신 및 출산, 집들이 등도 경조사에 포함시켜 뜻 깊은 행사로 치루는 경우가 많다. 이런 소식을 들었을 때 기쁜 일은 가서 축하해주고, 슬픈 일은 마음으로 함께 하며 위로해줘야 하는 것이 인지상정이다. 특히 부모님 상과 같은 조사(弔事)는 반드시 신경을 써야 한다. 기쁜 날 바쁜 시간 쪼개 예식장까지 와준 이도 고맙지만, 힘들고 슬플 때 달려와 위로해준 사람은 평생을 두고 기억에 남는다.

경조사 소식을 접하면 보통 직장인은 두 가지를 고민한다. 직접 가서 인사를 할 것인가, 경조금을 얼마로 할 것인가가 그것이다. 바쁜 일상사를 제쳐두고 연락을 받을 때마다 무조건 다 가볼 수도 없고, 경조금으로 들어가는 돈 역시 만만치 않다. 그런데 꼭 다녀와야 할 곳을 빠뜨리면 두고두고 마음에 걸린다. 또 가고는 싶지만 시간이 안 될 때도 있고, 대신 전달해 달라고 하기도 여의치 않을 때가 적지 않다.

이처럼 '함께 하는 마음의 표현'인 경조사를 잘 챙기는 일은 주변 사람과 좋은 인간관계를 유지하는 데 더 없이 중요한 의례 중 하나다. 실제 성공한 많은 사람들이 주변 경조사를 꼼꼼하게 챙김으로써 인맥 관리를 해나가는 것을 볼 수 있다.

미래에셋생명의 윤진홍 사장은 빈틈없는 스케줄 속에서도 빠뜨리지 않는 것이 있으니, 그것은 바로 경조사를 챙기는 일이라고 했다. 그는 기획 회의에는 빠지는 일이 있어도 임직원의 경조사에는 반드시 참석한다고 한다. '회의 결과는 나중에 보고서로 확인해도 되지만, 임직원들에게 신뢰를 잃게 되면 원활한 경영을 펼칠 수 없다'는 것이 윤진홍 사장의 지론이다.

한국 사회에서 사회생활을 하는 대다수 남성들이 그러하듯 필자(서필환) 역시 직장생활을 시작한 이후 지금까지 동료나 주변 사람의 경조사 챙기는 일에 적극적인 편이다. 결혼식이나 돌잔치 같은 경사는 말할 것도 없고, 특히 부모님 상과 같은 장례 소식을 접했을 경우 가능한 한 직접 찾아가서 위로의 말을 건네고 슬픔을 당한 상대와 함께하려고 노력한다. 결혼식이나 돌잔치 사회를 맡아 기쁨을 함께 나눈 추억도 많지만, 직장 직속 상사나 가까운 동료가 조사를 당했을 때 빈소를 지키며 장례 일을 봐준 적이 훨씬 더 많은 것 같다. 굳이 위로나 격려의 말을 건네지 않더라도 어려울 때 누군가가 곁에 있어주면 그것만으로도 힘이 된다는 것을 잘 알기 때문이다.

물론 사정상 내가 직접 찾아갈 수 없을 때는 가족이나 절친한 사람을 대신 보낼 때도 있다. 이럴 경우에는 반드시 전화 통화로라도 위로의 마음을 전한다. 간혹 제때 소식을 듣지 못해 참석하지 못했다면 나중에라도 만나서 경조비를 전해주거나 전화로나마 꼭 인사를 건네는 편이다. 부조금이란 원래 받은 만큼 주고 준 만큼 받는 게 관행이라지만, 나는 상대와의 관계에 따라, 또 내 형편에 맞게 꽃을 보낼 때도 있고 꽃과 경조금을 함께 전달할 때도 있다. 이때 경조비는 홀수 금액으로 하는 것이 좋다.

좋은 일에 직접 참석하여 축하해주는 것이 가장 좋지만, 함께할 수 없을 경우에는 축전이나 간단한 축하 문자라도 보내는 것이 좋다. 나는 승진이나 창업, 사무실 이전 소식을 듣고도 강의 스케줄과 겹쳐 참석할 수 없을 경우에는 사정을 전화로 알리고 축하 카드와 화분을 보내주곤 한다. 그러면 거의 대부분 사람이 각별히 고마움을 느껴 답례 전화나 이메일을 보내온다.

누군가 자신의 경조사에 관심을 갖고 위로나 축하를 했을 때 싫어하거나 무덤덤한 반응을 보이는 사람을 나는 아직까지 단 한 번도 본 적이 없다. 경조사를 잘 챙기는 것만으로도 인맥 관리 신호등에 빨간 불은 켜지지 않는다고 자신할 수 있다. 이렇듯 주변 누군가와 두터운 친분을 쌓고 싶다면 특별히 기념일을 챙겨줄 것을 권장한다. 마음이 담긴 선물은 사람의 마음을 움직이는 힘이 있다. 그러므로 평소 상대의 취향을 고려하여 의미 있는 선물을 고르는 요령과 안목도 길러 두어라. 센스 있는 선물을 받은 그는 결코 당신을 잊지 못할 것이다.

사교 클럽에서 다양한 만남의 기회를 잡아라

최근 캐나다 토론토에서는 여성 고객에게 독특한 피트니스 경험과 사교 무대를 제공하는 여성 전용 피트니스 클럽이 생겨 큰 화제가 되고 있다고 한다. 이곳 '플러티 걸 피트니스'는 기존 피트니스 클럽과는 달리 여성의 심리와 변화하는 라이프 스타일에 맞는 비즈니스 모델을 접목함으로써 순식간에 토론토 여성들의 고급 사교장으로 자리를 잡았다.

이 클럽은 30~40개의 개별 클래스로 구성된 프로그램을 제공하고 있는데, 여기에는 필라테스나 파워 요가는 물론이고 폴 댄스, 스트립티즈, 코요테 어글리 댄스, 벨리 댄스 등 관능적이고 섹시한 클래스도 포함되어 있다. 뿐만 아니라 스트레스에 시달리는 여성들에게 다양한 휴식 공간을 제공해줌으로써 종합 사교 클럽으로서 역할도 톡톡히 하고 있다. 오늘날 소비자들은 단순히 날씬한 몸매와 건강을 가꾸기 위해 어쩔 수 없이 운동을 하는 것이 아니라, 새로운 경험과 사교의 즐거움 때문에 이런 문화 공간을 찾는다.

우리나라도 예외는 아니어서 요즘 각종 스포츠 클럽이나 사교 댄스 클럽 등에는 자신만의 취미도 살리고 인맥도 넓히려는 사람들이 부쩍 늘어나고 있는 추세다. 요가, 테니스, 골프, 헬스, 벨리 댄스 등과 같은 단순한 생활 스포츠에 국한하지 않고 살사, 자이브, 룸바, 탱고 등의 라틴 댄스와 스윙 댄스에 이르기까지 분야도 갈수록 다양해지고 전문화되어 가고 있다. 이제 스포츠와 사교춤은 더 이상 특정인의 전유물이 아닌 일반인의 취미 활동이나 사교 활동으로 자리잡아 가고 있는 것이다. 특히 춤을 바라보는 곱지 않은 시선도 사라진 지 오래다. 불륜의 온상으로 치부되던 춤은 이제 건전한 생활 체육으로 떳떳이 인정받고 있다.

"라틴 댄스나 스윙 댄스는 사교춤 아니냐고요? 맞습니다. 사교춤은 야하고, 끈적거려서 민망하다고요? 반만 알고 반은 모르시는 말씀. 춤을 춘다고 무조건 몸을 밀착하는 건 아닙니다. 특히 스윙 댄스는 파트너에게 체중을 실을 필요도 없습니다. 가슴과 등이 깊게 파인 드레스는 더더욱 필요 없지요. 평상복 차림으로도 충분합니다."

국제댄스스포츠 지도자이자 각 대학과 기업체 등에서 라틴 댄스 강사로 활동하고 있는 댄스 전문가 이왕별(다음 카페 '백만댄동' 운영자 - http://cafe.daum.net/dancesports1) 씨의 설명이다. 그에 따르면, 사교 댄스(social dance) 혹은 클럽 댄스에 속하는 라틴 댄스는 열정적이다. 파트너와 눈빛을 교환하며 손과 몸으로 서로 동화되는 모습은 보기에도 아름답다. 강한 타악기 비트에 맞추어 춤을 추는 라틴 댄스는 표현이 자유로워 관능적인 춤으로 통한다. 인간의 내면에 잠재되어 있는 모든 감정이 곧 몸동작으로 표현되는 것이 라틴 댄스만의 장점이다.

춤을 전혀 추지 못하는 초보자나 춤은 추고 싶지만 몸과 시간이 따라주지 않은 것이 문제라고 말하는 사람들이 주위에 많다. 이왕별 씨는 그렇더라도 걱정할 필요가 없다고 한다. 온라인에 찾아들어가 접속만 하면 왕초보라도 사교 댄스에 관한 에티켓에서부터 기초적인 이론과 실기를 익혀 자신의 끼와 실력을 얼마든지 발휘하는 무대 위의 주인공이 될 수 있기 때문이다.

나의 지인 중에 개인사업을 하는 이미호(55세) 씨는 어언 2년째 동호회 활동을 해오고 있는 스윙어다. 그는 "평소 춤에 대한 보수적인 생각 때문에 처음에는 많이 망설였으나, 사교 댄스 덕분에 술 약속을 잡지 않게 되어 건강도 많이 좋아졌고, 어떤 자리에 가서도 어울릴 수 있게 되어 자신감이 생겼다."고 말했다. 특히 사교 댄스는 '파트너를 데리고 와야 하거나 고정 파트너가 정해져 있는 것이 아니어서 다양한 사람과 교류할 수 있는 최고의 사교 도구'라고 예찬했다.

스포츠 및 댄스를 통한 이런 사교 활동의 긍정적 효과는 적지 않다. 우선 개인적으로는 건강한 신체 유지 및 삶의 질을 높여준다는 점을 꼽을 수 있다. 또한 신체 접촉과 댄스 규칙의 준수, 상대방 존중을 통해 대인관계 기술과 방법을 배우게 된다. 그런가 하면 사교 댄스는 콘크리트 벽과 고층 건물의 단단한 벽에 가로막혀 사는 현대인들에게 마음을 열고 소통하는 공동체적인 삶을 가르쳐 주기도 한다. 모르긴 해도 이러한 생활 스포츠가 창출하는 개인적·사회적 이익은 무척 클 것이라는 것이 전문가들의 평가다.

삶에는 여백이 필요하다. 하루 종일 모니터를 들여다보느라 자라목이 된 남성들, 팍팍한 도시의 삶에 피부가 거칠어져만 가는 여성들에게 진실로 필요한 것은 전신 마사지나 얼굴에 바르는 영양 크림이 아니라, 지친 심신을 쉬게 하는 '작은 안식'일 것이다.

숨 막히는 도시 생활에서 그 여백을 만들어주는 곳 중의 하나가 카페다. 굳이 시간을 내 교외로 나가지 않더라도 사무실과 가까운 거리의 노천 카페에서 스터디 모임을 해보자. 스터디 그룹이라 해서 공부만 한다는 생각은 버려라. 딱딱한 강의실에 앉아야 집중이 된다는 고정관념에서도 벗어나야 한다. 독서토론, 영화토론, 전문 분야 스터디 모임 등을 이런 장소에서 해보자. 색다른 정취도 맛보고 삶에 활력이 생기는 것을 느낄 수 있을 것이다.

필자는 조직의 관리자나 독립적인 비즈니스를 하는 사람일수록 이런 토론 모임이나 전문 분야 스터디 모임이 꼭 필요하다고 생각한다. 특히 업계의 전문 지식과 최신 정보를 얻을 수 있는 스터디 그룹 하나 정도는 반드시 가입하라고 권하고 싶다. 이 외에 등산 모임, 마라톤 동호회, 음악 동호회, 댄스 동호회 등과 같은 친목 모임이나 라이온스 클럽 등 봉사 기관에 가담하는 것도 적극 권장할 만하다.

하나의 주제에 관해 관심을 가진 사람들이 함께하는 이런 모임은 새로운 인맥 확장의 기회가 되어줄 뿐만 아니라, 자칫 단조로울 수 있는 당신의 삶에 신선한 활력소가 되어줄 것이다. 단, 여기서 당신이 알아야 할 중요한 사실은 그 모임이 지향하고 있는 일에 열심을 보여 회원들로부터 인정을 받아야 한다는 점이다. 그래야 사람들에게 각인되기 때문이다.

고백하자면 나는 지독한 몸치다. 그런데 춤을 잘 추는 사람이 되고 싶다. 오죽하면 춤을 배우기도 전에 댄스 슈즈까지 마련했겠는가. 혹시 당신도 몸치? 그래도 상관없다. 더 나이 들기 전에 우리 모두 건전한 춤바람 한번 나보자.

〈사교 댄스 인터넷 동호회〉

- 돈투스(Don2S) - http://cafe.daum.net/Don2S
- 투살(홍대앞 부에나비스타 살사 클럽) - http://cafe.daum.net/tosalsa
- 보스톤 라틴 댄스 아카데미 - http://www.latindance.na.mu
- 에버라틴 살사 클럽 - http://cafe.daum.net/kwbsht
- 사단법인 째저싸이즈 세계연맹 - http://www.jazzercise.co.kr
- 강남 홍대 스카이 라틴 - http://cafe.daum.net/skylatin
- 차밍 댄스 아카데미- http://www.yamidance.com
- 엔조이 살사 - http://club.cyworld.com/enjoysalsaclub
- 댄스 멀티플렉스 몸박터 - http://auteur21.cyworld.com

인생이라는 험난한 항해를 위해서는 반드시 나침반이 필요하다. 당신에게는 삶의 지표로 삼고 있는 가훈이나 좌우명이 있는가? 자기 사명선언서는 가훈이나 개인의 좌우명을 좀 더 구체화한 일종의 '개인 헌장'과도 같다. 또 살아가면서 부딪치는 모든 문제들에 대해 현명하게 판단하고 결정할 수 있는 나침반이나 등대 역할을 한다.

사명선언문을 작성하는 일이 중요한 이유는 현대인의 바쁜 일상 속에서 망각하기 쉬운 소중한 가치들을 항상 떠올리게 하고, 그 가치들을 기준 삼아 모든 것을 생각하고 말하고 행동하게 하기 때문이다. 자신의 비전과 목표에 맞는 사명선언서를 작성하면 일단 '할 수 있다.'는 마음이 생긴다. 무엇보다 목표와 관련해서 '하지만', '만약', '그런데' 따위의 말을 덧붙이지 않게 된다. 사명선언서는 한두 문장에서 몇 단락이 될 수도 있다. 그러나 간결할수록 좋다.

사명선언서를 주변 사람에게 공개하는 것도 좋다. 개인 홈페이지나 블로그에 올리거나, 이메일 자기 소개란에 정리해서 발송할 경우 당신이 추구하는 인생의 가치와 철학을 사람들이 이해할 것이다. 또 가치 코드가 당신과 일치한다고 생각될 경우 그는 결코 당신 곁을 떠나지 않고 영원한 인맥이 되어줄 것이다.

| 서필환의 사명선언서 |

나 서필환 성공사관학교장은 2030년까지 5천 번의 영혼을 울리는 명품 강의로 2천5백만 명에게 성공적인 삶을 전파하는 자기혁신의 성공 지도자가 되겠습니다. 또한 영향력을 끼치는 명강사가 되기 위해 톱 리더 스티븐 코비, 톰 피터스, 존 그레이, 브라이언 트레이시의 키포인트를 응용하여 성공사관학교만의 고유 콘텐츠 10개를 만들어 핵심 사항을 공급하고, 잠재력을 발휘할 수 있는 동기를 부여하여 성공의 디딤돌 역할을 하는 참 리더가 되겠습니다. 그러기 위해 다음 내용을 반드시 실천하겠습니다.

1. 2010년까지 명문 성공사관학교를 건립하겠습니다.
2. 경영 및 라이프코칭을 해주실 열 명의 훌륭한 멘토님을 모시겠습니다.
3. 핵심 인재 1백 명의 교수와 함께하겠습니다.
4. 열정적인 1천 명의 홍보대사와 함께 알리겠습니다.
5. 참부자 정신으로 내가 먼저 사랑하고, 내가 먼저 감사와 칭찬을 표현하며, 항상 학습하는 자세로 치밀한 준비를 다하겠습니다.

| 봉은희의 사명선언서 |

* 내가 진정으로 살고 싶은 중년기 이후의 삶

하나, 내 삶의 꼭짓점을 건강한 정신체계를 갖추는 것과 자기완성에 둡니다.
둘, 매순간 부정 대신에 긍정을, 두려움 대신에 사랑을 선택합니다.
셋, 그간의 결과물(경험＋배움)을 통합하여 사람들에게 실질적인 도움을 주는 라이프코치가 됩니다.
넷, 다른 사람의 아픔과 고민을 함께 나누고 치유에 도움이 되는 유익한 책을 꾸준히 씁니다.
다섯, 자기실현과 인성을 깨우는 강의 활동으로 긍정적인 영향을 미치는 교육자가 됩니다.
여섯, 유연한 사고의 훈련과 더불어 자신을 변화시킬 수 있는 '배움' 과 '만남' 의 자리를 가까이 합니다.
일곱, 나에게 좋은 영향을 끼친 분들에게 감사를 잃지 않고, 나와 함께 하는 사람을 소중히 여깁니다.
여덟, 매일 하루하루를 선물로 여기며 감사를 놓치지 않습니다.

사람이 커뮤니티의 중심, 사람에게 **투자**하라

황홍식 (온라인 커뮤니티 전문가, 시숍 클럽 대표)

1백만 개 이상의 커뮤니티가 운영되고 있는, 가히 '인터넷 커뮤니티의 천국'이라 할 수 있는 대한민국. 그 안에는 커뮤니티 숫자만큼이나 많은 시숍(인터넷 동호회 운영자)들이 있다. 이들 시숍은 인터넷 문화를 이끄는 첨병이자 한국의 커뮤니티 문화를 선도하는 '트렌드 메이커'다.

그리고 이들의 꼭짓점에는 '시숍 중의 시숍' 황홍식 씨(37)가 있다. 그는 시숍들의 모임인 '시숍 클럽(www.sysopclub.com)'의 시숍으로, 낮에는 평범한 직장인으로 지내다가 퇴근 후에는 회원 1백만 명의 '국내 최대 비영리 사조직'을 이끄는 총수로 활동한다.

황홍식 씨는 인터넷 동호회 활동을 많이 하다 보니 기자들이 "돈도 안 되는 동호회 활동을 무엇 때문에 그렇게 열심히 합니까?"라는 질문을 가끔 해온다고 한다. 그럴 때 그는 이렇게 대답한다고 말한다.

"커뮤니티가 사람과 사람을 이어주기 때문이죠. 오프라인 없는 온라인 커뮤니티는 대부분 오래 지속되지 못하더라고요. 제가 좋아하는 분야에 좋은 사람들을 만날 수 있다는 것만으로도 충분한 가치가 있습니다.

동호회 활동이 돈이 안 되는 것도 아닙니다. 저 같은 경우 회사

에서 다양한 인맥 활용으로 인정을 받고 있으니까요. 그리고 생각
해보세요. 만일 제가 엄청난 재력가를 알고 부동산, 증권 등의 재
테크 고수들을 알고 있다면 그 도움으로 돈은 얼마든지 벌 수 있지
않겠어요? (웃음)

하지만 인맥에 돈과 명예를 우선으로 해서는 안 되지요. 저는 인
맥에서 가장 중요한 것은 그것이 가져다주는 즐거움이라 생각합니
다. 소중한 사람들과 함께하는 즐거움 말이죠."

황홍식 씨의 말은 결국 인터넷이 아니라 '사람이 커뮤니티의 중
심'이라는 얘기다. 그것이 사람 만나서 놀기 좋아하는 '커뮤니티
총수'의 철학이다.

'시숍 클럽'이 결성된 것은 2001년. 한 포털 사이트에서 유명 동
호회 시숍을 모아 좋은 동호회를 만들기 위한 방안을 논의한 것이
계기가 되었다. 그는 이 모임에서 영감을 얻어 시숍들의 모임을 제
안했다.

시숍 클럽의 시숍으로 활동하면서 그의 이름은 더욱 유명해졌
다. 일부 포털 사이트는 황홍식 씨에게 많은 보수를 제시하며 스카
우트를 제안하기도 했다. 하지만 그는 단호히 거절했다. 시숍 활동
을 하기 위해서는 포털 사이트와 거리를 두고 중립적이어야 하기
때문이다.

"가족이든 친구든 인간관계에서 가장 중요한 것은 상대에 대한

배려라고 생각합니다. 제가 올해 초에 결혼을 했는데, 저희 집 가훈도 '배려'로 정했습니다. 상대방에게 기대하기 보다는 먼저 베풀어야 합니다. 자기 것을 내놓지 않으면서 상대방이 자기에게 다가오기를 바라는 것은 어불성설이죠."

황홍식 씨는 둘째 가라면 서러울 정도로 인맥 부자 중의 인맥 부자다. 가령, 전국 여행을 할 경우 어디를 가더라도 먹고 자고 할 곳이 다 있을 정도이다. 거미줄처럼 촘촘하게 연결된 이런 든든한 인맥은 그에게 무한한 행복과 기쁨을 가져다준다. 경남 김해가 고향인 그는 현재 서울에 신접살림을 차렸는데, 최근 자신의 생일에는 그가 가족처럼 여기는 시숍 클럽 운영진 15명을 집에 초대해 밤을 새워가며 즐겁게 놀았다고 한다.

"제가 이끄는 동호회가 혹시 망하더라도 그 핵심 구성원들은 할아버지, 할머니가 되더라도 끝까지 함께하자고 약속했습니다. 누군가 힘든 일이 생기면 서로 도와주고 이끌어주는 형제애를 나누기로 한 거지요.

갑자기 전화하는 친구들은 뭔가 부탁하려고 하는 경우가 많습니다. 그럴 때 여러분의 지인들은 부탁을 들어줄 때가 많나요? 아니면 거절을 하나요?

저 같은 경우는 대부분 친구들이 제 부탁을 잘 들어주는 편이고, 저 또한 친구들의 부탁을 잘 들어주려고 노력합니다. 물론 제가 먼저 많은 도움을 주려고 하지만, 최근엔 제가 도움을 받을 때가 더 많은 것 같습니다."

확실히 '인맥의 달인' 황홍식 씨에게는 인맥 관리에 관한 특별한 노하우가 있는 듯 했다. 그가 제시하는 인맥 관리 비결을 들어보자.

"첫째는 사람에 대한 관심을 가지고 그들에게 필요한 사람이 되어주려고 노력하는 거죠. 무엇보다 상대방을 잘 기억할 수 있어야 합니다. 가령, 갑자기 출장이라도 가게 되면 누가 어디에 사는지, 그가 현재 무슨 일을 하고 있는지를 사전에 알아서 잠시 차 한 잔이라도 나눌 수 있는 센스가 필요하지요. 그리고 모임에서 아무에게도 말을 걸지 않는 내성적인 사람이라도, 먼저 다가가 관심을 가져주면 의외로 훌륭한 인맥을 만들 수도 있습니다.

저 같은 경우 네이트온 메신저에 약 1천 명이 등록되어 있는데, 실질적으로 친하게 연락하는 사람은 3백 명 정도입니다. 메신저를 이용하면 쪽지, 대화 등으로 쉽고 빠르게 관리가 가능합니다.

제 결혼식을 알릴 때 블로그를 만들어서 지인들을 초대했는데 효과가 아주 좋았습니다. 참고하시면 좋을 것 같군요. 'http://blog.sysopclub.com/topshock/entry/홍마리오-결혼식-224', 이렇게 만들어놓고 문자로 블로그 주소만 적어도 많은 이들이 공감할 수 있습니다."

황홍식 씨는 인맥에서 '자기계발'이 무척 중요하다는 점을 강조했다. 인맥이 발전하려면 항상 주도적으로 커뮤니티를 이끌고 나가야 하기 때문이다. 그가 작년부터 운영하고 있는 '커뮤니티기획 & 웹기획스터디(www.planstudy.co.kr)' 같은 경우, 자신의 분야에 맞게 스터디 모임을 형성해서 매주 정기적인 스터디를 하며 포털사와 토론회를 하는 등 다양한 활동을 하고 있다고 한다. 이처럼 자기계발을 위한 부단한 연구와 노력이 뒷받침될 때 그만한 인맥이 따른다는 것이 그의 설명이다.

황홍식 씨는 이렇듯 풍성한 인맥 덕을 누구보다 톡톡히 보고 있는 사람이 바로 자신이라고 말한다. 특히 그가 관계하고 있는 사람들이 대부분 온라인 인맥 고수인 인터넷 동호회 연합 대표이거나 동호회 대표들이다 보니, 실제로 그가 하는 일에 많은 도움을 받고 있다.

"한 예로, 제 결혼식을 들면 하객이 6백여 명 왔는데 예식을 특이하게 했었습니다. 1부는 결혼식 전 행사가 근사하게 펼쳐졌고, 2부는 유람선에서 공연이 이어졌지요. 마술, 마임, 밸리 댄스, 타악 퍼포먼스 등. 파티 동호회에서는 결혼식장 장식을 맡아주었고, 예식장 사장님은 친분이 있어서 많은 할인을 해준데다 유람선을 공짜로 빌려주었지요. 엄청난 협찬을 받으면서 그야말로 평생 잊지 못할 결혼식을 치렀습니다."

그가 추구하는 것은 '한국 커뮤니티 문화의 세계화'이다. 시숍 클럽은 황홍식 씨의 주도로 2004년부터 매년 한강변에서 동호회 페스티벌을 개최하고 있다. 이 행사에는 포털 사이트 대표들까지 방문하여 아낌없이 협찬을 해주고 있다. 이 외에도 그는 요즘 내 집 마련에 관심을 가지고 있는데, 그와 친분을 맺고 있는 부동산 동호회 시숍이 큰 도움을 주고 있다고 했다.

"인맥 부자가 되려면 여러분들이 기억 속에 지워지는 사람이 아니라, 항상 소중한 인맥으로 떠올려지는 사람이 되기 위한 준비를 평소에 철저히 해야 합니다. 먼저 연락하고, 먼저 다가가고, 자신이 앞서서 주변 사람을 이끌어가는 능동적인 사람이 되어야 해요. 특히 저는 여러분에게 인맥을 쌓으려고 노력하기에 앞서, 그동안 자신이 지녀왔던 인맥에 대한 가치관을 점검하고 바꾸어 보라고 제안하고 싶습니다. 그래서 '이 친구에게는 술을 사줘도 돈이 안 아깝다.'라는 생각이 드는 인맥들을 하나둘씩 쌓아나가십시오. 그러기 위해서는 제일 먼저 사람에게 투자해야겠죠. 인맥은 인생에서 가장 소중한 재산입니다."

지속적인 자기계발로
고급 인맥을 불러라

중국 송대의 유학자 주자(朱子)는 "오늘 배우지 아니하고 내일이 있다고 말하지 말며, 올해 배우지 아니하고 내년이 있다고 말하지 말라."고 했다. 끊임없는 교육을 통해 얻은 지식이 인간의 성장과 미래를 견인하는 튼튼한 토대임을 알리는 말이다. 사람이 배움을 그치는 순간 삶의 성장은 멈춘다. 학습을 그친 사람에게는 미래에 대한 희망과 새로운 세계를 향한 도전 정신을 찾아보기 힘들다.

이는 사회도 마찬가지다. 특히, 지식과 창조력이 부의 원천이 되는 지식 사회가 도래하면서 '학습하는 사회'에 대한 중요성이 부각되고 있다. 교육과 학습으로 끊임없이 자기를 계발하는 인재들이 많은 사회일수록 미래에 대한 비전도 커지고 경쟁력 또한 높아진다. 최근 내로라하는 기업이나 선진국이 모두 인재 확보에 뛰어들고 있는 것이 그 증거일 것이다.

실제로 우리나라 많은 직장인들이 개인 역량을 높이기 위한 '자기계발'에 투자하고 있는 것으로 조사됐다. 2007년 온라인 리크루팅 업체 잡코리아가 직장인과 구직자 292명을 대상으로 '자기계발 현황'을 조사한 결과, 직장인 중 '현재 자기계발을 하고 있다.'고 응답한 사람이 81.4퍼센트로 5명 중 4명 수준으로 가장 많았다. 이는 구직자(79.9퍼센트)보다 1.5퍼센트 높은 수준이다. 직장인들의 자기계발 영역으로는 '직무 자격증 취득을 준비'(23.9퍼센트)가 4명 중 1명 수준으로 가장 많았고, 이어 '영어 회화'(17.4퍼센트), '비전공 자격증'(16.3퍼센트), '대학 또는 대학원 진학'(13.0퍼센트), '독학(독서)'(9.8퍼센트) 순이었다.

최선을 다해 달려온 많은 직장인들이 자신이 가지고 있는 에너지를 모두 소진해버리고 결국 무력감에 빠지는 경우를 종종 본다. 그러나 우리는 살아가는 동안 계속해서 자신에게 에너지를 공급해주어야 한다. 이때 멈추지 않고 다음 단계로 도약할 수 있는 재충전의 기회는 새로운 교육을 통해 실력을 쌓고 인맥을 다지는데서 만들어진다. 끊임없이 변화하는 환경에서 경쟁력을 갖추기 위해서는 부단한 자기계발이 필요하다.

특히 중간 관리자나 오너의 위치에 있는 40~50대에 이르러서는 전보다 더 자신에 대해 과감하게 투자해야 한다. 교육을 통해 얻을 수 있는 특권은 지식 습득과 사고의 변화 외에도 외부 인맥을 확장할 수 있다는 점이다. 그것도 직업 분야나 관심 분야가 같은 사람들이기 때문에 교육에서 만난 사람들과 교류하는 것은 신선한 자극이 되며 중년기 이후의 삶을 풍성하게 해줄 것이다.

배우고 노력하는 인생은 아름답다. 직업에서의 은퇴가 인생에서의 은퇴는 아니다. 인간은 자신의 학력과 경력이 어떠하든지, 또한 전공이 무엇이든지 평생 그때그때 필요한 것을 배우고 익히기 위해 노력해야 자기 인생을 보람 있게 살아갈 수 있다. 배움의 길을 찾아 자신을 연마하고 재충전하지 않으면 이미 습득한 것까지 녹슬어서 못쓰게 된다. 그래서 '평생 교육'이란 말이 등장하였다.

'배움에는 늦은 때라는 게 없다.'란 말의 진실성을 입증한 위인들도 아주 많다. 나이가 들어도 뭔가를 시작해보겠다고 단단히 마음을 먹는다면 많은 일을 해낼 수 있다.

고고학자 헨리 스펠먼(Henry Spelman)은 50세부터 학문 연구를 시작했다고 한다. 프랭클린은 50세가 되어서야 본격적으로 자연철학 연구에 돌입할 수 있었다. 소설가 박완서, 극작가 드라이든(John Dryden), 영화감독 스콧(Ridley Scott) 등은 40세에 접어들어서야 비로소 세상에 알려졌다. 헨델은 48세가 되어서야 위대한 작품을 발표하기 시작했다.

이처럼 늦은 나이에 전혀 새로운 길에 들어서서 새로운 연구로 성공을 거둔 사람들의 사례는 수백 건이 넘는다. 천박하고 게으른 사람이 아니라면 '배우기에는 내가 너무 나이가 많아.'라는 말은 더 이상 통하지 않는다.

끼리끼리 문화는 NO, 다른 동네에 그물을 쳐라

한국인처럼 '우리'라는 단어를 많이 사용하는 나라도 드물지 않을까 싶다. 그만큼 우리나라 사람들은 끼리끼리 뭉치기를 좋아하고, '우리'라는 감정을 중요하게 여긴다. 이 말을 뒤집어 보면 나와 다르거나 낯선 것에는 배타적이라는 뜻이기도 하다. 여행을 다니거나 세미나에 참석할 때에도 모르는 사람보다 평소 친한 사람과 나란히 앉거나 단짝을 이루는 모습을 흔히 볼 수 있다. 해외 유학을 떠난 우리나라 학생들 중에는 한국 학생들끼리만 어울려 지내다가 어학 실력을 전혀 키우지 못하고 돌아오는 경우가 많다고 한다. 이 모든 것이 한국인의 '끼리끼리' 문화를 반증하는 예다.

이렇게 사람들은 끼리끼리 어울려 살며 '자신들만의 세상'을 형성한다. 상류층은 상류층끼리 어울리며 그들만이 향유하는 문화가 따로 있고, 서민들은 또 그들 나름의 문화와 세상을 만들면서 살아간다. 직장에서도 마찬가지다. 근무하는 부서가 다르거나 외모에서 풍기는 분위기가 낯설다는 이유로 일정한 거리를 두거나 함께 어울리지 않는 경우가 종종 있다.

이렇듯 끼리끼리만 어울리려는 사람들의 심리적 배경에는 낯선 사람과의 갈등이나 마찰을 두려워하며 이질적인 문화의 수용을 거부하는 감정이 깔려 있다. 다양한 인간관계가 주는 긴장과 갈등, 그리고 서로 다른 문화를 받아들일 때 새로운 아이디어가 생성되고 발전한다는 것은 알지만, 그 긴장과 마찰 때문에 생기는 스트레스를 피하고 싶어한다. 그러다 보니 어느 순간 자신의 주위를 둘러보면 대체로 나와 비슷한 사람들끼리만 가까이 지내는 모습을 발견하게 된다. 그러나 '저 사람은 나와 친해질 수 없어.'라고 마음의 선을 긋는다면 자신이 접할 수 있는 문화와 인맥은 그만큼 반감되고 말 것이다.

그러므로 나와 가치관이나 생활 방식이 다른 사람들과의 사귐을 즐겨보자. 사무실에서나 학교에서 얼굴을 맞대고 지내온 사람만이 인맥의 전부인 시대는 이미 지났다. 항상 같은 부서의 동료, 동문, 동향의 끈만 찾아다니면 정보의 질과 양은 한정되고 시야도 그만큼 좁아지게 마련이다.

이제 인터넷과 모바일 등 첨단 정보망을 활용하여 넓힐 수 있는 인맥의 범위가 지구촌 전체라는 사실을 놓쳐서는 안 된다. 각자 삶의 무대가 다른 사람들과 사귐으로써 다양한 정보를 얻고 상대방에 대한 이해와 관심사를 넓혀가면서 자신을 꾸준히 업그레이드하는 자세를 갖는 것이 중요하다.

나(서필환)는 직장생활을 할 때부터 오프라인과 온라인 커뮤니티 활동을 제법 활발하게 해온 편이다. 사내 행사와 팀장급 회의에 적극적으로 참여하면서 직장 동료들과도 친하게 지내는 한편, 대한민국 CS클럽 등과 같은 모임을 만들어 사외 인맥 활동도 열심히 해왔다. 그러다 보니 퇴근 후나 주말에 이런저런 모임들이 많았고, 그 만남들은 다시 온라인으로 이어져 서로에게 필요한 정보를 주고받는 가운데 풍부한 인맥을 형성하게 해주었다.

이러한 활동은 좁은 시야를 넓히는 계기를 마련해주었다. 인터넷이야말로 인맥을 무한대로 확장할 수 있는 최고의 도구임을 알게 된 나는 그 무렵 관심 있는 커뮤니티 사이트를 방문하고, 거기에 댓글을 다는 재미에 푹 빠져 지내기도 했다. 그 덕분에 나의 인맥 중에는 인터넷 동호회로 맺어진 사람들이 제법 많은 편이다.

이렇게 온라인에서 만나 친구가 된 대표적인 인맥 중 한 사람이 박준서(HR경영연구원장) 씨다. 그와 최초로 만난 것은 드림위즈에서 운영하는 '40대 방'이라는 사이트를 통해서인데, 서로의 ID와 별칭을 불러주며 댓글을 주고받다가 친해졌다. 당시 그는 (주)린나이 관리 부장으로 근무하다 퇴사하여 창업했으나, 사업이 부진하여 실의에 빠져있을 때였다. 힘들어 하는 글을 올린 그에게 나는 위로와 지지를 보내주었고, 피차 얼굴도 모르는 상태에서 정이 들었던지 실제 만났을 때 누구보다 친근하게 느껴졌던 사람이 바로 그였다.

어느 날 나는 그에게 강의를 해보는 것이 어떻겠느냐는 제안을 했는데, 그것이 계기가 되어 현재 그는 강사라는 직업을 갖고 교육 컨설팅 회사를 운영하는 오너가 되어 있다. 게다가 지금은 자신이 맡은 교육 프로그램에 나를 강사로 자주 불러준다. 뿐만 아니라 그가 강단에 설 때면 내 이야기를 종종 꺼냄으로써 홍보까지 해주고 있다.

이렇듯 우리의 인간관계란 어떻게 맺어 가느냐에 따라서 소중한 인연이 되기도 하고, 그냥 남남으로 흘러버릴 수도 있다. '우연'은 잡초와 같아서 방치해도 잘 자라지만, '인연'은 난초와 같아서 관심과 인정을 주어야만 잘 자란다는 게 인맥을 둘러싼 나의 철학이다.

우리는 세상을 살면서 자기의 잣대로 타인을 평가하곤 한다. 그래서 상대가 변변치 못하다고 생각되면 무시하거나 차별하기 쉽다. 이것은 무척 어리석은 일이다. 사람을 사귈 때 마음속에 확실히 담아두어야 할 기준 하나는 어떤 경우라도 사람을 업신여기거나 차별하지 않아야 하는 것이다. 즉 그 누구라도 포용할 수 있는 넉넉함을 가지고 있어야 한다. 그리고 그 누구든지 포용할 수 있으려면 소위 '칠칠치 못한' 사람까지도 한 인격체로 존중해주어야 한다.

그런 측면에서 우리가 살아가는 데는 각양각색의 친구가 필요하다. 나의 변신을 유도하는 개성 있는 친구도 필요하고, 쓴 소리도 마다하지 않는 냉철한 친구도 있어야 한다. 결과적으로 항상 노는 그 물에서만 '끼리끼리' 어울리기보다는, 색다른 동네에 '인맥의 그물'을 침으로써 풍부한 정보망을 확보하라는 이야기다. 분명한 것은 새로운 분야와 사람에 대한 관심만 있다면 노력 여하에 따라 당신도 얼마든지 경쟁력 있는 인맥의 달인으로 거듭날 수 있다는 사실이다.

얼마나 많은 사람을 아느냐보다는 어떤 사람을 알고 있느냐가 중요하다.
자신이 강하고 커야 주변에 사람이 있다.
부단히 자신을 연마시키고, 수시로 주변 사람에게 내가 살아 숨 쉬고 있음을 알려라.

- 로이드 킹

인터넷 동호회 운영자들의 모임인 '시숍 클럽' 대표 황홍식 씨는 인터넷 커뮤니티 때문에 인생이 바뀐 주인공이다. 대학교에서 환경공학을 전공하고 한국수자원공사에 입사한 그는 1999년 친구와 함께 공짜 동호회 '프리존'을 결성해 시숍을 맡게 되었다. 당시 몇몇 언론이 이들의 경품 타기 노하우를 보도하면서 '프리존'은 유명 동호회가 되었고, 황홍식 씨 또한 회사 일보다 동호회 일로 더 바빠지게 되었다. 인터넷 동호회 활동에 푹 빠진 그는 결국 공기업 연구소 생활을 청산했다. 더욱 넓은 세계에 대한 갈망과 적성에 대한 고민은 결국 그가 웹 기획자가 되는 데 일조했다.

이런 황홍식 씨와 인연을 맺은 것은 내가 CS클럽 회장으로 있던 초창기 때 그가 활발하게 활동하던 시숍 클럽의 멤버가 되면서였다. 오프라인 모임에서 처음 만난 당시 그에 대한 첫 인상은 서른 살 청년답게 젊음과 패기와 자신감이 넘쳐보였다. 우리는 자주 만나지는 않으나 온라인으로 서로의 근황을 알고 있어서 좋은 일이 생기면 축하도 해주고 필요한 정보도 주고받는 관계다. 특히 내가 도움을 청하면 거절하는 일없이 성의껏 도와주는 그의 친절함에 나는 마음속으로 늘 고맙게 생각하고 있다.

상대를 매료시킬 수 있는 자신만의 캐릭터를 개발하라

조 영 관 (신한카드 차장, 청소년 경제교육 전문가)

청소년 경제교육 전문가인 조영관(신한카드 차장) 씨는 21세기 생존전략 중 중요한 키워드로 '인맥 관리'를 꼽는 데 주저하지 않았다. 인맥은 흔히 '관리', '이해관계', '활용 수단'이라는 단어와 함께 사용되기 때문에 인맥에 대해 부정적인 인식을 갖고 있는 사람들이 있다. 하지만 성공자로서 삶을 지향하며 행복한 인생을 설계하는 데 인맥 관리는 반드시 실행해야 할 필수 전략임을 그는 강조한다.

"꼭 알아둬야 할 것이 있어요. 인맥은 주변 누군가를 알고 있다는 표면적인 관계만을 의미하지 않는다는 사실입니다. 지속적인 교류로 크고 작은 도움을 주고받으며 서로의 가치를 확장시킬 수 있는 관계야말로 진정한 인맥이라 할 수 있지요. 그런데 멀리 내다보지 못하고 당장 눈앞의 이익을 달성하기 위한 수단 정도로 생각한다면 인간관계는 더 이상 깊어질 수 없습니다. 왜냐하면 사람을 '관리'의 대상으로만 보기 때문입니다. 다시 말해 자기 중심으로 인맥을 활용할 목적으로 관리한다면 그 관계는 결코 지속될 수 없다는 사실을 염두에 두어야 합니다."

그의 말마따나 조영관 차장 자신도 한 때는 소위 인맥을 '관리'

하려고 무던히 열심을 낸 적이 있다고 한다. 그 대표적인 예가 인맥 리스트를 만들어 정해진 시간에 전화를 하거나 똑같은 내용의 문자 메시지나 단체 메일을 작성해 인맥 관리 대상에게 한꺼번에 보낸 것이다. 하지만 그렇게 관리를 시작한 순간 상대방은 이미 자신이 관리당하고 있다는 사실을 알게 되었다고 한다. 그런 인맥 관리는 실패한 것이나 다름없다.

"진짜 인맥을 유지하고 싶다면 성숙한 관계를 만들어야 해요. 상대에게 줄 수 있는 나만의 '특별한 무엇'을 가지고 대등한 관계를 만드는 것이 중요합니다. 따라서 누가 누구를 관리한다는 개념은 버려야 해요."

조영관 차장은 요즘에도 직장생활과 외부 교육 활동으로 많은 사람들을 만나는데, 사람들과의 이런 만남이야말로 삶의 처음과 끝이라고 할 만큼 중요하다는 것을 날이 갈수록 절감한다고 한다. 특히 그는 청소년 경제교육을 담당하면서 많은 교육계 인사들과 친분을 맺게 되었고, 그것이 인연이 되어 TV 방송에 출연하고 책을 출판하게 되었다. 또 언론에 노출되면서 여러 대학에서 특강 강사로 초청받기도 했다. 따지고 보면 이 모든 것이 작은 하나의 인맥이 연결고리가 되어 주변에서 추천해주고 관심을 가져줌으로써 결국 인맥이 눈덩이처럼 커진 결과라 할 수 있다. 그가 책을 출판할 때 정부 고위 관료와 대학 총장의 추천사를 흔쾌히 받을 수 있

있던 것도 평소에 맺어둔 인연 덕분이다. 그것은 또한 그로 하여금 그들의 기대에 어긋나지 않으려는 동기를 더 강하게 부여해준다.

하지만 조영관 차장은 일과 사회생활의 성공이 반드시 인맥을 형성하는 사람 수와 비례하지는 않는다고 생각한다. 그가 소중히 보듬는 인맥은 자신의 휴대 전화에 저장한 1천 명의 동료 및 지인으로 충분하다. 물론 그들의 연락처와 주소, 이메일을 기록해 둔 수첩을 별도로 두고는 있지만, 정기적으로 휴대 전화에 입력되어 있는 전화번호 전체를 검색하는 것은 그만의 인맥 정비 방식이다. 1년 넘게 연락이 안 되거나 지속적인 교류가 없는 사람은 삭제하고, 그 자리에 새롭게 우정을 만들어가고자 하는 사람의 연락처를 끼워 넣는다. 그 순간이 그에게는 자기 반성과 인맥에 대한 생각 지도를 수정해 보는 시간이기도 하다.

조영관 차장은 좋은 인맥을 만들기 위한 방법을 크게 두 가지로 압축한다. 직접 모임을 통한 만남과 온라인(신문, 책, 카페, 매체 포함)을 통한 만남이다.

"많은 사람들을 만난다고 반드시 좋은 인맥이 만들어지는 것은 아니죠. 그저 명함만 주고받고 마는 것이라면 오히려 시간낭비일 뿐입니다. 욕심을 부리지 않고 모임에서 단 한 명만이라도 진정하게 만날 수 있다면 그 모임 전체를 얻을 수 있는 것과 같습니다. 저의 경우 모임을 마치고 돌아오면 받은 명함에 적힌 이메일로 그날의 만남을 잠깐 상기하는 글과 함께 앞으로 좋은 만남이 되기를 희망한다는 메시지를 보냅니다. 이때 저는 나의 관심 분야와 강점을 밝히고, 도움이 필요하다면 언제든지 요청해 달라는 내용을 포함시키죠. 그러면 50퍼센트 이상은 연락이 오고 실제 좋은 관계를 유지할 수 있습니다."

그런가 하면 조영관 차장은 신문이나 책에서 관심사가 비슷하거나 깊이 연구하고 싶은 분야의 전문가들과 직접적인 인연을 만들어 가는 데도 적극적인 편이다. 그는 이들 전문가들에게 메일로 관심을 보내면 30퍼센트 정도는 답신이 온다고 했다. 다만 자신의 위치와 전문성이 무엇이냐에 따라서 일회성으로 그칠 수도 있고, 뿌리 깊은 인연으로 지속적인 관계를 유지해 갈 수 있다고 덧붙였다. 따라서 그는 '지속적인 관계를 이끌기 위해서는 처음부터 상대가 자신에게 호감을 느낄 수 있도록 해야 하고, 이때 호감의 핵심은 자신의 가치나 능력을 극대화시키는 것'이라고 덧붙였다.

"어느 분야이든 오랜 기간 직업을 수행하다 보면 그 분야 전문가가 되어 가죠. 그런 경우 어떤 정보가 필요할 때 여러 분야에 종사하는 인맥들이 있다면 훨씬 빠르게 정보를 얻을 수 있고, 그 사람의 소개로 일을 진전하면 빠르게 진행할 수 있습니다. 이렇게 자신의 인맥 지도를 사방으로 뻗어나가게 하려면 나 자신부터 그들에게 기억되기 위한 노력, 즉 독특하면서도 신뢰감을 줄 수 있는 자신만의 캐릭터(셀프 브랜딩)를 확보하는 것이 중요합니다."

조영관 차장은 젊은 후배 직장인들에게 "광활한 인맥의 바다로 나가는 길은 어려운 것 같지만, 한번 시도해 보길 바란다."고 권면한다. 왜냐하면 젊음은 그 한 가지만으로도 유리한 강점을 가지고 있기 때문이다.

대체로 사람들은 도전과 열정을 가진 사람을 만나면 무엇인가를 도와주고 싶어한다. 오프라인 만남이 돈도 많이 들고 여러 가지 조건상 제한이 따른다면 온라인 인맥 만들기에 눈길을 돌려보라. 서점에 가면 자신이 관심 갖는 분야의 책을 낸 저자들의 이메일 주소를 얼마든지 확보할 수 있고, 잡지나 신문을 조금만 눈여겨보면 거기에서도 자신이 미래에 만들어 가고 싶은 예비 인맥의 연락처를 쉽게 발견할 수 있다는 것이 그의 설명이다.

이때 상대의 관심을 끌기 위해서는 글을 논리적으로 전개해야 한다고 그는 조언한다. 이제 문서는 갈수록 말하기만큼이나 중요한 의사소통 수단이 되고 있다. 따라서 인맥 관리를 전문적으로 하기 원한다면 다른 사람을 설득하는 문서 작성에 탁월한 능력을 갖춰야 한다. 그는 평소 글쓰기에 관한 기본적인 기술을 익히고 계속해서 훈련해 나갈 것을 강조했다.

강력한 퍼스널 브랜드를 구축하여 인맥을 확장하라

바야흐로 세상은 개인 마케팅 시대다. 제품과 기업만이 주요 마케팅 대상이었던 과거와는 달리 지금은 '사람'이 중요한 마케팅 수단이 되고 있다. 세상이 나를 알아주거나 회사가 인재를 알아봐 줄 때까지 얌전하게 앉아서 기다리고 있기보다 이제는 자신을 적극적으로 홍보해야 한다. 즉 '자신의 브랜드화' 전략이 필요하다. 비슷한 능력과 경력을 갖고 있는 동료들 사이에서 차별성을 가지기 위해서는 자신만의 독특한 개인 브랜드를 구축해 '명품 인재'로 거듭나야 한다는 이야기다. 특히 직장인의 경우 자신을 명확하게 브랜드화 할 수 있는 '키워드'를 갖는 것이 더욱 중요하다.

이때 가장 중요한 것은 나, '박 아무개' 하면 확실하게 떠오를 수 있는 이미지나 키워드를 만들어 사람들에게 각인시키는 것이다. 가령, '박 아무개' 하면 '유쾌한 농담 속에 핵심 메시지를 담아내는 사람'이라든가 '서 아무개' 하면 '짧은 만남에도 긴 여운을 주는 사람', '칭찬과 격려로 주위에 늘 힘을 주는 사람' 등과 같이 다른 사람들에게 나에 대한 이미지를 깊이 남길 수 있는 자신만의 키워드를 개발해 나갈 필요가 있다. 그럴 때 나를 호의적으로 바라보는 주변의 인간관계망이 보다 확장되고, 더불어 내 '몸값'도 뛰게 되어 있다.

키워드를 통한 퍼스널 브랜드(personal brand) 구축은 단순히 자기 이름을 널리 알리는 데만 목적이 있는 것은 아니다. 오히려 퍼스널 브랜드의 본질은 나만의 독특한 능력과 끼를 살려서 자신의 꿈과 목표를 이루며 사는 데 있다. 따라서 자신만의 키워드를 갖는다는 것은 단순히 개성을 살려 인맥을 잘 관리하는 것만을 의미하는 것이 아니라, 스스로 자신의 브랜드 가치를 높이기 위한 체계적인 과정인 셈이다.

이처럼 자신의 키워드로 확실한 퍼스널 이미지를 구축하고 전문성과 능력을 인정받고 있는 성공한 사람들이 우리 사회에는 참 많다. 서울과학종합대학원 총장인 윤은기 씨가 많은 강연과 칼럼에서 자신을 '시테크 전문가', '창업 전문가'로 이미지 브랜딩한 사례나, 황홍식 씨가 왕성한 온라인 커뮤니티 활동으로 젊은 나이에 '시숍 중의 시숍'으로 자리매김한 일이나, 마케팅에 탁월한 실력을 인정받고 있는 조서환(KTF 부사장) 씨가 '모티베이터'로 자신의 퍼스널 이미지를 구축한 것도 자신의 키워드를 잘 활용한 대표적인 성공 사례에 속한다.

이 외에 '국내 여성 1호 헤드헌터' 유순신 씨, '놀부 고집으로 성공한 사업가' (주)놀부 대표 김순진 씨, '이반을 꿈꾸는 공연 기획자' 송승환 씨, '오지 여행가' 한비야 씨 등 일일이 열거할 수 없을 정도로 많은 사람들이 자신을 표현하는 키워드를 꾸준히 업데이트해가고 있다.

이와 같이 자신의 업무 분야를 대표할 만한 키워드를 잘 만들어 놓으면 직장 안에서는 물론 외부 업계에까지 훨씬 수월하게 자신의 전문성과 특기를 강조할 수 있다. 따라서 자신의 퍼스널 브랜드를 강화할 수 있는 키워드를 만들 때는 자신의 직위와 업무 분야에 걸맞은 이미지로 접근했는지에 대해 점검해야 한다. 또한 심혈을 기울여 만든 키워드라 하더라도 현재 상황과 직위, 또는 시대적 상황을 고려하여 꾸준히 바꾸어 나갈 필요가 있다. 예컨대, '프레젠테이션에 강한 협상 전문가'라는 퍼스널 이미지를 가진 중간 관리자가 회사 중역이나 CEO로 성장하기 위해서는 '다각적 사고 영역을 소유한 감성 리더'나 '소프트 파워를 지닌 비전 설정가'와 같은 키워드로 이미지 전환을 하는 것이 중요하다.

확실히 퍼스널 브랜드는 요즘 시대에 개인이 가지고 있는 재능이나 전문적인 능력, 이미지의 총체로서 남과 구별되는 핵심 가치라 할 수 있다. 명품 인재란 이런 퍼스널 브랜드를 성공적으로 구축하여 인력 시장에서 높은 가치를 인정받는 직장인을 말한다. 이때 개인 브랜드를 성공적으로 만들어가기 위해서는 자기만의 색깔을 강조하면서 이를 드러내는 기술 또한 필히 갖추고 있어야 한다. 같은 상품이라 해도 포장이 예쁘게 잘되어 있고 기능이 월등하면 잘 팔리는 경우와 마찬가지다.

'당신 멋져! 원더풀!'이라는 키워드를 만들어낸 필자 역시 '2030년까지 명품 강의 5천 번 실현'이라는 나만의 비전을 수립, 강의 때나 사람들을 만날 때마다 말하는 것은 물론 커뮤니티 활동으로 적극적으로 알려가고 있다. 특히 나는 매번 강단에 설 때마다 그날 나의 강의 횟수를 선포하고 내가 운영하는 카페와 칼럼(참부자 클럽) 등에도 기록으로 남겨 놓는다. 그러다 보니 주변 지인들이나 내 강의를 듣는 사람들이 나의 강의 횟수를 기억하고는 5천 번이라는 목표를 꼭 달성하라고 기원해준다. 이처럼 키워드를 중심으로 한 퍼스널 브랜드의 관리가 가져다주는 이점은 사람들 앞에서 비전을 선포함으로써 스스로 세운 목표를 앞당겨 달성할 수 있게 하는 것이다.

나 한 사람의 활동과 능력이 개인이 아닌 '기업'이 되어 가고 있는 요즘, 강력한 퍼스널 브랜드를 구축하기 위해서는 반드시 자신의 키워드를 만들어 동료나 주위 사람들에게 알려야 한다. 또한 그 키워드와 자신의 이미지가 부합되도록 부단한 자기계발과 노력을 기울여야 한다.

당신의 이미지를 한 마디로 압축한 키워드는 무엇인가. 지금 당신의 비전과 목표가 담긴 브랜드를 정하라. 요즘에는 과묵하고 성실한 사람이라는 표현 정도로는 이미지를 전달하기에는 약하다.

이왕이면 만나는 주위 사람들에게 유쾌함을 주고 자신의 특색을 잘 드러내주는 톡톡 튀는 관용구를 찾아 자신만의 키워드를 만들어보라. 또한 개인 홈페이지(블로그, 카페)를 만들어 자신이 정한 퍼스널 브랜드를 적극적으로 알려보라. 그렇게 자신의 비전이 담긴 브랜드를 많은 사람과 공유하면 인맥 확장은 물론 당신의 브랜드 가치도 더불어 상승할 것이다.

잘 쓴 문서 한 줄로 상대를 꼼짝 못하게 하라

말로 하는 것은 쉬운데 쓰는 것은 영 자신 없다고 말하는 사람이 많다. 좋아하는 사람에게 연애편지를 쓴다든가 친구에게 안부 메일을 보내는 것까지는 그런 대로 할 만하다. 그런데 짜임새 있는 문서 쓰기는 왜 그렇게 어려울까? 사실 당신만 그런 것은 아니다. 쓰는 사람 대부분이 그렇게 느낀다. 글 쓰기를 놀기보다 더 좋아하는 사람은 아마 드물 것이다. 광고문이건 공문이건 공식적인 제안서건 간에 남을 설득하는 문서를 작성해본 사람이라면 짜임새 있게 글을 쓰기가 쉽지 않다는 사실을 안다.

필자(봉은희)는 제법 오랜 기간 글을 써왔지만, 지금도 이런 어려움과 씨름하며 살아간다. 그러기에 흥미롭고 짜임새 있게 잘 쓴 글을 발견하면 눈이 번쩍 뜨이고 글쓴이에게까지 매력을 느낀다. 분명한 것은 글에는 그 글을 쓴 사람의 인격과 지성이 담겨 있다는 것이다. 그러기에 사람들은 칼럼은 물론 메일 한 통, 메모 한 줄을 보고도 대략 그 사람을 이해하거나 파악할 수 있다. 글처럼 그 사람을 잘 반영하는 도구도 없다는 것이 평소 나의 생각이다.

훌륭한 글과 횡설수설 핵심이 없는 글의 차이는 이렇듯 사람들에게 인정을 받고 새로운 기회를 얻느냐, 잃느냐를 판가름할 정도로 엄청나게 다른 결과를 가져온다. 특히 당신이 인맥 관리를 전문적으로 하는 사람이라면 주변 사람에게 정보를 제공하고 남을 설득하는 문서 작성에 탁월한 능력을 갖출 필요가 있다.

글을 쓰기 전에 당신이 가장 먼저 고려해야 할 사항은 자신이 어떤 목적으로 무슨 말을 전하고자 하는지를 충분히 생각하고 머릿속에 정리해 두는 일이다. 생각 없이 글을 쓰다 보면 원래 의도와 상관없는 내용으로 흘러 초점을 잃기 쉽고, 그 결과 전체 내용이 흐려질 수 있기 때문이다.

쓸데없는 말은 처음부터 과감하게 생략하라. 핵심 내용을 중심으로 짜임새 있게 작성한 글은 우선 편하게 읽히고 이해하기 쉽다. 또 읽는 이의 마음을 사로잡아 곧바로 요점으로 이끈다.

특히 읽는 이의 관심을 끌려면 내용이 흥미롭고 짜임새가 있어야 한다. 어떤 형식의 글이건, 글을 쓰는 사람은 자기 기분에 도취되지 않고 시종 읽는 이의 관점에서 그들의 생각과 눈높이에 맞춰 써나가는 것이 중요하다.

논리적으로 써라

설득력 있는 문서는 우선 구성이 탄탄하기도 하지만, 무엇보다 사실과 논리에 기반을 두고 있어야 한다. 비논리적이거나 추론이 깔린 글은 아무도 설득할 수 없다.

전문가들에 따르면, 글을 쓸 때 가장 흔하게 범하는 오류는 추론 중간에 어떤 단계를 빠뜨린 채 진행하는 논리의 비약이다. 이런 논리 비약적인 글은 쓰는 사람은 모르고 지나갈 수 있으나 읽는 사람의 눈에는 두드러지는 경우가 많다. 따라서 완성한 문서를 제출하거나 발송하기 전에 객관적으로 읽을 수 있는 사람에게 부탁해 검증을 받는 것이 좋다.

인맥의 달인들은 이런 논리력을 갖춘 글을 토대로 하여 상대를 자신의 목표로 끌어들인다. 즉 자신의 제안을 채택함으로써 얻게 되는 이익, 그 일을 추진함으로써 돌아오는 대가가 무엇인지를 명확하게 제시한다. 또 자신의 아이디어가 믿을 만하고, 자신이 제시하는 접근 방법이 다른 방식보다 낫다는 점을 납득시킨다.

쉬운 말로 믿음이 가는 글을 써라

이메일, 보고서, 제안서 등의 문서 작성 시 글 형식은 조금 다를지라도 기본 원칙은 같다. 우선 상대가 가장 중요하게 여길 만한 사항을 골라 중요한 논점 순서대로 기술하되, 자신이 전하고자 하는 메시지가 한 눈에 들어올 수 있도록 구성하는 것이 핵심이다. 그렇게 하면 상대가 우선시하는 일이 무엇인지 알고 있다는 점을 보여줄 수 있다.

대부분 사람들은 공식적인 문체보다 친근한 어투로 쓰인 글을 좋아한다. 그러므로 글을 쓸 때는 사람들이 매일 쓰는 쉬운 단어들을 사용하고, 카피라이터들이 쓴 광고 문안처럼 간결한 문장을 쓰는 것이 좋다.

어려운 낱말과 복잡한 문장으로 상대를 감격시키겠다는 생각은 일찌감치 버려라. 간혹 복잡한 한자나 외국어를 많이 사용하는 등 잔뜩 멋을 부린 문서를 접할 때가 있는데, 이 경우는 자신의 유식함을 인정받기는커녕 메시지 전달에 오히려 장애가 될 뿐이다. 확언하건대, 쉽고 간결하게 쓴 문장이야말로 믿음과 설득력이 가장 강한 글이다.

효과적인 문서 배열로 독자의 눈을 붙잡아라

완성한 글의 내용이 짜임새와 논리력을 갖추고 있다 하더라도 읽는 상대편의 눈길을 사로잡기 위해서는 글을 읽기 좋게 배열하고 포장하는 센스 또한 필요하다. 사람들은 대체로 첫 인상을 중요시한다. 글도 마찬가지다. 당신이 열심히 고민하고 써서 보낸 문서가 시각적으로 볼품이 없다면 상대는 어쩌면 끝까지 읽지 않고 덮어버릴 수 있다. 생각해보라. 우리는 하루에도 얼마나 많은 메일을 받으며 각종 자료의 홍수 속에서 살고 있는가.

그러므로 시선을 붙드는 제목, 문서의 배치 및 편집, 문서 내용을 보완해줄 수 있는 도표나 그래픽 등을 적절하게 사용하는 것도 효과적인 문서 전달 요령이다. 특히 활자체 선택이 중요하며, 시선을 붙드는 제목을 이용해 핵심 메시지를 전달하는 기술은 매우 유용하다. 눈에 띄는 활자체를 사용한 데다 편집까지 뛰어난 문서는 단연 돋보인다는 사실을 기억하라.

인맥의 달인들은 자신의 문서 정보를 좀 더 쉽고 재미있게 전달하기 위해 이러한 수단을 동원할 줄 안다. 무엇보다 이들은 성공적인 인맥 관리를 유지하는 데 문서를 만들어내는 일이 얼마나 중요한지를 잘 안다.

사실 우리는 잘 쓴 글들을 매일 대한다. 주요 신문이나 고급 잡지(사보)들을 보면 그런 글들이 자주 눈에 들어온다. 실제로 유능한 저널리스트들은 자신이 전하고자 하는 메시지를 압축해서 흥미롭게 전달하는 기술이 탁월하다. 평소 그들의 글을 열심히 읽고 배우다 보면, 당신도 남보다 두드러진 글을 쓸 수 있을 것이다.

> **TIP** 비즈니스 성과를 높여주는 효과적인 글쓰기 요령
>
> - 실용성이 강조되는 만큼 핵심을 전달하되 읽는 이의 입장에서 글을 전개한다. 이왕이면 상대방의 지적 수준과 성별, 관심 분야를 파악한 후 작성하면 효과적이다.
> - 누구에게, 어떤 목적으로, 무엇을 전하려 하는지를 파악하여 대상, 목적, 내용을 분명히 한다.
> - 아이디어를 개발하고, 창의적으로 메모한다.
> - 정보의 선택과 집중, 사고를 수렴하며 확산한다. 많이 보고, 듣고, 공감하며, 버리고, 취한다.
> - 눈에 띄는 제목을 선정한다.
> - 설득을 강화하는 문장 표현을 연구한다.
> - 시각적 효과로 가독성을 높인다.
> - 문서의 질을 높이기 위해 퇴고와 수정을 철저히 한다.

우리 인생은 짜릿한 단막극이나 호화로운 영화가 아닌, 숱한 위기와 어려움이 복병처럼 숨어있는 마라톤 경주와 같다. 그 여정에서 우리는 스스로 호흡을 조절하며 때로는 옆 동료에게 힘을 보태면서 생을 마감하는 그날까지 질주해야 하는 마라토너들이다.

그런 경주의 장에서 만난 나와 조영관 차장은 서로에게 힘을 실어주는 '든든한 파트너' 다. 좋은 일이 있을 때는 기쁨을 함께 나누며, 어려운 일을 만났을 때는 제일 먼저 달려가 어깨를 다독거려주는 그런 이웃이기를 마다하지 않기 때문이다. 무엇보다 우리 두 사람은 상대에게 필요한 자료나 정보가 있으면 누가 먼저랄 것도 없이 서로 퍼주기에 바쁘다. 비전 공유는 물론 정보를 나누는 데 네 것, 내 것의 구분을 두지 않는다고 해야 할까.

조영관 차장과의 인연은 이메일을 통해 처음 맺어졌다. 2004년 우리 성공사관학교의 이용영 교감에게 경제 전문가인 그에 관한 이야기를 듣고 한번 만나보고 싶다고 생각하던 차에 어느 날 내게 먼저 이메일을 보내왔다. 자신의 관심사와 비전을 일목요연하게 정리한 글을 보는 순간, 더욱 끌리게 된 나는 당장 전화를 걸어 약속을 잡았다. 더욱 반가웠던 것은 당시 그의 근무지가 강남 역삼동 내 사무실과 아주 가까워서 첫 만남을 계기로 우리는 퇴근 후에 곧잘 만나는 사이로 발전했다.

우리는 각자의 비전과 네트워크를 공유함으로써 공동의 목표와 인맥을 확장하는 데 서로 긍정적인 영향을 주고 있다. 이런 인연은 당연히 성공사관학교로도 이어져 그는 지금까지 나를 비롯해 성공사관학교 교수진의 재무 상담자 역할을 해주고 있다.

신세를 졌거나 도움을 받았거든 반드시 은혜를 갚아라

문 웅 (인영기업 대표, 중앙대예술대학원 교수)

인영기업의 문웅 대표 이사는 학부에서 경영학을 전공하고 사회 첫발을 자기 사업으로 시작한, 다소 특이한 이력의 소유자다. 현재는 건설회사 외에 식물원, 물류회사, 미술관을 운영하면서 대학에 출강까지 할 정도로 행동반경이 전 방위로 뻗어 있다. 물론 그는 지난 30년간 자기 사업을 일구어오면서 부도와 사업 위기를 숱하게 넘겨 왔고, 그 험한 세월을 거치면서 돈과 사람에 대한 훈련도 톡톡히 치렀다. 당연히 사람을 보는 안목도 키워지게 되었다. 그런 만큼 문웅 대표는 사람들과 관계를 맺고 아우르는 데 분명한 가치 기준과 철학을 갖고 있었다.

"살아가면서 좋은 친구나 이웃을 구별하기란 아주 쉽습니다. 내가 하는 일에 관심을 가져주고 잘한 일을 칭찬해주며 진실로 기뻐하는 사람은 진정한 친구이자 이웃입니다. 그러나 내가 어렵게 일군 결과나 성과에 대해 축하의 마음을 보내주기는커녕 시큰둥한 반응을 보이거나 시기, 질투를 드러내는 사람이라면 좋은 이웃이라고 말하기 어렵겠지요.

최근의 예를 하나 들면, 제가 뒤늦게 박사 학위(예술경영학) 과정을 밟기 위해 회사를 전문 경영인에게 맡기고, 오로지 수업에만 전념하며 정말 힘겹게 학위를 받았는데, 뭐 그게 대단한 일이냐는 듯

마치 얼렁뚱땅 해치우는 동네 야학쯤으로 평가하는 사람이 있었습니다. 학교 전통과 권위를 무시하는 태도는 접어두고라도 전 과정을 4.5 만점에 가까운 성적으로 수학하는 과정에 대장암까지 얻어 학위 심사 통과 후에야 수술을 하는 어려움을 겪어야 했는데, 그간의 수고를 격려는커녕 달갑지 않게 여긴다면 결코 좋은 친구라고 말할 수 없죠. 그런 사람과는 멀어져도 지구는 잘 돌아갑니다."

단호한 어조로 말하는 그를 보면 굉장히 깐깐하며 실리를 추구하는 사람 같으나, 실제로 문웅 사장은 인간관계의 울타리가 넓고 사람을 수용하는 품 또한 넉넉하기로 소문이 나 있다. 무엇보다 그는 인간관계에서 상대를 먼저 인정하고 존중하는 마음 자세를 견지한다. 또한 상대의 장점이나 업적에 대해서는 칭찬과 축하를 아끼지 않는다.

"사실 모든 사람에게는 나보다 나은 면이 몇 가지는 있기 마련입니다. 그것이 거창한 것이 아니더라도 말이죠. 가령, 준수한 외모를 지녔다든지, 유머 감각이 풍부하다든지, 인상이 좋다든지, 심성이 따뜻하다든지……. 그런 관점에서 상대를 인정해주고 존중하는 마음으로 대하면 그 누구와도 원만한 관계를 형성할 수 있습니다. 그렇지 않고 어떤 조건을 전제로 한 계산적인 만남은 오래가지 못하고 깨지게 되어 있어요.

따라서 저는 인위적으로 관계를 맺지 않으려고 노력합니다. 한두 번 만났더라도 진솔한 마음으로 상대를 대하면 그도 나에게 좋은 인상을 갖게 되어 관계가 오래 지속됩니다. 무엇보다 사람관계는 가식이 없어야 한다는 것이 저의 인간관계 지론이에요. 한번 깊은 신뢰가 심어진 사람에게는 몇 달을 연락 않고 지내도 늘 마음이 그에게 가 있고, 어쩌다 한 번 음성만 들어도 반갑기 그지없지요."

문웅 대표가 인간관계에서 중요한 철칙으로 삼는 것이 하나 있다. 그에게 도움을 주었거나 신세를 입은 사람에 대해서는 반드시 그 은혜에 보답해야 한다는 것이다.

그의 인생의 혹한기였던 10여 년 전 일이다. 수도권 5개 신도시 발표에 따라 유수한 건설업체들이 아파트를 동시에 신축하는 바람에 자재 값과 임금이 폭등하여 중소 건설 업체를 운영했던 문웅 대표는 엄청난 타격을 입게 되었다. 당시 은행 부채는 10원도 없었지만, 당좌수표 발행을 하고 있었기에 최대의 위기였다. 부채라면 유일하게 선배 P씨에게 빌려 쓴 돈이 있을 뿐이었다.

당장 회사가 정상화되기까지는 쉽지 않을 것 같아 P씨를 찾아가 곱게 싸놓은 화첩 한 권을 내밀었다. 그가 평소 용돈을 아껴가며 수집한 여러 예술품 가운데서도 그 화첩은 생존해 있는 유명 작가들의 작품을 한 권에 모은 것이어서 그가 자식처럼 소중하게 여겨 온 것이었다. 평소 P씨가 서화를 아주 좋아한다는 것을 알기에 그가 인정할 만한 가치 있는 물건을 전해야겠다고 생각해서 가지고 간 것이었다. 그때 선배 P씨는 "자네가 어려움을 겪고 있으니, 내가 오히려 생활비라도 보태줘야지.”하고 그를 위로하였다. 하지만 그는 자기 도리를 다 하고 싶었다. 물론 그 화첩의 두세 작품 값만으로도 P씨에게 빌린 돈을 족히 가름하고도 남지만, 자신을 믿고 도와준 은혜에 비하면 헤아릴 것이 못된다고 생각했다.

그 뒤 문웅 대표는 한 차례 폭풍우를 이겨내고 사업에 재기했다. 몇 년 뒤 그 선배의 아들이 대학에 입학했다는 소식을 듣고 등록금을 내어주었다. 그리고 수년 전 꽤 큰 규모의 물류 창고를 매입하고 물류 회사를 창업했을 때 다시 그분을 찾아가 얼마의 사례를 했다. “자네, 왜 자꾸 이러나? 이미 모든 것을 충분히 내게 갚지 않았나?”라며 사양하는 P씨에게 그는 이렇게 말했다.

“아닙니다. 이전까지는 원금과 이자를 드렸고, 이제는 ‘은혜’를 갚을 차례입니다. 빚진 돈은 사후라도 후손에게 갚을 길이 있지만, 은인의 생전에 은혜를 갚지 못하면 사람으로서 도리가 아니지요. 앞으로도 항상 감사하는 마음으로 은혜에 보답하면서 살아가겠습니다.”

두 사람은 한동안 아무 말 없이 손만 덥석 잡고 가슴과 가슴으로 무언의 대화를 나눴다.

문웅 대표는 자신이 만나는 사람이나 주변 지인들의 말을 무심코 듣지 않는다. 늘 경청하는 습관이 몸에 배었는데, 상대가 무심히 던진 말이라도 귀담아 들었다가 자신에게 적용하거나 실천하여 좋은 결과를 가져온 일들이 무척 많았다. 그는 "선생님 말씀을 듣고 바로 실행했더니 이렇게 좋은 일이 생겼습니다."라며 고맙다는 인사를 빠뜨리지 않는다. 예를 들어, 동네에 터를 잡는 일도, 집이나 빌딩을 사는 일도, 또 수집가 간에 좌담을 나누다가 흘린 정보나 이야기 몇 마디를 귀담아 듣고 바로 실행해서 이득을 보는 일도 많았다고 했다.

"인생의 스승이나 멘토는 자기 주변 곳곳에 있기 마련이다."고 말하는 문웅 대표. 그는 어떤 선택을 하거나 중요한 결정을 내려야 할 때, 반드시 자신과 가깝게 지내는 그 분야의 전문가와 터놓고 상의한다고 한다. 그래야만 실수를 줄이고 바른 처방이 나오기 때문이다. 물론 문웅 대표도 자신의 작은 수고와 배려가 주변 사람에게는 큰 힘이 된다는 걸 알기에 항상 그들의 문제에 관심을 갖고 상담자나 조언자 역할을 마다하지 않는다. 특히 그는 자신이 조금 더 수고한다는 마음으로 상대를 대하며, 저 사람에게 필요한 것이 무엇일까를 항상 생각하는 편이다.

"저는 후배들에게 어떤 계산도 배제하고 순수한 가슴으로 사람을 사귀라고 말해주고 싶습니다. 사람을 타산적으로 만나면 자신도 상대에게 그런 대접을 받게 되어 있는 게 인간관계의 공식이죠. 그런 관계는 일시적 만남만 되고 말 뿐입니다. 제 경험상 정서가 통하는 사람끼리는 금방 친해집니다. 다양한 학습과 독서로 소양을 쌓아 놓으면 그 누구와도 쉽게 친구가 될 수 있죠. 『예기(禮記)』에 '다양한 공부를 습득해두면 어디에도 막힘이 없다(博學無妨).'는 말이 있습니다. 따라서 자신의 전문 분야 외에 음악, 미술, 문학, 미래학 등에 관심을 갖고 폭넓은 지식을 쌓아둘 것을 권합니다."

문웅 대표는 결과적으로 "Reader가 Leader를 만든다."는 말을 힘주어 강조했다.

| 인맥 핵심 가이드 |

죽여주는 칭찬으로 상대를 졸도시켜라

표현해야만 알 수 있는 네 가지가 있다. 사랑, 칭찬, 용서, 실력이 그것이다. 그중에서도 칭찬은 더불어 살아가는 인간관계 속에서 가장 중요한 요소가 아닐까 싶다.

일반적으로 조직원들에게 동기를 부여하는 방법에는 '칭찬'과 '질책' 두 가지가 있다. 그렇다면 이 가운데 어떤 것이 더 효과적일까. 재론의 여지없이 구성원을 움직이는 가장 훌륭한 도구는 단연 칭찬이나 격려다. 칭찬은 사람을 기분 좋게 하고 그 들뜬 기분이 잠재된 능력을 충분히 발휘하도록 하기 때문이다. 늦게까지 야

근을 하고 고단한 몸으로 다음날 출근을 했더라도 직장 상사나 동료의 칭찬 한마디에 모든 피로가 사라지고 새로운 활력이 넘쳤던 경험들이 누구에게나 있을 것이다. 물론 쓰디쓴 충고와 질책도 때로는 성과를 내게 하는 유용한 수단이 된다. 하지만 여기에는 분명 한계가 있다.

기대를 품고 들어온 신입 사원이 보이지 않는 불평 불만자가 되어 결국 직장을 떠나는 이유 중 80퍼센트가 '인정해주지 않는 상사 때문'이라는 신문 기사를 언젠가 본 적이 있다. 이는 위로부터 들은 한마디 칭찬이나 자신에 대한 인정이 조직원들에게 얼마나 중요한 것인지를 단적으로 보여주는 실례이다. 결과적으로 칭찬은 인정을 의미한다. 또한 타인에게 듣는 이러한 인정은 존재감을 높여주므로 의욕적으로 일할 수 있는 원동력이 되기도 한다.

나 역시 칭찬을 좋아한다. 다른 사람의 장점을 찾아내어 칭찬해주기도 좋아하지만, 누군가가 나에게 칭찬을 보내올 때 무척 힘이 나고 기분이 좋아지는 것을 자주 경험한다. 특히 강의가 끝난 후 관계자와 청중들에게 받는 칭찬 한마디는 모든 피로를 싹 가시게 해준다. 온 몸에 엔도르핀이 퍼지는 느낌과 함께 펄펄 기운이 솟는다고나 할까.

이렇게 칭찬은 건네는 사람이나 받는 사람 모두의 기분을 좋게 해준다. 아무리 많이 먹어도 탈이 나지 않으며, 많이 주고받는 만큼 행복한 인생을 살게 해주는 것이 바로 칭찬이다.

누군가의 삶에 소중한 사람으로 오래 기억되기를 원하는가. 조직원들이 생기와 열정을 갖고 신나게 춤추며 일하는 모습을 지켜보고 싶은가. 그렇다면 칭찬을 사용하라. 물론 마음에서 우러나지 않은 사탕발림식의 칭찬은 무의미하다. 칭찬이 진정한 힘을 발휘하도록 하려면 그 사람의 장점과 잘한 점을 진심으로 발견하고 지지해야 한다. 모든 커뮤니케이션이 그렇듯 상대를 아끼는 진심어린 마음이 담겨있지 않은 칭찬은 공허한 겉치레에 지나지 않는다. 그러므로 칭찬은 막연한 감탄사보다 상대가 가슴으로 느낄 수 있도록 '짧지만 구체적'으로 표현하는 것이 좋다.

그렇다면 이러한 '칭찬 보약'이 조직의 상사가 부하 직원들에게만 내려줄 수 있는 선물일까. 그렇지 않다. 때로는 상사에게도 칭찬이 필요하다.

남녀노소를 불문하고 모든 사람은 '죽여주는 칭찬'의 주인공이 되고 싶어한다. 어쩌면 임원이나 회사를 책임지고 있는 오너일수록 조직원들의 칭찬(지지, 격려)을 더욱 간절히 원할지도 모른다. 부모들도 마찬가지다.

하지만 그들을 추켜올려줄 사람은 그다지 많지 않다. 상사를 칭찬하고 격려해줌으로써 더욱 경영을 잘하게 하는 것, 부모님의 마음을 알아주고 아낌없는 칭찬을 보냄으로써 자녀 키운 보람을 안겨주는 것이야말로 어쩌면 직원들의 몫이고 자녀들의 몫일 것이다.

"부장님, 지난 창립 기념일에 하신 스피치 정말 멋졌습니다."
"아버지에게 고백할 게 있어요. 철없던 어린 시절 아버지에게 불만도 많았는데, 그저 묵묵히 제 곁을 지켜주신 아버지의 힘이 얼마나 큰 것인지를 이제야 알게 되었어요. 그런 아버지를 닮고 싶어요."

이러한 칭찬을 듣게 된 상사와 부모는 세상을 다 얻은 듯 '미치게' 된다. 사람을 가장 가치 있는 존재로 인정해주는 이 칭찬 효과는 반드시 업무와 인간관계로 이어지기 마련이다. 우선 누군가 열심히 노력하는 자신을 지켜보며 '무언의 지지'를 보내고 있다는 발견은 당사자에게 강력한 동기 부여가 되어 더 한층 추진력과 열정을 발휘하게 하기 때문이다.

"일만 잘하면 되지, 그런 아부(?)가 왜 필요해."라고 말하거나 늘 꼿꼿한 자세를 잃지 않는 것이 사회생활을 잘하는 것이라고 생각하지 않길 바란다. 타이밍을 잘 맞춰서 진심으로 칭찬할 수 있는 것도 상당한 재능이다. 칭찬은 어떤 인간관계라도 늘 매끄럽게 이끈다는 점을 잊지 마라.

그렇다면 '죽여주는 칭찬'이란 무엇인가. 한 개인이 갖고 있는 독창적인 장점이나 특징에 대해 최대의 찬사를 보내는 것이다. 이때 중요한 것은 타이밍이다.

죽여주는 칭찬은 "김 대리님은 대단하세요."라고 표현하는 것이 아니다. 이런 모호한 칭찬은 충분히 구체적이지 않아서 형식적인 느낌을 주기 쉽다. 죽여주는 칭찬은 매우 구체적으로 표현해야 한다. 가령 "김 대리님의 탁월한 기획력을 본받고 싶어요."라고 말하거나 "선배님은 정말 피부가 깨끗하신데, 특별한 관리 비결이 있다면 저에게도 가르쳐 주세요.", "우리 회사에서 박 차장님의 패션 감각을 따라올 사람은 아마 없을걸요."라고 표현하는 것이 좀 더 효과적이다.

경우에 따라선 문자 메시지로 "서 선배와 한 팀에서 일하게 된 것이 제게는 큰 행운입니다.", "오늘 차장님의 애정 어린 조언이 제 인생을 바꿔놓는 계기가 되었어요."와 같은 글을 보낸다면, 상대방은 나이와 지위에 상관없이 온종일 구름 위를 걷는 듯한 행복감에 빠져 지낼 것이다.

무엇보다 후배의 이런 칭찬 한 마디는 자긍심과 자신감을 높여줄 뿐만 아니라, 자신을 더욱 잘 컨트롤해 나가면서 사물을 긍정적으로 바라보는 시각을 갖게 해준다. 그리고 그것은 칭찬을 해준 사람에게 부메랑이 되어 고스란히 돌아온다.

이와 같이 칭찬을 표현하는 방법과 더불어 상대의 업적, 일하는 태도, 말씨, 인상, 옷차림, 열정과 성실성 등 칭찬할 내용도 상황에 맞게 작은 것부터 다양하게 찾아볼 필요가 있다. 그러나 과장되게 칭찬할 필요는 없다. 과장된 칭찬은 오히려 진실성을 잃게 하므로, 상대의 성취나 장점을 중심으로 마음에서 우러나는 칭찬을 하는 것이 좋다.

칭찬은 적군을 아군으로 만들고 원수도 은인으로 만든다. 나에게 적이 많다면 평소 칭찬에 인색하기 때문일 것이다. 칭찬은 분명 사람의 능력과 열정을 이끌어내는 보이지 않는 힘을 가지고 있다.

상대의 잘못이나 결점을 지적하기보다 칭찬할 만한 모습을 찾아내는 안목을 기르는 것이 다른 사람과 나의 삶을 아름답게 가꾸는 지혜다.

Speaker가 되기보다 Listener가 되어라

사람은 누구나 자기 말에 귀 기울여주는 사람을 좋아한다. 남의 말을 '듣기'보다 모두가 내 이야기를 하기에 더 바쁜 이 시대에 가만히 상대의 말에 귀 기울여주고 적극적으로 공감해주는 '경청'의 태도는 얼마나 위대한 소통의 지혜인지를 날이 갈수록 절감한다.

협상이나 세일즈에서의 성공 여부는 고객을 어떻게 대하느냐에 달려 있다. 초보 협상가일수록 상대방의 이야기를 들어주기보다는 자기 논리를 펴기에 더 바쁘다. 초보 세일즈맨 역시 고객과 마주 앉기가 무섭게 자신이 취급하는 제품을 설명하는 데에만 열중한다. 하지만 고객은 자신의 입장을 헤아리지 않은 채 혼자만 떠드는 이야기나 제품 설명 따위에 그다지 관심이 없다. 그래서 노련한 세일즈맨은 상대방의 주변 이야기에 더 관심을 두며 적절히 맞장구를 치면서 상대가 이야기의 주인공이 되도록 이끈다.

조직의 훌륭한 리더나 성공한 사람의 공통점은 다른 사람의 이야기를 '경청'한다는 것이다. 아랫사람의 말에 고개를 끄덕이며 "응, 그렇군. 그렇다면 내가 도울 수 있는 게 뭐지?"라는 식으로 적절한 반응을 나타낸다. 결코 윗사람이라는 이름으로 중간에 상대의 말을 가로채서 일방적으로 자기 주장을 강요하는 일은 없다. 커뮤니케이션의 대가인 소크라테스도 80퍼센트는 듣는 데 할애했다고 한다. 그리고 한두 마디의 질문을 했다. 소위 '산파술'로 유명한 소크라테스 대화술의 핵심은 경청과 질문이다.

산파술은 우리가 어떻게 말을 하게 되었는지를 생각해보면 간단하게 이해가 된다. 우리가 태어날 때 가장 먼저 한 것은 말하기가 아니라, 듣기이다. 양육자인 부모의 말을 귀로 듣고 또 듣고 하는 과정을 반복하여 뇌에 가득 차면 그 다음에 입으로 분출되는 원리다. 따라서 말을 잘하기 위해서는 듣는 것이 필수다.

그렇다면 상대방과 대화에서 어느 정도 들어야 할까. 입은 하나고 귀는 두 개이기 때문에 두 배로 들어야 할까. 아니다. '경청에 올인'해야 한다. 커뮤니케이션의 달인이 되려면 8:2 법칙을 따르라는 것이 정설이다. 즉 80퍼센트를 듣고 20퍼센트를 말하는 사람이 진정한 대화의 고수다.

이러한 듣기 원칙에서 절대로 빼먹지 말아야 할 것이 있다. 그것은 '자신의 내면에서 울리는 고요한 소리를 듣는 것'이다. 훌륭한 커뮤니케이터는 자신을 잘 안다. 내면에서 울리는 소리를 잘 들으면 자신을 제대로 파악할 수 있다. 에디슨, 공자, 간디를 비롯한 모든 위대한 사람들은 자신 속에서 경청하는 법을 터득했다. 그 결과, 자기 내면에서 위대한 업적을 끌어낼 수 있었다. 나를 알고 상대를 알면 누구라도 커뮤니케이션의 달인이 될 수 있다. 그러므로 설득 능력을 기르고 대화를 잘하는 사람이 되고 싶다면, 먼저 상대방의 말을 주의 깊게 들어라.

사실 이렇게 말하고 있는 필자 역시 과거에는 '듣는 훈련(listening)'이 잘 안 되었던 사람이다. 가족들의 말을 들으면서 상대의 생각과 느낌을 헤아리기보다 건성으로 "알았어."라고 대답하고 자리를 뜨기 일쑤였고, 회의석상에서는 동료의 말을 잘 듣고 있는 듯하지만, 속으로는 그의 제안이 내 생각과 같은지를 따지는 데만 바빴다. 자신들의 말에 진심으로 귀 기울여주지 않는 나의 무심한 태도에 그들의 실망이 얼마나 컸을까를 생각하면 지금도 얼굴이 화끈거린다. 그래서 나는 뒤늦게나마 사람들과 마주할 때 경청하는 자세를 몸에 익히기 위해 부단히 노력을 기울이는 편이다.

듣는다는 것의 진정한 의미는 청력의 문제가 아니라, 상대방의 마음을 읽는 것임을 새삼 강조하고 싶다. 상담의 기본은 '상대의 말을 적극적으로 들어주는 경청'이다. 우리는 누군가가 내 이야기를 잘 들어주었다는 것만으로도 위로와 힘을 얻을 때가 많다. 뿐만 아니라 자신의 희로애락에 반응해주는 친구나 동료의 공감을 통해 안정감과 친근감을 느낀다.

상대방의 말을 잘 들었다는 것을 보여주는 가장 쉬운 방법은 상대편의 말을 그대로 반복하는 것이다. "요즘 사업하기 너무 힘이 드네요."라는 말을 들으면 곧 "사업하기 어려우시다구요. 정말 그러실 거예요."하고 마음을 실어 맞장구를 쳐주는 것이다.

사람과 사람 사이에 마음의 길을 트는 최고의 미덕은 역시 타인에 대한 배려와 겸손이다. 누구나 말이 많다보면 말로 실수하기 쉽다. 다른 사람의 의견을 경청하기보다 자기 주장을 앞세우게 되기 때문이다. 남 앞에서 자기 자신을 드러내고 싶어하는 것은 인지상정이다. 그러나 이러한 욕구를 적정선에서 제어하지 못하면 만나기 껄끄러운 사람으로 낙인찍히기 쉽다.

누군가를 좋아하게 될 때 나타나는 여러 가지 특징 중 하나는 상대방의 마음을 기가 막히게 읽어내는 능력이 생긴다는 것이다. 그 이유는 자신의 모든 감각을 동원하여 상대방의 말을 '경청'하기 때문이다. 상대방의 말 속에는 모든 문제의 핵심과 해답까지도 들어있는 경우가 허다하다.

대화의 성패는 역시 얼마나 '상대방의 말을 잘 듣느냐'에 달려 있다. 그래야 상대방이 무엇을 원하는지 알 수 있기 때문이다. 물론 상대의 말을 경청하기 위해서는 상대방에 대한 관심과 애정 없이는 불가능하다.

사람의 마음을 얻는 지혜 역시 '경청'에 있다. 나를 낮추고 상대방을 인정해보라. 상대를 인정하는 기본적인 태도는 '귀를 쫑긋 세우고 자세하게 들어주는 것'이다. 이러한 경청은 백 마디의 말보다 강하다. 가족의 이야기이든 동료의 고민이든 고객의 불만이든, 우리가 만나는 사람의 말을 경청하지 않으면 상대에게 필요한 것을 줄 수 없다.

"남의 말에 귀 기울이는 것은 선물을 받는 것과 같다."는 말이 있 듯, 경청하지 않는 것은 받은 선물을 아무렇게나 뜯어 던져 두는 것과 같다. 그런 사람에게 누가 다시 선물을 주겠는가.

결과적으로 좋은 인맥을 만들어가려면 말을 아끼고 상대방의 말 을 진지하게 들어주는 자세를 먼저 갖춰야 한다는 사실을 잊지 말 기 바란다. 지금 내 앞에 있는 사람에게 이렇게 말해보자. "당신의 이야기가 듣고 싶어요."라고. 모르긴 해도 진지하게 자신의 말을 들 어주는 당신에게 상대는 이미 잔잔한 감동을 받게 될 것이다.

그러므로 할 수만 있다면 '매일 10분씩 상대의 말 경청하기', '상 대가 말할 때 끼어들지 않기' 등 작고 구체적인 것부터 연습하고 실 천해보자.

열 명의 아군을 두기보다
한 명의 적이라도 만들지 마라

인간관계에서 타인에 대한 비난은 독약과 같다. 사람들은 누구 나 비난을 두려워한다. 또 비난과 독설은 당사자에게 원한을 불러 일으켜 반드시 그 해악이 자기 자신에게 돌아온다. 반면에 미소를 지으며 칭찬을 아끼지 않는 사람은 상대를 존중할줄 아는 사람으 로 인정받는다. 그래서 주변에 늘 사람들이 에워싼다.

　신기하게도 사람들은 만난 지 얼마 되지 않아도 신속하게 상대에 대한 인상을 파악한다. 이 경우 처음 만났을 때의 표정과 말씨가 대체로 그 사람의 이미지 형성에 강력한 영향을 미친다. 따라서 좋은 인간관계를 맺으려면 주위 사람을 대할 때 신중을 기하고 특히 말을 가려서 조심히 사용해야 한다. 내가 하는 말 한마디, 몸짓 하나가 대인관계에서 나의 인격을 판가름하는 잣대가 되기 때문이다.

　무엇보다 동료들 사이에서 적을 만들지 않도록 처신을 잘하는 것이 중요하다. 직장에서 괜히 남의 이야기를 꺼내 험담을 하거나 그 자리에 없는 동료의 단점을 들추어내며 이러쿵저러쿵 떠들고 다니는 사람들이 있는데, 이것처럼 어리석은 짓도 없다. 당장 그 자리에서는 함께 있는 동료들이 장단을 맞춰 열심히 들어주고 있는 것 같으나, 그들 마음속엔 "이 친구가 나에 대한 험담도 하겠구나." 하는 경계심이 생겨 대개는 멀리 하게 된다.

　특히 나에 대한 나쁜 소문이 나지 않도록 어느 정도 주의를 기울일 필요가 있다. 대중이란 머리를 여러 개 가진 괴물과 같아서 남의 눈에 띄기 쉬운 나의 작은 약점이나 실수가 다른 사람에게는 좋은 '입방아감'이 될 수 있다. 때로 나를 견제하는 누군가는 나의 자신감 넘치는 행동을 교만함으로 꾸며서 날조할 수도 있다. 그러므로 타인의 눈에 거슬리지 않을 만큼의 자신감은 갖되, 나의 행동과 모습이 다른 사람을 무시하는 인상을 주거나 거만하게 비쳐지지 않도록 살피는 지혜가 필요하다.

"벼는 익을수록 고개를 숙인다."는 속담이 있다. 진짜 돈이 많은 부자는 돈을 자랑하지 않으며, 진실로 학문이 깊은 사람은 자기의 학문을 뽐내지 않는다. 내실이 있고 예의범절이 깍듯한 사람은 그저 묵묵히 자기 본분에 충실할 뿐, 자신을 드러내는 일 따위에는 관심을 두지 않는다. 이런 사람들에게 적의를 나타낼 사람이 있겠는가. 그러므로 아무리 자신의 능력과 지식이 뛰어나더라도 전체 속에서의 균형을 생각하고, 상사의 총애를 받을수록 '겸손'으로 허리를 동여매야 한다.

상대를 존중하고 배려하는 대화는 모든 인간관계의 기본이다. 농담을 곧잘 하면서도 예의를 갖추어 말하는 사람, 실력도 있으면서 겸손한 사람, 항상 밝은 미소로 상대를 칭찬하며 힘과 용기를 주는 사람, 사람에 대한 존중과 배려를 바탕으로 매력 있는 말을 구사하는 사람은 어느 자리에서든 사랑받고 인정받게 되어 있다. 그런 사람은 인간관계에서의 성공은 물론 직장에서도 이미 성공의 반을 일군 셈이다.

그렇다면 한 명의 적도 만들지 않으면서 자신의 아군을 늘릴 수 있는 방법은 무얼까. 인성교육 전문가 박완순 박사는 '누가 아군이며 적군인지를 정확하게 분별하는 눈을 갖는 것'이라고 조언한다.

안타깝게도 직장생활을 하는 많은 사람들이 밖에 나가서 자신이 몸담고 있는 회사를 깎아내리거나, 자기 부서에서 있었던 안 좋은 일을 아무 생각 없이 다른 부서에 가서 떠벌리는 경우가 있다. 심지어 자기의 직속 상사나 업무 파트너에 대한 험담을 타 부서 동료에게 함부로 하고 다니는 사람도 있다. 이것은 자기 가정의 문제나 부모에 대한 험담을 아무런 상관이 없는 사람을 붙잡고 털어놓는 것과 같다. 한 마디로 '누워서 침 뱉는' 격이며, 적군과 아군을 구분 못하는 어리석은 행동의 전형이다.

"무슨 일이 있어도 당신이 속한 조직과 조직원을 깎아내리는 말은 삼가라. 당신은 대외적으로 당신이 속한 회사와 부서를 대표하는 부분이면서 동시에 전체라는 사실을 명심해야 한다. 뿐만 아니라 당신은 무조건 당신의 회사와 부서, 그리고 직속상사의 편에 서야 한다. 옳고 그름을 떠나서 말이다. 이것은 조직의 특성 중의 하나인 생존경쟁의 기본 논리이며, 조직원으로서 갖추어야 할 예의범절이다."

박완순 박사는 매월 한 차례씩 열리는 '현대 리더를 위한 자기성찰 과정'에서 이같이 말하며, 사표를 제출하기 전까지는 조직원으로서 이 의무에 충실할 것을 거듭 강조하고 있다. 소신 있는 당신의 행동은 멀지 않아 동료들의 귀감이 되며, 당신에게는 훌륭한 인맥을 불러오는 에스컬레이터가 되어줄 것이다.

문웅 사장을 처음 만난 것은 1993년 이른 봄이다. 그를 비롯해 부도 후 재기에 성공한 중소 기업인들의 이야기를 책으로 펴내는 일을 내가 맡게 된 것이 인연의 계기였다. 당시 내가 문 대표를 인상 깊게 본 것은 그가 건설 사업을 하는 기업인임에도 문화예술 분야에 수준급 이상으로 조예가 깊다는 점 때문이었다. 그는 드물게 서예, 문학, 미술, 음악, 건축 등의 분야에 남다른 관심과 인맥을 가지고 있을 뿐만 아니라, 전문가 이상으로 파고드는 학구파였다. 당시 문웅 대표가 손수 쓰고 표구까지 해서 선물한 천자문 족자는 아직까지도 내가 가장 귀하게 여기는 '보물 1호'다.

문웅 대표에게는 인간관계를 소중하게 가꾸어가는 그만의 방식이 있다. 벌써 30년 넘게 서예를 해온 덕분에 실력이 전문가 수준인 그는 해마다 A4 용지 크기로 화선지를 잘라 붓으로 자신의 다짐을 쓰고 낙관을 찍어 많은 주변 사람들에게 보내는 것으로 신년 인사를 대신하는데, 그 멋스러운 '작품'이 받는 이의 마음을 너끈히 사로잡고도 남는다. 나도 그 수혜자의 한 사람으로 십수 년을 함께해오는 사이 그에게 매해 받은 작품이 제법 된다. 뜸한 만남 속에서도 그를 떠올리면 묵향이 퍼지듯 오랜 세월 향기로운 관계를 지속해올 수 있었던 비결은 자신을 잊지 않고 기억할 수 있는 선물로 감동을 주는 데 있지 않나 싶다.

사람에 대한 관심 위에 순수한 인맥관을 가져라

박광성 (한국방송아카데미 학장, 한국방송예술진흥원 총장)

박 광성 한국방송아카데미 학장은 방송 전문 인재를 양성하는 교육 활동에 여념이 없는 가운데서도 최근에는 국제라이온스협회 재무총장(354-C지구)까지 맡아 요즘 부쩍 더 바쁜 일정을 보내고 있다.

현재 박광성 학장이 대내외적으로 맡고 있는 직책은 너무 많아서 일일이 다 열거할 수 없을 정도이다. 지금 그가 하는 일과 맡은 직책을 요약한다면 교육 기관을 운영하는 행정가, 학생들을 가르치는 교수, 그가 수학한 몇 개 대학원의 동창회장, 그리고 국제라이온스클럽 활동으로 압축해볼 수 있다. 그는 자신의 말마따나 단 하루도 '사람 숲'에서 벗어나서 지내는 날이 없다.

"분주한 삶이 결코 좋은 일이라고 말할 순 없지요. 하지만 누군가가 나의 도움을 필요로 하고, 나에게 이런저런 활동을 할 기회가 허락되는 것도 다 때가 있다고 생각하기 때문에, 힘이 닿는 한 최선을 다해보자고 생각합니다. 다행히 활동에 비례해 좋은 사람들을 많이 만나고, 그 일로 보람도 커서 대체로 행복합니다. 사실 사회에서 이뤄지는 모든 일의 주체는 사람이죠. 평소 인간관계에 관심을 기울이면서 다양한 분야의 사람들과 두루 친분을 맺어둔다면, 어떤 일이든 상대적으로 원활히 처리할 수 있는 장점이 됩니다."

인맥은 곧 '사회생활의 윤활유'라고 표현하는 박광성 학장. 그는 원활한 사회생활을 하기 위해서는 반드시 인맥 관리가 필요하고, 인간관계를 잘 맺기 위해서는 사람에 대한 깊은 이해가 요구된다고 강조했다. 원만한 인간관계 형성을 위해서는 원하는 목표를 달성하기 위해 인맥을 활용해야 한다는 생각을 버리고, 순수한 마음으로 사람에 대한 관심부터 가지라고 그는 조언하고 있다.

박광성 학장은 초등학교 시절부터 탁월한 리더십을 인정받았다. 학생 시절 도서관 책들을 스승 삼아 스스로 리더십을 터득한 그는 친구들 사이에서 늘 중심에 서 왔고, 또래 친구들의 자질을 살펴 소위 그들을 '키우는' 역할까지 담당해 왔다고 한다. 일찍이 누구에게도 의존하지 않고 독립적인 인생을 살아온 그에게 특별한 인연으로 다가온 최초의 인맥은 미군 부대에서 군생활을 할 때 만난 그의 상관이다. 박광성 학장의 능력과 리더십을 알아본 상관은 그를 자기 사람으로 여기며 훗날보다 더 큰 능력을 발휘할 수 있도록 많은 기회 제공과 함께 인맥의 징검다리 역할을 해주었다.

박광성 학장은 대학생활을 하는 동안에도 특출한 리더십을 발휘하여 주로 친구들을 이끄는 입장에 섰다. 그리고 방송 전문가로 사회생활을 할 때도 늘 사람들을 키워내는 역할을 해왔으며, 나중에는 인재 양성을 본업으로 삼게 되었다. 그는 요즘에도 쓸 만한 후배들을 만나면 눈여겨 보아두었다가 보다 더 큰 능력을 발휘할 수 있는 자리로 이끌어주고 있다. 하지만 그들에게 바라는 것은 조금도 없다고 한다. 다만 인생 선배로서 후배들에게 할 수 있는 일을 했을 뿐이며, 그들이 성장하는 모습을 지켜보는 것만으로도 보람이며 삶의 의미라고 한다.

"어떤 도움 요청이나 원하는 목표를 뒤에 깔고 상대를 만나면 관계가 오래 가지 못합니다. 특히 목적을 가지고 친해지는 것은 진정한 인맥을 쌓을 수 없을 뿐만 아니라, 인맥 만들기에서 간혹 독(毒)이 되기도 하지요. 정말 인맥을 만들고 싶다면 5년 뒤, 10년 뒤를 바라봐야 해요. 혹시 상대가 자신에게 직접적인 도움을 주지 않더라도 상관없어야 합니다. 그를 통해 새로운 세상을 알았다는 것만으로도 이미 큰 것을 배운 셈이니까요."

물론 인맥을 만드는 목적에는 뭔가 이익을 얻으려는 마음이 있는 것이 인지상정일 것이다. 그러나 무엇인가 얻으려고 노력하기보다 상대에게 주려는 마음을 갖는다면 훨씬 목표에 빨리 도달할 수 있다는 것이 그간의 경험에서 박광성 학장이 터득한 삶의 교훈이다.

인맥이란 삶을 나눌 수 있는 친구 또는 동반자를 만드는 것이기에 박광성 학장은 많은 사람을 아는 것보다 몇 사람이라도 깊게 사귀는 것이 중요하다고 말한다. 즉 한 사람을 사귀더라도 깊게 교감하는 것이 필요하다는 이야기다. 그래야 어떤 이야기라도 할 수 있고 깊숙한 정보를 공유할 수 있기 때문이다. 그러면 안부 전화를 하더라도 형식적이지 않고 마음을 담을 수 있게 된다고 한다. 특히 비전을 공유할 수 있는 사람과 사귀어야 성공에도 한걸음 다가설 수 있다고 말하는 그가 "작은 만남의 기회조차 소홀하게 여기지 마라."고 강조하는 이유도 여기에 있다.

박광성 학장의 인맥 형성 스타일은 수월해 보이는 듯하나 실제로는 '엄격한' 기준이 있다. 그는 일단 인간관계의 울타리를 최대한 크게 친다. 주변 많은 이들이 그의 인맥 마당에서 뛰어노는 것까지는 누구에게나 허용한다. 하지만 방으로 들어오는 열쇠는 아무에게나 내어주지 않는다. 충분히 신뢰할 만하고 반듯한 사고와 행동을 갖춘 사람인지를 검증하여 제한을 두기 때문이다.

또한 그는 상대가 도움을 요청할 때 직접 문제를 해결해주기보다는 문제를 해결할 수 있는 방법을 제시해준다. 치열한 생존 경쟁에서 이길 수 있는 노하우를 알려주는 것은 직접적인 도움을 주는 것보다 더 소중한 자산이 되기 때문이다.

그는 40~50대 이후야말로 그간 쌓아올린 인간관계를 바탕으로 풍요로운 삶을 누릴 수 있는 '인맥의 황금기'라고 정의했다.

"인생은 단거리 경주가 아니라 마라톤에 비유할 수 있지요. 42.195km라는 최종 목적지에 이르기까지 우리는 달리는 도중 수많은 상황과 무수한 풍경을 마주 대하게 됩니다. 마라톤을 할 때 가장 중요한 것은 시간과 체력을 안배하는 것입니다. 골인 지점까지 꾸준하게 자신의 속도를 유지할 수 있어야 도중에 무너지지 않죠.

그런데 종착지에 이르는 것에만 시선을 두고 달리다 보면, 스쳐 가는 수많은 소중한 인연들을 놓치거나 무시하기 쉽습니다. 보다 빨리 출세하고 돈 벌어서 은퇴 후 편히 살겠다는 일념으로 전력질 주하다 보면, 자칫 주변의 인간관계를 제대로 아우르지 못해 어느 날 문득 고립되어 아무에게도 도움을 받지 못할 수도 있어요."

박광성 학장은 나이가 들수록 주변을 돌아보면서 자신을 재충전하고 인맥을 확장시켜줄 교육의 기회를 더욱 가까이 할 필요가 있다고 조언한다. 그가 예순이 넘은 나이에도 끝없이 학문을 쌓으며 사회 활동에 적극적으로 참여하는 것도 인맥의 황금기를 풍성하게 누리며 지속하기 위한 것이다. 이것은 또한 그가 왕성한 청년의 삶을 사는 비결이기도 하다.

"내가 누군가를 성공시키기 위해서 노력하다 보면 어느새 정상의 자리에 올라 있음을 알게 될 것입니다. 돈과 여자는 좇아가면 더 달아나는 것처럼, 내가 먼저 상대편에 서서 도움을 주고 필요한 사람이 되어준다면 자석처럼 내 주변에 많은 사람들이 모이게 되죠. 그러므로 현재 몸담고 있는 분야에서 인프라를 넓게 구축하는 일도 중요하지만, 관계를 꾸준히 맺으며 잘 가꾸어 가는 것이 더욱 중요합니다."

21세기 미디어 산업을 주도할 청소년들에게 더 많은 현장 실습 기회를 부여함으로써 전문 인재 양성에 앞장서온 박광성 학장은 1992년 방송예술 전문 기관인 '한국방송예술진흥원'을 설립했다.

총 15개 방송예술학부로 이루어져 있는 부설 한국방송아카데미는 실질적이고 체계적인 실기 위주의 교육을 실천하여 그동안 1만 2천여 명의 졸업생 전원이 취업하는 빛나는 성과를 거둬 2007년 교육부 최우수 교육 기관으로 선정된 바 있다.

지피지기면 백전백승, 사람에 대해 탐구하라

지구상에서 그 누구도 홀로 살아갈 수 있는 사람은 없다. 인간(人間)이라는 한자 단어에 담긴 의미가 '사람과 사람 사이'를 말하고 있듯이 모든 사람은 다른 사람과의 관계 안에서 존재한다. 행복한 삶을 위해 가장 중요한 조건은 원만한 인간관계를 갖는 일이다. 왜냐하면 인간은 인간관계 그 자체라고 할 수 있기 때문이다.

이처럼 인간관계는 요람에서부터 무덤까지(from cradle to grave) 인생 전체 과정에서 만들어가는 중요한 과업이다. 그러므로 누구를 만나 어떤 관계를 형성하는가가 삶의 질과 방향을 결정하고 바꾸어 놓는다. 인간관계를 관리하는 것(management of relationship)이 중요한 이유가 바로 여기에 있다. 한 사람의 인생에 결정적인 변화와 성장이 '만남' 속에서 이루어지고 결정 난다. 따라서 우리는 이렇게 중요한 인간관계와 그 관계의 대상인 '사람'에 대해서 깊이 있게 들여다보며 보다 많은 공부를 해야 한다.

'천 개의 창문에서는 서로 다른 천 개의 목소리가 나온다.'는 말이 있다. 야구 경기 하나를 보더라도 박찬호 선수를 좋아하는 사람이 있는가 하면 이승엽 선수를 좋아하는 사람도 있다. 음악을 듣는 취향만 보더라도 누구는 클래식을, 누구는 상송을 선호한다. 모든 사물을 개인의 관점에서 달리 보기 때문이다.

보통 사람들은 상대의 취향과 가치관이 자신과 다르면 서로 이해하기 어렵다고 생각해서 멀리 한다. 그러나 서로 다른 개인차를 인정하는 것만으로도 인간관계에서 비롯되는 갈등이나 불협화음을 반은 줄일 수 있다.

다른 사람과 갈등을 줄이고 인간관계를 원만히 하기 위해 제일 먼저 해야 할 것은 '모든 사람은 나와 다르다.'는 사실을 인정하는 것이다. 원래 이기적인 속성을 지닌 인간은 저마다 자기 의견이 옳다고 생각하는 경향이 있다. 그래서 자신과 다른 주장을 하는 사람을 대할 때 무심코 팔짱을 끼거나 턱을 고인다거나 귀담아 듣지 않으려 한다. 이런 행동은 상대방을 경계하는 방어적인 태도로 느껴지므로, 다른 사람이 당신에게 접근하기 힘들게 한다.

이런 방어벽을 없애는 가장 좋은 방법은 상대의 있는 모습 그대로를 수용하는 것이다. 나와 생각이 다르다고 해서 상대가 틀린 것이라는 개념을 머릿속에서 지워내지 않는 한, 좋은 사람을 얻을 수 없고 토론이나 협상에서도 유리한 결론을 얻어낼 수 없다는 사실을 기억하라.

토론이나 협상 미팅도 만남에서 시작된다. 그 안에 중요한 업무가 개입되어 있으나, 결국 일을 풀어가는 주체는 사람이다. 그런데도 사람들은 자신이 만날 상대에 대해 깊은 연구나 철저한 준비를 하지 않고 무심히 지나치는 경향이 있다. 물론 절친한 친구를 만날 때에는 준비 없이 나간다 해도 전혀 문제되지 않는다. 그러나 중요한 사교 모임이나 비즈니스 미팅일 경우에는 반드시 사전 준비를 해야 한다. 모임의 성격도 모른 채 준비 없이 나갔다가는 대화에서 소외될 수도 있고, 더욱이 비즈니스 미팅일 경우에는 상대방에게 고스란히 주도권을 넘겨준 채 손해와 부정적인 이미지만 심어주고 돌아오기 십상이다.

과거 기자생활을 할 때 필자(봉은희)도 이런 아픈 경험을 한 적이 있다. 마감 직전에 데스크에서 지시가 떨어져 취재원에 대한 충분한 준비 없이 얼떨결에 인터뷰에 나갔는데, 내가 최근 근황을 시시콜콜 묻자, "그 정도도 모른 채 나를 만나러 왔느냐?"며 그는 적잖이 언짢은 감정을 드러냈다. 충분한 해명과 사과로 무사히 마치긴 했으나 그때 등줄기에 진땀이 났던 기억이 지금도 생생하다.

그 시절 내 경험에 따르면, 인터뷰 기사든 일반 기사든 관련된 주제에 대해 자료를 충분히 모으고 사전 준비를 철저히 할수록 취재원과 만나서 나눌 얘기도 풍성해지고 기사를 작성할 때도 훨씬 유리했다. 그래서 한 페이지 분량의 내용이라도 5~6페이지 정도는 너끈히 쓸 수 있을 만큼 충분한 취재와 자료 수집을 하는 습관을 기르게 되었다. 한 줄의 카피 문구를 쓰기 위해 수십 장, 수백 장의 자료가 필요하듯이, 잘 정돈되고 압축된 기사를 쓰기 위해서는 관련된 자료와 해당 인물에 대한 정보가 충분할수록 좋다는 것이 나의 지론이다.

누군가와 만나기로 했다면 그 사람에 대해 사전에 충분히 파악하고 나가는 것이 중요하다. 보통 첫 만남은 낯도 설고 적응이 안 되어 대화가 끊어지기 쉽다. 그러나 상대에 대해 많은 것을 알수록 당황하지 않고 원활한 대화를 이어갈 수 있다. 그러므로 만날 상대가 어떤 사람인지, 그가 몸담고 있는 업종 현황은 어떤지, 좋아하는 것과 관심을 기울이는 분야는 무엇인지 등 상대에 대한 정보를 가급적이면 상세하게 수집하는 것이 좋다.

특히 중요한 비즈니스나 협상을 목적으로 만나는 자리라면, 대화 주제나 내용에 대한 고민을 좀 더 해야 한다. 나를 어떻게 소개하고 의견을 어떻게 어필할 것인가, 어떤 질문을 할 것인가, 질문할 때 유의해야 할 점은 무엇인가, 대화를 통해 얻을 수 있는 목표는 무엇으로 정할 것인가 등. 펼쳐질 상황을 머릿속으로 그려보면서 사전 준비를 철저히 한다면 실수하는 일 없이 한결 여유롭게 대화를 이끌어 갈 수 있다.

모든 네트워크는 본질적으로 사회 네트워크(social network)이다. 사람들 간의 관계를 이해하지 못하면 첨단기술 네트워크도 무용지물이다. 우리가 정보통신 네트워크를 이해하기 위해 많은 시간을 투자하여 지식을 습득하듯이 인간관계를 잘 맺기 위해서는 사람에 대해서 체계적인 공부를 해야 한다. 흔히 사람들은 인간관계를 맺는 일에 무슨 지식이 필요하느냐는 생각을 한다. 그래서 컴맹이나 넷맹은 부끄러워 하지만, 인맹(人盲)은 부끄러워하지 않는다.

누구나 폭넓은 인간관계가 중요하다는 생각을 하는 만큼 이제는 사람들 간의 관계(human network)에 보다 더 관심을 집중해야 하지 않을까. 상대와의 관계를 소중히 여기며 애정과 관심이 깃든 '준비된 만남'은 상대로 하여금 당신을 깊이 신뢰하게 만들어줄 것이다.

인맥의 사교장, 최고 경영자 과정에 들어가라

국내 유수의 교육프로그램을 기획 · 제공하고 있는 (주)태평양교육센터의 박인숙 사장은 얼마 전 건국대학교 최고 경영자 과정을 이수했다. 교육 컨설팅 업체를 운영하며 평생 배움의 터를 떠나지 않은 그는 그동안 전국 기업과 공공 기관, 문화센터, 대학산학협동관 등 다양한 영역에서 활동을 펴온 맹렬 여성답게 지금도 교육의 변화를 주도하며 끊임없이 새로운 것을 찾아 나선다.

"사람은 평생 공부하며 살아가지요. 자고 나면 새로운 지식 트렌드가 탄생되는 요즘엔 배우지 않으면 미래를 가늠할 수 없고 혁신적인 내용의 교육 프로그램도 짤 수가 없습니다. 아는 만큼 보이고, 실력을 갖춘 만큼 할 일도 생기잖아요. 덕분에 경영자로서 마인드를 익히고 최신 정보와 지식을 다양하게 접할 수 있어서 그간의 고정관념을 털어내는 데도 많은 도움을 받았습니다."

'평생 교육'을 신조로 삼고 있는 그가 바쁜 시간을 쪼개어 최고경영자 과정을 이수하게 된 배경과 그 수업으로 얻은 수확에 대한 설명이다. 한 학기 동안 등록금이며 회비(학교발전기금) 등을 포함해 1천만 원 정도 지출이 있었지만, 그는 "돈으로도 살 수 없는 신지식과 자긍심, 그리고 사람을 얻었기에 충분히 보람을 느낀다."고 덧붙였다.

박인숙 사장은 이 과정이 인연이 되어 현재 건국대학교산학협동단 주주로 참여 중이며, 동기들로부터 종종 교육을 의뢰받기도 한다. 또한 동창회에서 주관하는 등산 모임이나 정기 총회에도 계속 참석하고 있다.

짧은 기간에 자신이 종사하는 분야의 최신 정보도 얻고, 다양한 분야 전문가들과 인맥을 쌓을 수 있는 곳이 바로 대학이나 연구 기관에서 운영하는 '최고 경영자 과정'이다. 무엇보다 이 과정은 변화하는 경영 환경에 빠르게 대처하도록 도와주는 학습의 장으로서뿐만 아니라, 정보 교환 및 서로 다른 분야의 경영자들을 이어주는

다리 역할을 해주고 있어 인맥 구축에 막강한 경쟁력을 갖는다.

이 과정의 특징은 연령과 성별·직업·지식 수준을 크게 차별하지 않는다는 점이다. 그런 만큼 기업의 CEO나 고위 관료, 장성급 군인, 언론인, 국회의원, 예술가, 의사, 연예인, 자영업 경영자에 이르기까지 학생들의 직업군도 천차만별을 이룬다. 하지만 비슷한 성취 동기와 목표를 갖고 모인 그룹이라는 공통 분모가 있기에 서먹한 느낌이 드는 것도 잠시일 뿐 '동기'라는 이름으로 금세 친밀한 인간관계가 맺어지는 곳이 각 대학의 최고 경영자 과정이다.

2008년 기준 최고 경영자 과정을 운영하는 대학은 전국에 100여 개가 있다. 서울대 'CEO 인문학 최고위 과정', 고려대와 연세대 '최고 경영자 과정', KAIST의 '최고 정보 경영자 과정', 경북대 '최고 농업 경영자 과정', 부경대 경영대학원 '최고 경영자 과정', 동원대학 평생교육원 'CEO 과정' 등 각 지역의 웬만한 대학에 이 과정이 개설되어 있다.

경영학 석사 학위를 받는 MBA 과정이나 다른 보통 대학원과는 달리, 이 과정은 수업 기간도 2년 이상이 아니라 5~6개월로 짧고 모든 교육을 이수하면 학위 대신 수료증을 수여한다. 이곳에는 최근 경영 트렌드에서부터 다양한 신지식을 얻을 수 있는 명사들의 특강, 산업 시찰 및 해외 연수, 그리고 건강, 패션, 스포츠, 이미지 메이킹 등 생활 감각을 키울 수 있는 다양한 강좌 등이 마련되어 있다.

따라서 이 과정에 입학하고자 할 경우 자신이 얻고자 하는 것이 무엇인지를 먼저 고려할 필요가 있다. 예를 들어, 입학 동기가 수료 후 사업(직장)에 도움이 되기를 원하는지, 아니면 최신 정보와 인맥 확장을 원하는지 등을 생각하여 지원해야 한다. 이때는 각 학교에 개설된 과정의 전통성과 전문성을 먼저 살펴보고, 교과 과정과 수료 후 운영 체계, 참가자들의 면면을 꼼꼼하게 알아보는 것이 중요하다.

실제로 각 대학에서는 이 교과 과정과 교육 시설에 심혈을 기울이는 것은 물론 유명한 강사진 초빙하기, 특전 제공 등 다양한 차별화 전략을 시도한다. 음악·미술·스포츠·와인 강좌 등 교양 강의를 하는 것은 기본이고, 생애 설계와 자산 운용·좋은 펀드 고르는 법·부동산 투자 전략·부설 병원과 연계한 건강 검진·배우자 프로그램까지 과정에 포함시키고 있다.

필자가 정기적으로 출강하는 동원대학 평생교육원 CEO 과정의 경우, 교육 운영 전반에 따른 행정 서비스와 잘 짜인 교과 과정으로 매 기수마다 조기 모집 마감이 이뤄지는 것으로 유명하다. 이 과정을 총괄 운영하고 있는 송형철 원장은 말한다.

"요즘 학생들의 문화 수준과 욕구가 무척 높아져서 수업 과목과 강사 선정이 쉽지 않아요. 그러나 이 교육 과정을 이수한 학생들은 동기생들끼리 친목 모임(원우회 활동)이 활성화되어 있어 실제 본 과정이 경영 활동을 하는 데 많은 도움이 되고 있는 점에 긍지를 느낀다고 합니다."

　이렇듯 오랜만에 학생 신분으로 돌아가 강의실에서 공부하면서 경영 정보 관리 등 경영자로서 마인드를 습득할 수 있는 최고 경영자 과정을 공부하면, 자신의 업무에 유익한 최신 경영 지식을 배우며 자신과 엇비슷한 지위에 있는 인맥을 확보한다는 측면에서 '두 마리 토끼를 잡는' 행운을 거머쥐는 셈이다.

　기업의 많은 CEO 및 중견 간부와 고위 공무원들이 이 과정을 환영하는 것도 이제는 회사의 경영만큼이나 인맥 확장이 중요하다고 생각하기 때문이다. 고급 인맥과 두터운 친분을 맺어두면 현재 자신이 하는 일과 사업에 직·간접적인 도움을 받을 수 있다는 의미다.

　특히 남성에 비해 인맥을 넓힐 수 있는 기회가 상대적으로 적은 여성의 경우, 폭넓은 인맥을 형성하는 데 최고 경영자 과정을 수료하는 것만큼 좋은 방법도 없다는 것이 필자의 생각이다. 평소 접촉하기 어려운 의사, 변호사, 기업가, 지역 리더 등 다양한 분야에 종사하는 사람들과 한 반에서 같이 공부하며 우정을 나누는 것이 가능한 곳이 바로 이곳이기 때문이다.

　한 가지 주의해야 할 점은 최고 경영자 과정이 전문 지식 습득보다는 지나치게 사교 위주로 치우쳐 자신은 물론 주위에 부정적인 이미지를 남기지 않도록 스스로 균형을 잡아야 한다는 것이다.

　최신의 경영 정보와 지식을 얻어 당신의 업무에 적용하면서 전혀 다른 분야 사람들과 학맥을 맺기 원하는가. 그렇다면 당장 최고 경영자 과정을 노크해보라.

40~50대, 인테크의 황금기를 누려라

종신고용의 신화가 무너지고 라이프 사이클이 빨라지면서 요즘 대한민국 직장인의 절반 이상은 '은퇴'를 두려워한다고 한다. 대부분은 30대 중반에 들어서면서부터 자신의 미래를 걱정하기 시작한다. 문제는 '은퇴'란 누구에게나 시시각각 닥쳐오는 일이건만, 그 두려움의 실체를 많은 사람들은 막연하게 머릿속에서만 그릴 뿐 구체적인 대책을 세우기가 쉽지 않다는 데 있다.

서울대 생물학자 최재천 교수는 『당신의 인생을 이모작하라(삼성경제연구소)』는 그의 저서에서 바로 이런 우리 사회와 개인이 안고 있는 구조적 모순에 대해 좀 더 능동적인 대안들을 제시하고 있다. 그는 우리나라 노동력의 수요와 행동 방식, 일의 성격 등으로 볼 때 인생은 50대를 전후로 하여 크게 변화가 온다고 하며, 이에 따라 50대 전반의 인생을 제1의 인생으로, 이후 인생을 제2의 인생으로 나눈다.

제1의 인생이 성공을 위한 시기라면 제2의 인생은 삶의 의미를 찾아가는 시기다. 특히 제2의 인생은 더 적게 먹고 몸도 더 많이 움직여야 건강에도 좋다고 제안한다. 제2의 인생이 제1의 인생만큼 길어지고 있는 시대인 만큼, 40살 이후부터는 당당하게 새로운 인생으로 거듭날 수 있도록 발상의 대전환을 해야 한다고 밝히고 있다. 은퇴 없이 오랫동안 일을 하기 위해서는 무엇보다 제2의 인생을 위한 재교육이 필요하다고 그는 역설한다.

미국에서 가장 성공한 케이블 방송사 사장이며 리더십 네트워크의 창립자인 밥 버포드(Bob Buford)는 그의 저서 『하프타임』에서 이렇게 묻고 있다.

"당신은 인생 전반전에서 어떤 능력과 열정을 발휘하며 살았는가? 후반전 목표는 무엇인가? 성공인가, 가치인가?"

밥 버포드는 우리 인생 전반전이 어땠건 간에 인생의 가치와 의미가 실현되는 후반전을 성공적으로 보내기 위해서는 하프타임, 즉 전략적 작전타임이 필요하다고 한다.

인생의 가치와 의미가 실현되는 후반전을 위해서 전반전을 효과적으로 마무리하고 인생의 절정을 향해 달려갈 수 있는 삶의 새로운 목표를 거머쥐어야 한다는 것이 그의 조언이다. 그는 인생의 르네상스 시대를 구가하기 위해서 가장 중요하고도 반드시 대답해야 할 몇 가지 질문을 독자에게 던지고 있다.

"내가 정말 잘하는 일과 진정으로 좋아하는 일은 무엇인가?"
"내게 정말 중요한 것은 무엇인가?"
"나는 어떤 사람으로 기억되길 원하는가?"

어쨌거나 이런 새삼스런 질문을 자신에게 던져보며, 대학 졸업 후 재충전할 기회도 없이 소진만 했던 자신을 제2의 인생을 위해 새롭게 포맷하는 작업이 우리 모두에게 필요하다. 흔히 중·장년기에 찾아오는 위기는 '과연 우리가 무엇을 위해 사는가?'라는 허무를 불러일으키는 것이기에, 자칫 삶의 의미를 상실하게 하고 가치관을 혼돈되게 할 수 있다.

정신분석학자 카를 융은 이러한 현상을 두고 '인생의 정오(noon of life)'에서 겪는 '상승 정지 증후군'이라고 했다. 우리는 이것을 새로운 인생 구축을 위한 신호탄으로 받아들여야 한다. 그러기 위해서는 유연성을 갖고 마음을 열 것, 우울한 감정과 위기감도 성장을 위한 움츠림으로 인정할 것, 생활양식을 건강을 돌보는 형태로 바꿀 것 등을 조언하고 있다.

필자는 여기에 한 가지를 더 추가하고 싶다. 그것은 인간관계를 정리점검하고 새롭게 구축하는 것이다. 그동안 일에만 빠져 미처 챙기지 못했던 주변 친구, 동창, 친척, 옛 동료들을 하나하나 떠올리며 연락을 하고 직접 찾아나서 보자. 소원해졌거나 끊어진 인간관계를 보수하고 회복하는 것이다. 안정되고 행복한 인생을 살아가기 위해서는 돈도 있어야 하고, 은퇴와 상관없이 평생 할 수 있는 일도 있어야 한다. 또한 즐거운 일은 같이 기뻐하고 슬픈 일은 위로해주며 함께 마음을 나눌 수 있는 이웃과 친구도 필요하다.

나의 지인 한 사람은 생산관리 부장으로 어언 20년을 근무해오다가 최근에 회사를 나왔다. 그는 근무지가 지방이라서 오랜 세월을 가족과 떨어져 지내면서 오로지 회사를 위해 자신의 모든 것을 바쳐가며 열심히 일했다. 그러는 사이에 친구들은 온데간데없이 사라졌고, 그의 머리카락은 어느덧 반백이 되어 있었다. 그런 그에게 회사에서 내린 지시는 권고사직이었다. 공장에 새로운 첨단 시설이 들어오면서 더 이상 그의 인력이 필요치 않게 되었기 때문이다.

부랴부랴 몇 군데 이력서를 넣어보았으나, 그가 가진 기술을 필요로 하는 일자리를 찾기란 쉽지 않았다. 더욱이 주말부부로 지내면서 집과 회사만 오고 간 그로서는 자신의 입장을 털어놓고 재취업을 부탁할 만한 변변한 인맥 하나 없는 상태였다. 그는 "이럴 줄 알았다면 미래를 대비해 새로운 기술을 배워두고 사람들도 많이 만날 걸 그랬다."며 지혜롭게 살아오지 못한 지난날을 후회했다.

자신의 일과 이루고자 하는 꿈을 주변 사람들과 성실하게 공유하며 인간관계를 잘 맺어가는 사람들은 막힘없는 인맥의 파이프라인을 통해 자신의 능력을 발휘할 기회를 무한히 공급받을 것이다. 그동안 막혔거나 끊어진 인간관계의 균열을 메워 모든 소통을 원활하게 하는 것, 40~50대 이후 인테크의 황금기를 맞이하기 위해 지금 바로 당신이 실천해야 할 과제다.

많은 후배들에게 인맥의 교량 역할을 활발하게 해오고 있는 한국방송아카데미 박광성 학장(한국방송예술진흥원 총장)은 나에게 스승과도 같은 분이다. 매달 22일에 개최되는 '성사데이(성공사관학교 가족 모임)'에 초대받아 그와 첫 대면을 한 후 중요한 일이 있을 때마다 서로 관심을 가지고 도움을 주고받으면서 어느덧 '금맥'을 이루게 되었다. 내가 서필환성공사관학교의 이사장으로 추대하고 싶다고 했을 때, 그는 나의 제안을 흔쾌히 수락해주셨고, 현재 우리 교육공동체에서 중요한 역할을 담당해주고 계신다.

박광성 학장이 항상 강조하는 인맥 철학은 "사람이 성공하는 것은 자신의 재능 때문이 아니라, 그를 밀어주고 끌어주는 누군가가 주변에 있느냐에 달려 있다."는 것이다. 따라서 나이가 들수록 인간관계에 더 큰 공을 들여야 한다고 자주 말하곤 하시는데, 실제로 이분은 예순이 넘은 나이에도 많은 공익사업에 관여하면서 청년보다 더 왕성한 인맥 활동을 펼치고 있어 후배들에게 귀감이 되고 있다.

"어둠은 태양을 이길 수 없다."는 그의 생활신조처럼 언제나 밝음을 지향하며 긍정적인 사고와 진취적인 삶의 실천가로서 본이 되어주는 그가 곁에 있어 든든하고 행복하다.

신뢰관계를 뛰어넘어
감동을 주어라

최용균 (비전경영연구소 소장)

비전경영연구소 최용균 소장은 주변 인맥이 자신의 삶에 얼마나 지대한 영향을 미치는지를 매일 매순간 느끼면서 살아간다고 한다. 산업 강사라는 직업에 종사하는 그에게 중요한 인맥이란 역시 같은 길을 걷는 주변 동료 강사를 비롯해 자신에게 강의를 의뢰해오는 컨설팅 회사 직원, 그리고 기업체 교육 담당자들이다. 그들이 주변에 있기에 그는 매일 강의를 할 수 있고, 강의 활동을 통해 세상을 살아가는 의미와 보람을 얻고 있다.

이런 주변 사람과의 관계에서 최용균 소장이 가장 소중하게 여기는 것은 '상호 간의 신뢰'다. '믿을 만한 사람인가? 마찬가지로 나도 그에게 신뢰감을 주고 있는가? 그래서 각자 비밀까지도 숨김없이 드러내놓고 나눌 수 있는 있는 사이인가? 무엇보다 나의 중요한 것을 믿고 맡길 수 있는가?' 하는 신뢰 형성을 그는 가장 중요하게 여긴다고 한다.

"신뢰관계를 구축하는 것으로 만족해서는 안 됩니다. 소중한 인맥일수록 상대방에게 '감동'을 줄 수 있도록 노력해야 하죠. 감동을 주는 것은 어려우면서도 쉽습니다. 내가 줄 수 있는 것을 주는 것이 아니라, 상대방이 필요한 것을 줘야 하니까요. 감동은 보통 기대하지 못했던 것을 받거나, 기대했던 것보다 훨씬 많이 받으면 하게 됩니다. 결코 비싸고 고급스러운 것이 아닌 사소한 것으로도 감동을 줄 수 있습니다. 값비싼 것이어서 마음이 움직여지는 것이 아니라, 전하는 사람의 정성을 느낄 수 있기 때문에 감동이 됩니다.

반드시 물질적인 것이 아니어도 됩니다. 따뜻한 격려의 말, 마음이 담긴 적절한 칭찬 한 마디로도 감동하는 것이 사람이라는 존재이지요. 중요한 것은 상대방에게 얼마나 관심을 갖고 있느냐입니다. 친밀한 인간관계를 맺고자 할 때 명심할 것은 관심이 있어야 상대에게 필요한 것을 발견할 수 있다는 것입니다. 관심은 '칭찬, 격려, 공감, 배려'로 표현해야 합니다."

최용균 소장의 말은 신뢰관계를 구축하려면 자신이 상대방에게 어떤 사람이 되어 줄까를 먼저 생각해야 한다는 것이다. 아주 작은 일부터 진심으로 상대의 입장에 서서 이해하다 보면 상대는 그 마음을 더 빨리 알게 된다고 그는 덧붙였다. 따라서 인맥 관리에서 핵심은 자신이 먼저 다가가서 상대방에게 무엇인가 도와줄 것이 없는지를 살피는 일이다. 때로는 솔직하게 상대방에게 도움을 청하기도 하고 서로 도움을 주고받는 관계가 될 때, 상호 신뢰와 우정이 자라나며 시간이 지날수록 점점 더 깊은 인맥으로 이어지게 마련이다.

"예전에 어느 기업에 강의하러 갔는데, 제 강의를 유독 집중해서 듣는 한 교육생이 있었습니다. 알고 보니 그분도 강의를 하는 분이었는데, 개인적으로 얘기를 나누다가 친해져서 나중에는 양가 가족들이 함께 만나는 아주 가까운 사이로 발전하게 되었지요. 그분과는 지금도 서로 일도 도와주며 개인적인 문제를 상담하는 친밀한 관계를 유지하고 있죠."

인생을 여행에 비유하는 최용균 소장. 그는 지난 여행에서 많은 경유지를 지나왔으며, 그때마다 고마운 '귀인'들을 만나 어려움을 헤쳐 나오기도 하고, 나아가서는 그 소중한 인연들 덕분에 더 넓은 발판, 보다 새로운 기회를 제공받을 수 있었다고 추억한다.

최용균 소장은 요즘에도 소중한 인연을 맺고 싶은 사람을 만나면 자신이 먼저 연락을 하고 개인적인 만남의 자리를 마련한다. 여러 사람들과 함께 있는 자리에서는 미처 꺼내 놓을 수 없는 깊이 있는 대화를 하기 위해서는 시간을 별로도 내는 것이 중요하기 때문이다. 또한 평소 가깝게 지내는 사람들에게는 정기적으로 전화 통화를 하거나 메일을 보내 안부도 묻고 중요한 소식과 정보도 주고받는다고 한다. 물론 일 년에 몇 차례 정도는 식사를 같이 하거나, 특별히 잊지 못할 사람의 기념일에는 꽃이나 선물을 보내기도 한다.

하지만 최용균 소장은 모든 인맥을 통틀어서 가장 소중하고도 근간이 되는 인맥 1순위는 뭐니 해도 '가족'이라고 역설한다. "어떤 인맥을 개척하거나 교류해야겠다고 마음먹기 전에 제일 먼저 가족들에게 인정을 받고 가족들과의 관계를 잘하는 것이 중요하다.”는 주장이다. 그는 다른 좋은 인맥을 찾아 많은 시간을 보내는 사람들 중에서 정작 가족들에게는 인정받지 못하고 잘하지 못하는 사람들을 종종 보아왔다고 한다.

　“좋은 인맥을 만들기 위해서는 우선 내가 좋은 사람이 되려는 노력을 먼저 기울여야 합니다. 그런 뒤 건강한 의식, 뭔가를 제대로 하고자 하는 열정, 그리고 배움에 대한 겸손한 자세와 긍정적인 태도를 갖고 성실하게 한 발 한 발 나아가다 보면 자신과 비슷한 의식을 갖고 세상을 살아가는 사람들을 계속해서 만나는 기회를 얻게 될 것입니다. 그러다 보면 인맥은 굳이 넓히려고 애쓰지 않아도 자연스럽게 퍼져 나가게 되죠. 나중에는 그 소중한 사람들의 영향을 받아 자신도 점점 발전하고 성장하게 됩니다.

　이왕이면 상대에게 기분 좋은 긴장을 주는 사람이 될 필요가 있어요. 이야기를 나누고 있으면 왠지 힘이 솟고 기분이 유쾌해지는 사람, 색다른 주제의 이야기와 새로운 지식을 끊임없이 공급하는 사람이 다시 만나고 싶어지는 사람입니다. 주위를 느슨하고 지루하게 만드는 것이 아니라, 톡톡 튀는 상쾌한 기분을 느끼게 하는 사람도 다시 보고 싶어지는 인물이지요. 결과적으로 인맥 넓히기의 기본 원리는 타인에 대한 긍정적인 시선과 끊임없는 자기 탐구입니다.”

　훌륭한 인맥을 만들고 싶다면 자기 내면을 깊이 성찰하면서 강럴한 원함이 있어야 한다고 그는 조언한다. 그의 말을 빌리면, 인맥이란 자신의 영혼을 송두리째 뒤흔들어 한 차원 높은 자리로 인도하는 무엇과 같기 때문이다.

칭찬지수로 공존지수를 높여라

최근 사회에서 호감 가는 사람들을 7가지 유형으로 정리한 흥미로운 기사를 읽은 적이 있다. 그 7가지 유형은 얼짱, 몸짱, 맘짱, 배짱, 말짱, 일짱, 꿈짱이다. 그중에서 '말짱'은 말에 향기가 느껴지는 사람이다. 긍정적인 말, 따뜻한 말, 유머가 깃든 말, 다른 사람을 칭찬하고 용기를 북돋아주며 꿈과 희망을 이야기하는 사람이 대표적인 말짱에 속한다. 이런 사람은 부정적인 말, 차가운 말, 뒷담화하는 사람을 싫어한다. 사람들과 대화를 할 때는 항상 따뜻한 말, 상대에게 힘과 용기를 주는 말, 칭찬하는 말을 사용하자.

『역사의 종언』을 쓴 작가 프랜시스 후쿠야마는 역사를 이끌어가는 동력으로 다른 사람에게 '인정받고 싶어하는 욕구'를 들고 있다. 자신이 다른 사람보다 뛰어난 능력을 가졌다는 것을 인정받는 것은 일의 높은 성과를 거두게 하는 강력한 동기가 되어준다고 그는 말한다. 칭찬은 바로 인정을 의미하고, 인정받음은 스스로 자신의 존재감을 느끼게 해준다.

"칭찬은 바보를 천재로 만든다."는 말이 있듯 격려와 지지가 담긴 칭찬은 분명 사람의 능력과 열정을 이끌어내는 보이지 않는 힘이 있다. 그러므로 상대의 잘못이나 결점을 지적하기보다 칭찬할 만한 모습을 찾아내는 안목을 기르는 것이 다른 사람과 자신의 삶을 아름답게 가꾸어가는 지혜로운 방법이다.

만화가 김수정, 가수 조수미, 발명왕 에디슨, 헬렌 켈러, GE 전 회장 잭 웰치 등과 같은 유명인사의 성공 스토리 안에는 공통점 하나가 있다. 그것은 어린 시절 또는 가장 힘들었던 시기에 부모 또는 주변 누군가가 던진 칭찬 한마디로 인생의 변화를 맞이하게 되었다는 점이다.

요컨대 사람을 능동적으로 변화시키는 가장 좋은 방법은 칭찬밖에 없다. 아무리 문제가 많고 결점투성이인 사람이라 해도 그만이 갖고 있는 장점은 있기 마련이다. 그 부분을 찾아 칭찬해보자. 사람들은 하나같이 자신의 개인적인 장점에 대해 '죽여주는' 칭찬을 받기 좋아한다. 그리고 그 칭찬에 감동을 받는다. 모든 사람은 자신의 장점을 칭찬해준 사람에게 호의적인 감정을 갖는다.

필자는 강의 중간에 옆에 앉은 파트너와 약 2~3분간 상대를 칭찬하는 시간을 준다. 처음에는 멋쩍어하다가도 그들은 금세 상대의 '칭찬대사'가 되어 아주 멋진 칭찬을 많이 찾아낸다. 그러면 여기저기서 함박웃음이 터져 나오고, 파트너에게 칭찬을 들음에 따라 서로 가까워져서 강의장 분위기가 한결 부드럽게 바뀌는 것을 느낄 수 있다. 기쁨과 행복으로 빨갛게 상기된 그들의 얼굴을 바라보노라면 나까지 덩달아 기분이 좋아지고 가슴이 따뜻해진다.

그러므로 당신의 인생 여정에 함께하고 싶은 사람을 만났다면 그가 가진 매력적이고 독특한 장점을 구체적으로 찾아 그 자리에서 바로 칭찬해주어라. 물론 이 칭찬은 일회성에 그쳐서는 안 되며, 철저하게 신뢰감에 바탕을 두고 지속적으로 해야 한다.

특별히 칭찬을 생활화하려는 사람에게 필자는 칭찬 노트를 만들어볼 것을 제안하고 싶다. 남에 관한 칭찬이든 자신에 관한 칭찬이든 칭찬거리가 생각나면 바로 노트에 기록하는 것이다. 이 노트가 당신의 성공은 물론 인간관계에 기적을 만들어낼 것이다.

나의 경우 이렇게 칭찬을 기록한 노트와 온라인 커뮤니티에 올린 칭찬의 글들이 많다. 그중에는 혼자만 보기에는 아까울 만큼 감동과 교훈이 담긴 소중한 글들도 제법 많다. 또 일일이 감사의 글을 전할 수 없어서 나는 '서필환의참부자클럽'에 중계하거나 다른 커뮤니티에도 자주 인용하곤 한다. 다음 글은 필자가 올해 초 서울시청 홈페이지 '칭찬합시다' 코너에 올린 칭찬 글이다.

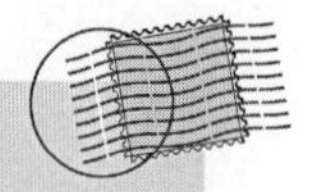

대단한 분이 서울시장이시라는 걸 이제야 알게 되었습니다. 당당하게 표현하는 오세훈 시장의 특강을 듣고 제가 서울 시민이라는 데 새삼 자부심까지 갖게 됐습니다. 서울시정 모니터 요원이 되기 전에는 미처 관심을 두지 않아 알지 못했던 서울의 변한 모습과 달라진 행정들을 이날 행사를 통해 다양한 자료와 영상을 보면서 알게 되었습니다.

2008년 2월 2일 12시, 시정 모니터 간담회가 열리는 대한상공회의소 국제회의장에서 저는 그 자리에 함께한 모든 이들을 향해 마음속으로 박수를 보내고 있었습니다. 행사를 준비한 서울시청 공무원님들. 오늘 여러분은 '원더풀! 뷰티풀!'이었습니다. 하여 수고하신 모든 분들께 '친절 대상'을 드립니다. 그 장면을 소개하고자 합니다.

480명의 시정 모니터 요원들이 참석한 회의장에는 특별히 안내 명찰을 패용하고 친절하게 자리를 안내해주는 아름다운 얼굴들이 있었습니다. 행사가 진행되는 2시간 동안 계속 선 채로 단정한 자세를 유지했던 안내 공무원님들을 칭찬합니다. 시장님의 '창의 문화 도시', '살고 싶고 관광하고 싶고 투자하고 싶은 도시' 서울로 만들겠다는 프로젝트 설명 기법은 대단히 감동적이었습니다. 저도 강사로 활동을 하고 있지만 세계적인 명강사보다 더 설득력과 이해력을 높이는 영상도 그렇고, 대단한 언변까지 겸비한 오세훈 시장님은 정말 멋지셨습니다.

7번 테이블에 함께한 7명의 모니터 요원님들이 이구동성으로 했던 말은 "역시 사람이 일을 하지."였습니다. 사람을 잘 뽑아야 한다는 의미이지요. 오세훈 시장님은 서울 시민들에게 내일의 희망을 주었습니다. 비전을 제시하는 구체적인 사례와 데이터는 충분히 감동적이었습니다. '어쩜 저리도 세부적인 것까지 다 알고 있을까?'하는 의문이 들 정도로 경탄

했었지요.

결론입니다. 시장으로서 책무와 역할을 충실히 이행하며, 열정을 갖고 직접 자료를 만들고 챙겼기에, 그 많은 데이터를 기억하고 설명하는 모습은 신뢰감을 주기에 충분했습니다. 많이 배웠습니다. 행사를 아웃소싱에 의존하지 않고 홍보팀 자체적으로 준비했다는 걸 알고, 많은 부분이 변했음을 보았습니다.

'창의 문화 도시'를 만들기 위해 지혜를 모으는 시정 모니터 활동 담당자들의 열정과 관심, 그리고 실천력이 대단하여 공개적으로 칭찬합니다. 특히 120 다산센터 가족 여러분! 여러분의 땀과 노력이 더욱 빛나 보였습니다. 오늘 오세훈 시장이 많이 칭찬했더이다. 120 다산센터 원더풀! 서필환성공사관학교장, 기쁜 마음으로 글 올립니다.

나는 요즘에도 거의 매일 주변 사람들과 칭찬(감사)의 글을 주고받는데, 다음 글은 주변 사람이 나에게 이메일로 보내온 칭찬 메시지다. 이렇게 칭찬 메시지를 주고받는 이유는 '칭찬생활'을 하기로 한 나 자신과의 약속을 실천하기 위함이고, 온 국민이 서로 고마워하며 칭찬하는 '끈'이 되는 것이 나의 꿈이기 때문이다.

서필환성공사관학교 교장 선생님! 한마디로 멋쟁이십니다. 그 뜨거운 열정에 다시 한번 힘찬 박수를 보냅니다. 그냥 스쳐 지나갈 수도 있을 텐데, 강의를 다녀가신 후 교장 선생님의 열린 마음을 저희 함양군청 게시판을 이용하여 우리 군민에게 또 다시 어필해주시니 참으로 감사합니다. 5천 회의 명품 강의 성공을 기원합니다.

우리 군에서 마련한 지난 강연에 참석한 인원은 그리 많지 않았지만, 성과는 컸다고 봅니다. 그들 중 몇 분이라도 닫혀 있던 의식이 일깨워졌을 거라고 확신하며, '군민 자치 대학'을 열어가는 보람을 느낍니다.

서필환 교장님께서는 그 누구보다도 큰 열정과 힘이 있을 뿐 아니라, 짧은 만남이었는데도 일일이 이름을 기억하고 거명하여 주시는 정성과 지혜로움에 우리 모두 감탄하지 않을 수 없었습니다. 항상 건강하셔서 많은 사람들에게 희망과 감동을 주시는 명강사가 되시길 빌겠습니다.

그날 약속하신 대로 교장 선생님을 우리 함양군 '명예 군민'으로 위촉하고 며칠 안으로 '명예 군민증'을 보내 드리도록 하겠습니다. 저 또한 '사고뭉치', '당신멋져'(필자의 강의 키워드를 말함)를 실천하는 사람이 되겠습니다. 무더운 여름철 항상 건강하시고, 신나고 열정적인 명품 강의가 계속 이어지시기를 바랍니다. 시원한 계곡과 산이 그리울 때 함양을 찾아주신다면 기꺼이 동무가 되어 드리겠습니다.

- 강성갑(함양군청 주민자치복지과장) 올림 -

만나는 모든 이에게 칭찬과 미소를 보내는 사람이 되어보자. 칭찬에 숙달된 조교가 성공적인 삶을 만들어 간다. 돈을 주면 순간의 기쁨이 만들어지지만, 칭찬은 평생의 기쁨을 안겨준다. 또 칭찬을 주고받는 사회는 상승 작용 효과로 변화와 성공의 기운을 불러들

인다. 그러므로 만날 때 칭찬하고 헤어질 때 칭찬하는 습관을 기르
자. 우리 모두가 바라는 즐겁고 신나는 세상은 그렇게 해서 만들어
진다.

주변을 밝히는 엔도르핀 메이커가
되어라

대화 속에 자연스럽게 유머를 구사하며 언제 봐도 늘 생기가 넘
치는 사람. 이런 사람의 주변에는 늘 사람들이 몰려든다. 재미있고
유쾌하기 때문이다. 유머만큼 사람의 마음을 이완시켜주는 통로는
없다. 종일 과중한 업무에 눌려 머리가 지끈거릴 때 누군가 던진,
상황에 적절한 유머 한 마디는 피로와 긴장을 단숨에 날려버리는
여름날의 소나기와도 같다. 이런 경험을 해본 사람이라면 유머의
힘이 얼마나 큰지 잘 알 것이다. 그러다 보니 이제는 회사나 조직
에서도 유머와 재치를 겸비한 인재를 선호하는 추세며, 하다못해
남녀 미팅 장소에서도 좌중을 웃기는 유쾌한 사람이 인기를 끈다.
　자신의 주변에 사람들이 모이기를 원한다면 유머와 재치를 발휘
하는 '엔도르핀 메이커' 가 될 필요가 있다. 장황한 여러 말보다 재
치 있는 유머 한마디는 사람과 사람 사이의 거리를 좁혀줄 뿐만 아
니라, 어색하고 딱딱한 분위기를 부드럽고 밝게 해주기 때문이다.

그래서 유머와 재치가 있는 사람은 어디서든 환영받는다. 또한 협상에서 팽팽하게 줄다리기를 할 때 적절한 유머 한마디는 좋은 해결 방법 중 하나가 된다.

무엇보다 유머는 속마음을 털어놓게 하고, 사고를 유연하게 만들어준다. 아무리 화가 나는 일이 있더라도 재치 있는 유머로 상대방을 일단 한번 웃기고 나면 분위기는 순식간에 달라지고 만다. 그만큼 웃음은 감정 상태를 좋은 쪽으로 변화시킨다.

유머는 설득력의 원천이기도 하다. 현대그룹의 창설자 고 정주영 회장이 조선 사업을 일으키기 위해 자본을 확보하려고 동분서주하던 때의 유명한 일화가 있다. 영국 버클레이 은행의 부총재를 설득시켜 거액의 투자금을 얻어내야 하는 상황이었는데, 그 일을 실패했다면 어쩌면 지금의 현대 신화는 낳지 못했을지도 모른다. 대학은커녕 중학교도 나오지 못한 소학교 출신의 정주영 회장은 그때 자신에게 던져지는 날카로운 질문을 적절한 유머로 받아넘김으로써 투자자의 마음을 사로잡았다.

부총재　　: 당신 전공이 무엇입니까?

정회장　　: (속으로) 이 사람아, 소학교에 전공이 어디 있어?

부총재　　: 전공이 무엇이냐고 물었습니다. 기계공학? 아니면 경영학?

정회장　　: 흠흠……, 내 사업계획서는 읽어보셨습니까?

부총재　　: 물론이오.

정회장　：내 전공은 바로 그 현대조선 사업계획서이지요.

부총재　：네? (모두 한바탕 웃음)

정회장　：(조마조마)

부총재　：당신은 유머가 전공이로군요. 당신의 유머와 사업계획
　　　　　서를 함께 수출 보험국으로 보내겠소.

유머는 성공하는 리더가 반드시 갖추어야 할 덕목 중 하나임에 틀림없다. 갈수록 치열해지는 경쟁사회에서 누군가를 설득시킨다는 것은 딱딱한 전문 지식이나 사무 프로세스만으로는 불가능하다. 더욱이 리더십을 발휘해야 하는 사람에게 유머 감각은 소중한 자산 중의 하나임을 명심하자.

그러므로 평소 밝은 유머와 함께 당신만이 보여줄 수 있는 개인기나 주특기 한두 가지를 연마해 두는 것이 좋다. 더구나 요즘에는 '잘 노는 사람이 일도 잘한다.'는 인식이 일반화되었기 때문에 자신만의 개성이 반영된 '전문 분야'를 정해 꾸준히 관심을 갖고 개발할 필요가 있다. 이렇게 연마한 당신의 전공(?)을 사내 행사나 회식 자리에서 마음껏 발휘해보라. 그것만으로 당신은 상대의 뇌리에 유쾌한 사람이라는 인상과 호감을 남겨줄 수 있다. 또 이것은 업무에도 긍정적인 결과를 가져올 뿐만 아니라, 인맥을 넓혀가는 데 더 없이 좋은 무기가 되어줄 것이다.

이렇듯 유머는 모든 상황이 매끄럽게 돌아가도록 하는 윤활유와 같다. 이러한 유머 감각을 키우기 위해서는 평소 준비하는 습관을

길러야 한다. 개그맨 수준이 될 필요는 없으나, 정보 수집은 필요하다. 새로운 이야기를 습득하는 데는 여러 가지 방법이 있다. 가장 쉬운 것은 정보 매체를 이용하는 것인데, 신문에 있는 '유머란'을 활용하면 손쉽게 소재를 얻을 수 있다. 또한 '시사만평'이나 만화를 보고 재미있는 대목을 살짝 기억해두었다가 적절히 활용하는 것도 좋은 방법이다.

일주일에 세 번씩 이메일로 '유머 편지'를 발송하는 최규상(유머전략연구소 소장) 씨는 이 방면에 탁월한 유머 전문가로 꼽을 만하다. 그는 "일상생활에서 일어나는 일을 무심히 지나치지만 않는다면 재미있는 유머 소재를 무궁무진하게 발견할 수 있다."고 늘 강조한다. 가족들과의 대화에서나 출근길에서 생기는 에피소드 등 실제로 최규상 소장이 꺼내놓는 유머 소재는 대체로 그의 주변 이야기들이다. 재미있는 이야기 소재는 우리 주변에 널려 있다. 단지 그것을 얼마나 잘 찾아내느냐가 차이일 뿐이다.

시련을 겪고 있는 사람에게 적절한 유머는 힘든 상황을 헤쳐 나갈 수 있는 힘과 용기를 준다. 우리 주변에서 남들에게 여유 있고 낙관적이라는 평가를 받는 사람들을 보라. 그들의 공통점은 예외 없이 훌륭한 유머리스트라는 점이다. 자기의 결점과 불완전함을 유머로 표현할 수 있는 사람이야말로 가장 뛰어난 유머리스트이며, 엔도르핀 메이커가 될 수 있는 자질을 갖춘 인물일 것이다.

나의 친구이자 동료인 비전경영연구소 최용균 소장을 생각하면 제일 먼저 부드러운 이미지가 떠오른다. 그는 언제나 다정다감하고, 상대의 말을 잘 들어주며, 입가에서 미소가 떠나지 않는다. 그런가 하면 절제력이 있고, 배움을 향해 끊임없이 정진하는 사람이다. 그런 최용균 소장을 보고 있노라면 절로 내 마음까지 따뜻해진다.

최용균 소장과의 인연은 내가 CS클럽 회장으로 있던 초창기 때 한국능률협회에서 주관하는 고급 강사 과정에 수강자로 참여하면서 맺어졌다. 그때 초빙 강사 중 한 분이 최용균 소장이었는데, 강의 도중 어려웠던 지난 삶을 솔직하게 털어놓는 모습에서 나는 깊은 신뢰를 느꼈다. 인생의 숱한 걸림돌을 디딤돌 삼아 변화와 성장의 기회로 삼아왔다고 말하는 최용균 소장의 강의를 들으면서 그의 치열한 인생을 엿볼 수 있었기 때문이다.

어린 시절 열악한 환경을 딛고도 저토록 밝고 고운 심성을 지닐 수 있는 그가 참으로 아름다워 보였기에 나는 강의가 끝난 후 나의 이런 소감을 그에게 전했다. 그 자리에서 우리는 눈빛과 명함을 함께 주고받았다.

이후 최용균 소장과는 명강사 모임에서 자주 접촉하면서 더욱 절친한 관계로 발전했다. 지금까지 우리는 상대의 기쁜 일과 슬픈 일에 함께 동참하며, 좋은 일에 서로를 추천해주고 격려해주기를 마다하지 않는 돈독한 우정을 나누고 있다.

자기 이미지를 높이려면 첫인상을 좋게 하라

이 영 권 (세계화전략연구소 소장)

　　회생활에서 '사람'이 가장 중요한 자산이라는 것을 모르는 사람은 아마 없을 것입니다. 성공적인 인생을 살아가기 위해서는 주변에 나를 이해하고 도움을 주는 사람들이 많아야 하기 때문이지요. 따라서 풍성한 인간관계를 형성한 사람이 성공하는 것은 당연한 순리입니다. 깊이 파인 웅덩이에 더 많은 물이 고이는 것과 같은 이치라고나 할까. 이렇게 일상에서 만나는 각계각층 사람들과 관계를 지속적이고도 우호적으로 유지, 발전시켜 나가는 것을 우리는 '휴먼 네트워킹'이라고 합니다. 결과적으로 휴먼 네트워킹이 잘 돼 있는 사람은 일이나 사업에서 저절로 성공을 거두게 돼 있지요."

　　교수, 방송인, 작가로서 집필 활동은 물론 전국을 누비며 활발한 강의를 하고 있는 이영권 박사(세계화전략연구소 소장). 그는 인맥 전문가답게 인터뷰 서두에서 '인맥＝성공'이라는 공식을 가장 먼저 제시한다. 그가 현대 사회에서 휴먼 네트워킹을 그토록 중요하게 여기는 까닭은 대략 다음 세 가지 이유에서다.

　　첫째는 사회생활에서 인적 자원이 가장 큰 몫을 차지하기 때문이다. 사람이 모든 것을 이루게 해준다고 해도 지나친 말이 아닐 정도로, 주변 사람은 성공을 위한 가장 중요한 자원이다.

둘째, 어디에나 늘 있는 인적 자원을 잘 네트워킹하면 최소의 비용으로 최대의 효과를 낼 수 있기 때문이다. 즉 경제적으로 부유하지 않더라도 성실하게 인간관계를 잘 맺어두면 돈을 들이지 않고도 자신이 원하는 분야에서 최대의 효과를 낼 수 있다는 것이다.

셋째, 인적 자원은 누구나 노력만 하면 얼마든지 확보할 수 있는 자산이기 때문이다. 이 세상의 모든 사람은 누구나 자유롭게 사귀고 친구가 되고 좋은 사업 파트너가 될 수 있다는 것이 그의 인간관계론이다.

이영권 박사가 이처럼 휴먼 네트워킹을 중요하게 여기며 강의 때마다 역설하게 된 데에는 결정적인 계기가 있다. 미국에서 가장 성공한 자동차 세일즈맨이자 그의 정신적 스승인 조지 브라운이 어느 날 그에게 이렇게 말했다고 한다. "성공하고 싶으세요? 그러면 휴먼 네트워킹에 힘쓰도록 하세요. 휴먼 네트워킹을 잘하고 싶으세요? 그러면 우선 꾸준하게 하루에 5통씩 편지를 쓰세요."라고. 이후 지금까지 이영권 박사는 조지 브라운의 조언을 생활 속에 실천해왔고, 어느덧 편지 쓰기는 그의 삶에서 빠뜨릴 수 없는 인맥관리의 대표 수단으로 자리매김하기에 이르렀다.

마찬가지로 이영권 박사는 인맥 관리 방법을 묻는 이들에게 이런 질문과 해답을 다시 던진다. "성공하고 싶으세요? 그러면 성실한 자세로 휴먼 네트워킹을 시작하십시오. 그 휴먼 네트워킹의 시작은 편지 쓰기입니다. 하루에 3통씩 쓰는 걸로 출발해 보세요."라고.

"이렇게 중요한 휴먼 네트워킹을 효과적으로 해나가려면 나름대로 원칙과 실천 전략이 필요합니다. 우선 상대방을 위해서 내가 어떤 도움을 줄 수 있을까를 늘 생각하고 있어야 해요. 또한 약속은 반드시 지켜야 합니다. 상대방과 약속을 소홀히 하거나 어기면 신뢰관계가 깨지기 때문이죠. 그런가 하면 항상 당당해야 합니다. 나도 상대방에게 도움이 될 수 있다는 자신감을 가지고 당당하게 인간관계를 만들어 나가는 게 중요해요. 마지막으로 같은 접촉이라도 차별화 전략이 필요합니다. 상대방이 나를 분명하게 기억할 수 있는 방법을 찾는 것이 되겠지요."

이영권 박사는 좋은 인간관계를 만들기 위해서는 자신의 마음을 넓혀 주변 사람을 사랑으로 끌어안는 것이 최우선이라고 강조한다. 이런 사람에게는 적(敵)이 생길 수가 없다. 사랑하는 마음은 다른 사람을 수용하기 때문이다. 사랑의 마음을 갖기 위해서는 무엇보다 남을 용서하는 연습이 필요하다. 그러므로 남이 자신에게 어떤 잘못을 했더라도 그냥 용서할 것을 권면한다. 시간이 흐르고 나면 용서해준 사람의 진심을 알게 되어 상대방은 반드시 나에게로 돌아오기 때문이다.

"옛말에 '신언서판(身言書判)'이라는 말이 있습니다. 외모와 말씨, 그리고 글 쓰는 품새를 보고 사람을 판단한다는 뜻이지요. 이 세 가지 중에서도 가장 먼저 언급된 것이 바로 외모입니다. 사람의 첫인상이 그만큼 중요하다는 뜻이죠. 따라서 성공하려면 자신의 이미지를 좋게 만들고 잘 관리해 나가는 노력도 함께 기울여야 합니다."

특히 그는 '첫인상'의 중요성을 강조했다. 성공하는 사람들은 첫인상이 좋은 경우가 많다. 인상은 시간이 흐르면서 달라지는 경우도 있지만, 한번 형성된 첫인상은 웬만해서는 잘 바뀌지 않는 것이 특징이다. 이처럼 첫인상이 쉽게 바뀌지 않는 이유는 정보 처리 과정에서 초기 정보가 후기 정보보다 훨씬 중요하게 작용하는 '초두 효과(primary effect)' 때문이다.

"연구 결과에 따르면, 상대방에 대한 첫인상이 형성되는 시간은 약 4초 정도 소요된다고 합니다. 이때 첫인상은 첫눈에 들어오는 생김새나 복장, 표정이나 말투 등 극히 제한된 정보로 만들어집니다. 그러므로 무슨 근거로 첫인상이 형성되는지를 알고, 자신의 약점을 보완한다면 얼마든지 첫인상을 좋게 할 수 있다는 이야기가 되는 것이지요."

얼마 전 이영권 박사가 진행하는 KBS2 라디오 '이영권의 경제 포커스'에 출연한 한 관상학 전문가에 의하면, 관상을 바꾸는 요소에는 세 가지가 있다고 한다. 즉 몸에 걸치는 옷과 머리 스타일, 성형수술, 그리고 가장 중요한 심상(心相)이다. 우선 자신의 이미지를 바꾸기 위해서는 옷차림과 머리 스타일, 몸에 부착하는 장식용품들을 적절하게 활용하는 것이 필요하다는 이야기이다. 똑같은 사람도 어떤 스타일로 머리를 꾸미고 옷을 입느냐에 따라 전혀 다르게 보일 수 있기 때문이다. 따라서 자신만의 독특한 스타일로 자신의 브랜드를 만들어 나갈 필요가 있다고 그는 덧붙였다.

"그러나 가장 중요한 것은 자신의 심신을 맑게 하여 심상을 좋게 하는 것이 으뜸일 것입니다. 아무리 외모가 출중하다 하더라도 마음 씀씀이가 나쁘다면 사람들과 관계가 오래가지 못할 것이기 때문이죠. 그러므로 인간관계에서 진정으로 상대방 마음을 사로잡을 수 있는 것은 몸과 마음을 갈고 닦아서 외모로 멋이 풍겨 나오도록 노력하는 일일 것입니다."

특히 직장인의 경우라면 자신의 이미지를 종합적으로 업그레이드시켜 나갈 필요가 있다고 그는 거듭 강조한다. 즉 자신의 인격을 가다듬고 용모를 단정하게 하는 노력 외에도 대화 기술 또한 꾸준히 연마해야 한다고 한다. "말 한마디가 천 냥 빚을 갚는다."라는 격언처럼, 사람들과의 대화에서 늘 상대방을 이해하고 배려하는 마음자세로 대화하는 것이 중요하다. 남에게 마음의 상처를 주는 말을 자제하고 경청하는 자세를 견지하면서 칭찬을 아끼지 않는 대화 기술을 익힐 필요가 있다.

"요즘엔 자신의 이미지가 곧 경쟁력인 시대입니다. 이미지가 좋으면 인간관계가 한결 쉬워져서 성공할 확률도 그만큼 높아지게 됩니다. 그러니 지금부터라도 자신의 이미지를 적극적으로 개선해 나갈 필요가 있어요. 충분히 개선 여지가 있음에도 '태어난 대로 살지.'라고 이야기하는 것은 자신을 사랑하지 않는 것과 같습니다. 이왕이면 기품 있고 귀티 나는 이미지로 자신을 가꾸어 보십시오. 인간관계에 신천지가 열리는 경험을 하게 될 것입니다."

이미지가 곧 경쟁력, 귀티 나는 이미지를 가꾸어라

프랑스에서는 10여 년 전부터 자기 표현에 서투른 사람들을 매력적인 인물로 컨설팅해주는 매력학교가 인기다. '알랭 들롱'이나 '카트리느 드뇌브'처럼 자신을 매력적이고 세련되게 표현하고 싶어하는 대중들이 늘어나고 있다는 증거다.

1995년 파리 오페라 근처에 설립된 이 매력학교는 의상 코디에서부터 걸음걸이, 대화법, 댄스 교습, 상대방의 마음 읽기, 침실 테크닉까지 대인관계의 모든 것을 가르친다. 심리학자, 이미지 컨설턴트, 헤어디자이너, 메이크업 아티스트, 성의학자 등 다양한 직종의 교수진이 강의를 할 뿐만 아니라, 개인 면담으로 자신의 장·단점을 파악하고 보완하는 집중적인 트레이닝을 한다. 수강생들은 외모를 매력적으로 가꾸는 법, 이성의 마음에 드는 표정과 몸짓 연출하는 법 등을 배운 뒤 인근의 공원에 나가 실습도 한다.

'천의 얼굴을 가진 배우'가 될 필요까지는 없더라도, 자신의 직업과 비즈니스에 맞는 참신하고 좋은 이미지를 보여줄 수 있는 매력적인 자기 연출은 요즘 시대에 꼭 필요하다. 이미지 컨설팅으로 자신의 이미지를 개선하여 매력적인 인물이 된다는 것은 취업, 승진, 협상은 물론 사업과 대인관계 등을 성공으로 이끄는 데 필요한 기초 교양 과목인 셈이다.

'이미지 컨설팅'이란 개인이 추구하는 목표를 이루기 위해 자기 이미지를 통합적으로 관리하는 행위이자 자기 향상을 위한 개인의 노력을 통칭한다. 그러므로 이미지 컨설팅은 자신이 본래 가지고 있는 이미지를 알고 그것을 존중하는 데서부터 출발한다. 따라서 이미지 연출이란 자신의 직업, 성격, 외모 등을 분석해 보다 매력적인 이미지로, 상황에 좀 더 적절한 것으로 변화시키고 보완하는 것을 의미한다.

사회생활을 한다는 것은 많은 사람들과 부딪치며 살아가는 것을 뜻한다. 일로 만났든, 친분을 쌓으려고 만났든, 기타 다른 목적으로 만났든지 첫 대면과 그 후의 지속적인 과정을 통해 소통을 하게 된다. 이 과정에서 사람들은 서로의 이미지를 교류하게 되는데, 이때 우리가 습득하는 정보나 지식의 90퍼센트 이상이 시각적 자료에서 얻어진다고 한다. 심리학 연구에 따르면, 처음 사람을 만나서 상대에게 느끼는 이미지는 '어떻게 보이는가'가 55퍼센트, '어떻게 말하는가'가 38퍼센트, '무엇을 말하는가'가 7퍼센트를 좌우한다고 한다. 결과적으로 그 사람에 대해 갖는 이미지의 93퍼센트 정도는 겉으로 보이는 모습에 근거하는 셈이다.

이처럼 눈으로 보는 것의 중요성을 알게 된 이상 그것을 무시하고 손해를 볼 이유는 없다. 오히려 자신의 목표 달성을 위한 이미지 전략을 세워 최대한 활용하는 것이 현명한 태도일 것이다.

실제로 사람들은 이미지 관리를 통해 이득을 얻는 경우가 많다. 취업이나 이직, 또는 고객과 미팅에서 짧은 시간 안에 자신의 장점을 보여주려면 눈에 보이는 이미지로 승부하는 수밖에 없다.

자신감 넘치는 모습을 보여주는 것 외에도 튀지 않지만 화사한 느낌을 살려주는 옷차림, 은은한 미소를 지으며 자연스럽게 질문을 이끌어 가는 화법 등으로 좋은 이미지를 남기는 것이 매우 중요하다. 자신의 좋은 이미지를 끌어내는 이 과정에서 이미지 컨설턴트의 도움을 받는 것도 좋은 방법이다.

필자(서필환)는 과거 직장생활을 할 때 가족들에게 표정이 어둡고 말을 붙이기가 왠지 무섭다는 이야기를 들은 적이 있다. 직장생활에서 오는 스트레스가 은연중에 얼굴에 밴 탓이었을 것이다.

그 말에 충격을 받은 나는 이후 짬나는 대로 거울을 보며 웃는 연습과 온화한 표정을 짓는 훈련을 계속 했다. 그런가 하면 다른 사람의 말을 좀 더 경청하고자 열심히 귀를 잡아당기는 노력도 기울였다. 덕분에 나는 지금까지 사람들에게 인상이 좋다는 평을 자주 듣게 되었고, 남의 말도 전보다 훨씬 집중해서 듣는 사람이 되었다.

확실히 매력적인 이미지 연출은 오늘날 자기표현 능력이라는 말로 대신할 수 있다. 이미지를 우리말로 풀어본다면 바로 '티'일 것이다. 빈티, 부티, 귀티, 천티, 이 네 가지 안에 사람이 가질 수 있는 이미지가 응축되어 있다. 사람이 어떤 '티'가 나느냐는 선천적인 것으로 여길 수도 있겠으나, 자신의 전체적인 분위기를 어떻게 연출하느냐에 따라 얼마든지 보완하고 업그레이드시킬 수 있다는 것이 필자의 생각이다.

당신은 어떤 '티'를 원하는가? 모르긴 해도 빈티, 천티를 추구하는 사람은 없을 것이다. 대체로 우리나라 사람들은 싼티 난다는 평을 극도로 싫어한다. 그 말에는 빈티와 천티의 의미가 섞여 있기 때문이다. 반대로 귀티가 난다는 말을 최고의 찬사로 여긴다. 그런가 하면 부티는 돈으로 쉽게 이룰 수 있다. 비싼 것을 두르고 고급 명품으로 치장하면 누구나 부티가 나게 할 수 있다.

빈티, 천티는 피해야 한다. 돈으로 얻을 수 있는 부티 역시 우리가 궁극적으로 추구하는 목표는 될 수 없다. 이미지 관리의 궁극적인 지향점은 '귀티 나는 사람'이 되는 것이다. 귀티를 내는 데 재산의 규모나 사회적 지위는 상관이 없다.

그렇다면 귀티는 어떻게 만들어지는가? 귀티는 한 마디로 '품위'가 있다는 뜻이다. 귀티는 어떤 차림을 하고, 어떻게 말하며, 어떻게 행동하느냐에 따라 좌우된다. 귀티가 나는 사람들의 공통점은 대단히 절제되어 있다는 점이다. 사용하는 언어와 매너에 기품이 있고, 얼굴에는 온화하고 밝은 기운이 흐르며, 몸짓과 행동에는 절제된 아름다움이 있다. 이런 사람은 어느 장소에서 누구를 만나든 항상 '귀인' 대접을 받게 되어 있다. 협상이든 거래 계약이든 판매를 할 때에도 항상 유리한 결과를 가져오며, 승진이나 이직 서열에서도 단연 1순위다. 무엇보다 귀티가 나는 사람은 그가 지닌 품위 덕분에 주변에 늘 좋은 사람들이 줄을 잇고 있어서 인맥의 부자가 되게 마련이다.

당신은 지금 승진이나 이직을 원하는가? 보다 더 많은 돈을 벌고 싶은가? 아니면 당신을 자신의 분야에서 최고의 자리로 이끌어줄 풍성한 인맥을 원하는가? 여기에 해당하는 목표를 한 가지라도 갖고 있다면 지금부터 당신의 이미지를 업그레이드하라. 자신과 세상에 당당한 존재, 귀인으로 거듭나라.

남을 곱게 보고 자신을 꽃처럼 사랑하라

『오체불만족』이라는 책을 통해 우리에게 친숙해진 오토다께는 팔다리가 없는 일본 청년이다. 그가 한국에 초청되어 TV에 출연한 적이 있는데, 시종 밝은 표정으로 인터뷰에 응하는 모습은 지체 장애우들에게는 물론 일반인들에게도 깊은 감동을 주었다. 그때 오토다께는 이렇게 말했다.

"비록 나는 팔다리가 없는 장애인이지만, 나 자신을 누구보다 사랑합니다. 또한 나를 사랑하는 것처럼 여러분을 사랑합니다. 때문에 저는 늘 즐거운 인생을 살아가고 있습니다."

실제로 그는 가슴으로 어느 누구보다 날렵하게 공을 치는 농구 실력을 보여주었고, 겨드랑이에 라켓을 끼고 탁구를 치는 모습을 보여주기도 했다. 자신의 장애에 비관하거나 부끄러워하지 않고 당당하게 자기 삶을 살아가는 그의 태도에 시청자들은 박수를 보내지 않을 수 없었다.

만약 이 청년이 자신의 장애를 비관하여 세상을 등지고 살았다면, 그의 인생은 불행 그 자체였을 것이다. 하지만 자신의 장애를 현실로 받아들이며, 그 누구도 훼손시킬 수 없는 자존감을 지니고 있었기에 활기찬 인생을 살아갈 수 있었으리라.

인생의 승리자가 되기 위해서는 다른 사람이 자신을 사랑하지 않고 믿지 않을 때도 자신을 믿으며 자신에게 변함없는 사랑과 격려를 보낼 수 있어야 한다. 토크쇼의 감초와 같은 연예인 현영 씨는 어릴 때 친구들이 못생겼다고 놀리면 "난 몸매가 좋으니까 괜찮아.”라고 응수했다고 한다. 그녀는 성형수술 사실을 고백했지만, 오히려 인기는 더 올라갔다. 이러한 자기애(自己愛)와 솔직한 자신감이 그녀의 성공 비결이 아닐까.

인생에서 끝없이 자신을 비하하고 남을 비난하면서 '부정적 게임'을 일삼는 사람이 종종 있다. 대체로 자신에게 불만을 가지고 있는 사람은 세상이나 주변 사람에게도 불만을 표출한다. 이는 대체로 자아존중감이 낮은 데서 기인한다. 반면에 오토다께 청년처럼 자신에게 만족하며 사는 사람은 타인에게도 관대한 아량을 베푼다.

자신을 사랑하는 자만이 진정으로 타인을 사랑할 수 있다. 사랑받는 사람은 자아존중감이 높고 성격 형성 과정에서 사랑을 받아본 적이 있거나 사랑받기로 결단한 사람들이다. 때문에 자아존중감이 낮은 사람은 자기 암시를 통해서라도 '나는 사랑받기에 충분해.', '나는 아주 멋진 사람이야.' 등의 주문을 반복하면서 스스로 자존감을 높이는 훈련을 할 필요가 있다. 스스로 비하하는 사람은 누구도 구제해줄 수 없으며, 그것처럼 불행한 인생도 없다.

인생에서 '자기 자신을 진정으로 사랑하는 것' 보다 더 위대한 일은 없다. 자신을 비난하고 학대하면서 다른 사람을 사랑한다는 것은 어불성설이다. 자신이 누구이든 상관없이 자신의 있는 그대로 모습을 존중하고 신뢰하고 사랑할 때, 모든 이의 존재를 소중하게 가슴으로 받아들이게 될 것이다. 이때 비로소 타인을 사랑하는 것도, 용서하는 것도 쉬워진다. 요컨대 자신을 존귀하게 여기며 사랑하는 법을 먼저 배워야 한다.

자신을 있는 그대로 사랑하면 정복할 수 없는 것이 없다. 자신이 원하는 일, 꿈, 인간관계, 자아실현 등 그 무엇이라도 다 이룰 수 있다. 자신을 진정으로 사랑할 때 삶은 웃음으로 빛나고, 행복과 기쁨의 행로를 따라 가게 될 것이다. 남에게는 따뜻하게 대하면서 자신을 학대하며 불평하는 삶의 태도는 잘못된 것이다.

모든 인간관계의 시작은 사람의 소중함을 알고 그 고유한 가치를 인식하는 데서부터 출발한다. 물론 우리에게는 너, 나 할 것 없이 장·단점이 있기 마련이다. 그런데 사람들은 대체로 상대의 장점을 눈여겨보기보다는 단점만을 바라보는 경향이 있다. 더욱 안타까운 일은 그러한 습성을 자신에게 적용하는 사람이 있다는 사실이다. 그런 사람들은 자신의 강점을 사랑하지 못하고 다른 이들과 비교하여 상대적으로 취약한 자신의 단점만을 끄집어내어 자신을 스스로 못난 사람으로 간주해버린다. 자신의 장점을 보는 눈이 없는 사람은 타인의 장점도 발견하지 못한다.

자존감이 낮고 열등의식에 사로잡혀 있는 사람은 결코 건강한 인간관계를 만들어 갈 수 없다. 사람들은 자기를 비하하는 사람을 그다지 좋아하지 않는다. 그런 부정적인 마음이 자기에게 전념될 뿐만 아니라, 그런 사람과는 사귀어봐야 별로 득이 될 것이 없다고 생각하기 때문이다. 따라서 건강한 인간관계를 바탕으로 탄탄한 인맥을 만들어 가려면 자신과 타인을 사랑하며 항상 밝고 즐겁게 살아가야 한다는 것을 마음에 새기라.

은퇴 없이 평생 현역으로 살아라 ⚹

'은퇴 없이 평생을 현역으로 멋지게 살고 싶다.', 이것은 중년 이후 인생을 사는 모든 이들이 바라는 바일 것이다. 실제로 우리 주변에는 그런 인생을 구가하는 모델들이 있다.

삼미그룹 부회장직에서 물러나 올해로 10년째 호텔 웨이터 생활을 해오고 있는 서상록(72세) 씨가 그 대표적 인물이다. 당시 부회장직에서 물러나 하루에 담배를 7갑씩 피웠던 그에게 하루는 의사 친구가 놀러왔다가 의학잡지를 놓고 갔다. 거기에는 '2005년까지 죽지 말고 살아라.' 라는 기사가 실려 있었는데, 기사의 요지는 의학이 발달해서 2005년까지 죽지 않으면 평균 수명이 97세로 늘어난다는 내용이었다. 97에서 당시 자신의 나이 62를 빼봤더니 35년이 남아 있었다.

서상록 씨는 다음 날부터 직장을 찾아다녔다. 아파트 수위, 골프장 안내원, 병원 청소부 등을 알아보다 네 번째 도전한 것이 바로 호텔 양식당 웨이터였다. 그러니까 은퇴 후 재취업으로 제2의 인생을 시작한 것이 62세 되던 1998년이다.

"97세까지 살려면 제게는 아직도 25년이나 남았습니다. 대통령에 5번이나 더 출마할 수 있는 기간이지요. '이제 늦었다.' 는 소리는 맞지 않아요. 40~50대인 여러분에게는 앞으로 살아갈 날이 40년, 50년, 60년이나 남았습니다. 생각만 바꾸면 무한한 행복이 있는데, 많은 사람들이 성공의 도구를 가지고 있으면서도 푸념만 하고 있는 듯해서 안타깝습니다. 지금이라도 생각을 바꾸고 멋진 인생을 다시 한번 설계해 보십시오."

전국의 주부대학이나 지자체의 특강에 초빙되어 이렇게 외치고 다니는 72세 백발의 '청년 웨이터' 서상록 씨는 언제나 나비 넥타이에 말끔한 양복 차림으로 강단에 올라가 청중들이 정신이 번쩍 들도록 열변을 토한다. 호텔 웨이터로 변신에 성공한 데 이어 요즘에는 강사로서도 활동 무대가 넓어진 그는 스포츠카를 손수 운전하고 다닌다.

『내 인생에 은퇴란 없다』의 저자이기도 한 서상록 씨는 그동안 살면서 체득한 행복한 삶의 비결을 전하는 데 열정을 다하고 있다. 때로는 몸이 흐드러질 정도로 웃게 하다가 때로는 사람들의 눈시울을 뜨겁게 만들기도 하는데, 강연의 핵심은 이렇듯 '생각을 바꾸고 자신의 가치를 높이라.'는 것이다.

"상식대로 살고 땀 흘려 일하는 것이 최고의 인생이지요. 지금 이 자리에 있는 여러분들은 성공과 행복의 조건을 모두 가지고 있는 사람들입니다. 그런데 불행만을 찾아다니니까 불행해지는 것입니다. 세상을 볼 수 있는 눈이 있고, 들을 수 있는 귀가 있고, 말할 수 있는 입이 있고, 걸을 수 있는 다리가 있는데 어떻게 행복하지 않을 수 있습니까? 은퇴가 바로 죽는 것입니다. 여러분들은 일에서 은퇴하지 말고 오래오래 건강하게, 그리고 성공적인 인생을 사시길 바랍니다."

서상록 씨가 제시하는 성공의 제1조건은 바로 자신이 행복하다는 것을 아는 것이다. 행복감이 있어야 무엇이든 열심히 할 수 있기 때문이다. 특히 생각을 바꾸고 자신의 브랜드 가치를 올리기 위해서는 다른 사람들에게 호감이 가는 인상을 갖도록 자신의 이미지부터 쇄신하라고 그는 역설한다.

대부분 사람들은 지난날을 뒤돌아보면서 비로소 불균형하게 살았던 자신을 발견하게 된다. 그나마 다행인 것은 "넘어진 결에 쉬어간다."는 격언처럼 실패와 좌절 이후에 새로운 용기를 가지고 잃었던 균형들을 되찾는 기회가 주어진다는 점이다. 실패 후에야 가정, 건강, 친구, 사명, 비전, 행복, 사랑, 나눔 등의 소중함을 절실하게 깨닫고, 일, 지위, 명예, 돈, 성공에 기울였던 에너지를 서서히 옮겨 자기실현에 집중하기 시작한다. 인간은 신체, 지성, 감성, 영성 4개 차원의 욕구를 가진 복합적인 존재다. 어느 한쪽이 월등히 높아서는 균형 잡힌 삶이라고 할 수 없다.

이 세상에 실패자란 없다. 단지 포기자만 있을 뿐이다. 개인적인 삶에 있어 누가 옳으냐가 아니라, 무엇이 옳으냐가 늘 기준이 되어야 한다. 인간은 나이가 들어가면서 자신의 영역 확보에 대한 습성이 더 견고해지기 쉽다. 그래서 노인들은 고집이 세고 남들과 잘 타협하지 않는다. 하지만 모든 것을 훌훌 털어버려야 한다. 마음을 열고 집착을 버릴 때 삶은 자유롭고, 역동적으로 바뀐다. 나이 들어간다는 것은 소멸이 아니라, '세상을 보는 지혜'와 '삶의 본질'에 한 발 더 다가가는 과정이다.

자, 아직 젊은 당신이여! 은퇴가 없는 영원한 현역으로서 나이 들어감의 신화를 깨뜨리고, 주위 사람들의 삶까지 비옥하게 만들 수 있는 쓸 만한 사람이 되어보라. 나는 매일 아침 눈을 뜨면서 5천 번의 강의 목표를 실현할 때까지 강단에 서 있을 75세의 내 모습을 시각화한다. 부지런히 공부(경험)하고 인맥을 쌓으며 건강을 지켜나가야 할, 이보다 더 확실한 명분이 어디 있겠는가. 그간의 경험과 내적 자산들을 끌어 모아 계획을 실행으로 옮길 때 나머지 인생은 행복으로 가득 찰 것이다.

내가 이영권 박사와 처음 인사를 나눈 것은 수 년 전 경영 관련 세미나에 참석한 후에 있던 뒤풀이에서였다. 하지만 나는 이분을 주로 교육 현장에서 더 자주 만나는 편이다. 워낙 활동 폭이 넓은 데다 기업 교육의 명강사로 견고하게 자리를 굳힌 분이라서 주로 비중 있는 교육 장소에 나가면 의례히 귀빈 강사로 초대되어 계시기 때문이다. 특유의 호탕한 웃음에 사람을 두루 아우르는 성품의 소유자. 그래서 언제 어디서 만나더라도 그는 오래 사귀어온 친구처럼 늘 정겹고 편안한 느낌을 준다.

평소 이영권 박사는 자신의 언어생활과 외모를 살피는 일에 매우 엄격한 편이다. 대다수 사람들이 은퇴를 두려워 할 50대 중반의 나이에 그가 여전히 30대 청년의 이미지를 유지하며 왕성한 교육 활동을 펼칠 수 있는 것도 어쩌면 부단한 자기계발과 노력, 성공적인 이미지 관리로 '멋'을 잃지 않았기 때문일 것이다. 뿐만 아니라 그는 업계에서 '커뮤니케이션의 달인', '멋쟁이'로 통한다.

그런 분이 내 가슴에 쏘옥 들어오게 된 것은 세미나 뒤풀이에서 처음 만난 후 나에게 보내온 한 통의 이메일 때문이다. 서로 명함을 주고받았는데, 그는 다음날 '좋은 인연으로 함께하자.'는 감동적인 이메일을 보내왔다. 나중에 안 사실이지만, 이영권 박사는 사람을 만나면 반드시 먼저 메일을 보낸다고 했다. 또 누군가가 안부 편지나 문자를 보내면 거기에 낱낱이 답장을 하는 사람으로 널리 알려져 있다. 지금 내가 사람을 처음 만난 후 상대방에게 편지를 보내는 습관을 갖게 된 것도 이분의 메일을 받고 감동했던 경험이 어느 정도 작용했다.

이처럼 이영권 박사는 진정으로 사람을 귀하게 여긴다. 만나는 대상이 누가 됐든 언제나 자신을 낮추고 상대방을 존중하는 매너가 몸에 밴 신사 중의 신사이다. 언젠가 들은 얘긴데 그가 전에 재직했던 SK그룹 근무 시절 상당히 젊은 나이에 중역이 되자, 그를 아끼는 한 서예 선생님이 휘호 하나를 선물했다고 한다. '하심(下心)'. 즉 '마음을 밑에 두고 상대방을 대하라.'는 의미를 담고 있는 글이다. 이영권 박사는 사회생활을 하면서 거만해지기 쉬운 마음을 스승의 이 가르침으로 늘 다스린다고 한다.

결정적인 순간에 나를 생각나게 하라

백 기 락 (칼럼니스트, 크레벤 회장)

　　　　즘 서점가에 나와 있는 '성공학'이나 '부자학' 등과 같
　　　　은 자기계발 책들을 들여다보면 빠지지 않고 등장하는
말이 있습니다. 바로 '인맥'이란 단어입니다. 성공한 사람이나 실
패를 경험한 사람들이 한 목소리로 언급하는 핵심 단어가 '인맥'
즉 '사람'이라고 하니, 그 중요성은 아무리 강조해도 지나치지 않
아요. 저는 오히려 '왜 인맥이 중요한지 모르는가?'라고 묻고 싶습
니다. 특히 인맥은 성공에 필요한 여러 가지 요건 중에서도 '결정
적인 순간에 영향력을 행사하는' 아주 중요한 자원입니다. 그런 점
에서 충분한 공부와 준비가 필요한 것이 또한 인맥이지요."

　자기계발 비즈니스 커뮤니티 연합회 '크레벤'을 운영하는 젊은
리더 백기락 회장. 그는 인맥의 중요성을 이렇게 설파한다. 그런
만큼 이런 인맥 기술을 통해 진정으로 얻고자 하는 것 역시 '결정
적인 순간에 나를 떠올리게 하는 것'이라고 단언한다. 물론 결정적
인 순간이 무엇을 의미할지 고민할 필요는 없다고 한다. 단지 자신
을 상대방이 떠올렸다는 것이 중요할 뿐이다.

"비록 내가 그에게 필요한 도움을 주지 못하고 따뜻한 말 한마디
만 건네는 것이 전부라 할지라도 그건 문제가 되지 않습니다. 중요

한 것은 당신이 그 사람에게 소중한 사람으로 자리해 있다는 사실이지요. 물론 상대의 요청을 진심으로 고민하고, 도와주려고 노력하는 건 굳이 거론할 필요가 없을 만큼 당연합니다. 하루 천여 개의 광고를 보는 현대인들이 '결정적인 순간'에 떠올릴 수 있는 사람. 모르긴 해도 그 주인공이 된다는 것은 그 어떤 브랜드보다 더 강력하다고 할 수 있지 않을까요?"

이 대목에서 백기락 씨는 독자를 향해 '자신의 이름을 경매에 붙여보라'고 권면한다. 즉 무한경쟁 시대에 자신의 '가치'가 얼마나 높은 낙찰가를 받을 수 있는지를 돌아보라는 말이다. 그가 이런 말을 하는 데에는 뼈아팠던 경험이 밑받침되어 있는 듯 했다.

벤처 붐이 한창이던 1999년 10월 백기락 대표는 27살 나이에 자본금 5억 원으로 고객관계관리(CRM) 솔루션 제공 업체를 세웠다. 하지만 사업을 시작한 지 1년 만에 투자받은 10억 원을 다 날리는 처절한 실패를 맛봤다. 젊은 나이에 50명의 직원을 통솔하는 일은 버거웠을 테고, 경험 부족이 가장 큰 원인이었을 것이다.

"이때부터 제 인생이 파란만장해지기 시작했어요. 추운 겨울에 난방이 안 되는 창고에서 약 1년을 지냈고, 건물 빌딩에서 찬물로 샤워를 하며 최저 생활비로 간신히 버텨내야 했습니다. 재기하고 싶은 마음이야 굴뚝같았지만, 빚이 2억 원이나 되는 신용불량자인데다 사업을 한다고 대학교도 중퇴한 저를 누가 받아주겠어요."

쓰라린 실패를 곱씹던 그는 자신이 영업에 소질이 있다는 사실을 깨달았다. 2003년 '1인 기업'을 자청하고 '세일즈 컨설턴트'라는 명함을 만들었다. 월급을 안 주더라도 물건을 팔게 해달라고 끈질기게 졸라 한 IT 업체의 제품을 파는 일부터 시작했다. 이때부터 받은 명함이 무려 1만 2천 장이나 되었다. 또한 제대 후 운영진으로 활동했던 벤처 창업 동호회의 인맥을 바탕으로 많은 사람들을 만났다. 풍부한 독서량을 바탕으로 폭넓은 지식과 노하우를 제공하며 활발하게 활동한 결과, 백기락 씨는 동호회에서 금세 유명인사가 되었다.

"인터넷이 제대로 깔리기 전인 1998년 당시엔 대부분의 창업 정보가 유니텔의 크레벤이라는 연합회를 통해 공유됐어요. 테헤란밸리의 기업 중 40퍼센트 정도가 우리 커뮤니티 회원이라는 말이 있을 정도였죠. 다행히 사업과 경영에 관심이 많고 책을 좋아해서 글도 엄청나게 올리고 척척 답변해주니까 저를 경험 많은 40대 사장으로 오해하는 분들도 많았어요. 사업 경험이 쌓이다 보니 2003년에는 회원들이 '명함 관리 비법'을 알려달라는 강의를 요청했습니다. 저의 이름을 건 첫 유료 강의인 셈이지요."

강연은 대성황을 이뤘고, 이를 계기로 지금까지 실천했던 시간관리 비법과 독서법을 강의하면서 그는 자기계발 강사로 돌아섰다. 이후 2005년 동호회 회원들의 투자를 받아 회사를 설립하고 '크레벤(www.creven.org)'이라는 이름도 그대로 붙였다. 현재 그는 칼럼니스트, 기업경영 컨설턴트, 독서 관리자로 활동하면서 대중에게 개인의 가치를 높이는 방법을 안내해주는 데 주력하고 있다.

"과거의 '인맥'은 어디까지나 경험을 통해, 세월을 통해 배우는 비밀스런 노하우 같은 것이었습니다. 한정된 사람들과 오랜 시간을 보내는 과정은 섣부른 기술보다 깊은 정성과 신중한 행동을 필요로 했지요. 그러나 21세기에 들어와서 이런 관계는 큰 변화를 겪게 됩니다. 무엇보다 교통과 통신의 발달은 과거에 비해 사람들이 만나는 시간과 기회를 현저히 줄어들게 한 반면, 더 많은 사람을 알게 해주었습니다. 결과적으로 제한된 기회와 시간을 통해 사람들과 관계를 맺는 기술이 필요한 시대로 접어든 것이죠. 그러면서도 다양한 사람들과 어느 정도 안정된 관계를 맺는 기술은 '성공'과 '부'의 중요한 잣대가 되기에 이릅니다. 이제는 '人테크'에 열을 올리지 않을 수 없는 시대가 된 것이죠."

'도전'과 '열정'이란 단어를 가장 좋아하는 백기락 회장. 그가 대인관계에서 으뜸으로 여기는 것은 '서로 간에 무엇을 나눌 것인가?' 하는 것이다. 즉 인맥은 일종의 네트워킹으로서 지속적으로 주고받는 관계라는 것이다. 따라서 서로 적합한 것들을 주고받을 수 있다면, 그 사람과는 얼마든지 훌륭한 인맥을 맺을 수 있다고 그는 말한다.

"현재 제 주변 인맥이 저 자신에게 미치는 영향은 실로 엄청납니다. 특히 제가 운영하는 크레벤 자체가 인맥 비즈니스 커뮤니티이기 때문이죠. 그분들과 관계가 약했다면 지금 저는 애당초 존재하지 않았을 것입니다. 특히 국내 최대 자기계발 성공 커뮤니티 크레벤을 구축하고, 이를 통해 현재의 교육법인을 설립할 수 있었던 것도 사실상 탄탄한 주변의 인맥 덕분이지요. 그런 만큼 인맥 관리에서 가장 중요한 포인트는 나 자신이 상대방을 얼마만큼 소중하게 여기는가에 있다고 봅니다. 그 가치만큼 행동이 따르기 때문이지요."

따라서 백기락 회장은 주변 사람들과의 관계 유지와 인맥 확장을 위해 그들과 꾸준한 소통에 늘 힘을 쏟는다. 하루에도 수십 통의 메일과 문자를 주고받으며, 시간이 날 때마다 세미나 혹은 개별·그룹 모임을 통해 돈독한 관계를 형성해 나가고 있다. 이때를 대비해 "식사비는 각자 지불하더라도 자신의 명함만큼은 제대로 만들어 갖고 다녀야 한다."는 주장을 편다. 무엇보다 그는 인간관계의 원칙을 지키려고 노력하는 편이다. 아울러 "자잘한 기술을 적용하기보다 인간관계의 원칙을 지켜나갈 때 오히려 더 큰 시너지를 낼 때가 많다."고 귀띔한다.

"인맥은 내가 노력하는 만큼 갖추어지고, 내가 애쓴 만큼 돌아오는 정직한 투자입니다. 다만, 받기보다 먼저 주는 게 힘들 뿐이지요. 하지만 동서고금을 막론하고 '주는 것'은 인간관계에서 필승 전략이 되어 왔습니다. 무엇보다 관계 구축에 먼저 다가서는 태도 가 필요합니다. 내가 먼저 인사하고, 내가 먼저 주는 습관을 길러 야 해요. 또한 인맥 기술은 '같음'과 '다름'을 동시에 다루는 기술 입니다. 좋은 인간관계를 오래도록 유지하려면 서로가 나눌 수 있 는 다양함을 중심에 두어야 합니다. 이를 통해 서로의 필요성을 유 지하면서 오래도록 만나야 할 '이유'를 찾게 되니까요."

백기락 씨는 20~30대 후배들에게 인맥 관리의 출발을 '사람의 가치'와 '관계의 소중함'을 깊이 깨닫는 데 둘 것을 조언한다. 젊 을수록 사람을 쉽게 사귀지만, 자칫 관계를 소홀히 여기거나 오래 가지 않는 것을 많이 보아왔기 때문이다. 그는 특히 지금 친한 사 람만큼이나 앞으로 친해질 수 있는 사람들을 많이 확보하여 꾸준 히 투자할 것을 당부했다. 젊다는 것은 살아가면서 그만큼 많은 변 화를 겪을 수 있다는 뜻인데, 새로운 일을 시작하거나 환경에 노출 될 때마다 급히 인맥을 확보할 수는 없기 때문이다.

세미나와 포럼을 인맥 구축 무대로 활용하라

평상시의 근무지를 벗어나 회의 또는 포럼에 참여하는 태도가 대체로 나의 인상을 결정한다. 회의나 토론회는 서로의 생각과 정보를 교환함으로써 아이디어를 모으고, 동기를 찾으며, 자신의 면면들을 포괄적으로 알릴 수 있는 가장 확실한 방법이다. 사내에서 이뤄지는 소규모 회의든 업계의 주요 인사들이 대거 참석하는 포럼이든, 행사를 주관하는 입장이건 참가하는 입장이건 간에 사람들과 직접 얼굴을 대면하는 이런 자리는 자신을 효율적으로 알리면서 폭넓은 인맥을 구축할 수 있는 최적의 무대이다. 그러므로 이런 행사에 효과적으로 참가하는 방법을 알아야 한다.

인맥의 달인들은 토론 행사에 앞서 주최 측이 보낸 자료들을 사전에 꼼꼼하게 훑어보고, 특별히 중요한 사항이라고 생각되는 항목은 미리 체크해 뒀다가 보충 자료를 요청하거나, 그날 행사에서 논의할 핵심 내용에 대해 메모하고 자신의 입장과 논점을 머릿속에 정리해 둔다. 한 마디로 회의 참석에 필요한 준비를 철저히 한다는 뜻이다.

행사장에 일찍 도착하는 일도 중요하다. 특히 주최 측과 인사도 나누고 다른 참석자들과 인간관계를 쌓을 기회를 잡고 싶다면 행사가 시작되기 전 30분 정도 먼저 도착하는 것이 좋다. 설사 자신이 예상한 기회가 그 자리에서 당장 오지 않는다 하더라도 이런 태도는 행사에 대한 관심과 직업 정신을 나타내주는 것이므로, 이미 다른 사람들에게 호의적인 점수를 얻게 한다.

회의장에 일찍 도착해서 가장 유리한 점은 좋은 자리를 선점할 수 있다는 것이다. 회의에 적극적으로 참여하여 좋은 결과를 얻어내려면, 그날 회의를 주재하는 사람 맞은 편에 앉아라. 질문을 하거나 의견을 낼 때 그와 훨씬 쉽게 눈을 마주칠 수 있기 때문이다. 그런 면에서 진행자 옆자리는 가급적 피하는 것이 좋다. 이런 자리는 나의 신체 언어나 눈 맞춤을 효과적으로 이용하기 어렵고, 진행자의 주변 시야에 들어갈 수 없기 때문이다. 회의에서 자신의 이미지를 효과적으로 전달하는 데 '앉는 자리'가 굉장히 중요하다는 점을 기억하라.

흔히 대화를 나눌 때 말 그 자체보다 더 큰 영향을 미치는 것이 '말하는 태도'에 있음을 부인할 사람은 없다. 우리가 누군가를 설득할 때 실제 언어가 차지하는 비중은 30퍼센트밖에 안 되고, 말하는 태도나 몸짓 등 비언어적인 요소가 결정적인 작용을 한다.

발표 시에도 예외는 아니다. 가치 있고 중요한 소재라도 전달을 잘 못하면 지루하고 맥없는 얘기가 되어버린다. 반면에 전문적이고 어려운 주제라도 발표자가 열정을 갖고 다양한 목소리와 편안함을 주는 몸짓, 시청각 자료 등을 적절하게 활용하여 청중의 관심을 사로잡는다면 성공적인 발표가 된다. 이때 발표자가 유념해야 할 것은 자기가 하고 싶은 말이나 지식 자랑이 아닌, 청중이 듣고 싶어하는 정보와 내용에 초점을 맞춰야 한다는 점이다.

발표자가 청중의 관심을 붙들 수 있는 좋은 방법은 비유가 담긴 질문을 적절하게 던지거나, 청중을 토론에 직접 참여시키는 것이다. 그러나 발표에서 가장 중요한 요소는 발표자의 열의와 확신에 찬 태도이다. 자신이 주장하는 내용을 입증할 수 있는 증거 자료와 사례를 제시하면서 확신을 갖고 전달한다면, 어지간한 반대는 물리칠 수 있고 발표한 내용에 대해서도 청중의 신뢰를 충분히 얻어낼 수 있다.

이상 내용은 대체로 다른 전문가를 통해서 쉽게 얻을 수 있는 기초적인 자료일 수도 있겠으나, 그동안 필자가 직장생활과 강연 활동을 펼쳐오면서 실질적으로 체험한 내용들을 중심으로 기술해본 것이다.

사내 회의든, 업계의 비중 있는 포럼이든, 발표를 하고 발표를 듣기 위해 사람들이 모여든 이런 장소는 인간관계를 형성하고 넓혀나가는 인맥 활동의 정점이라 할 수 있다. 나의 경우 강사로 초청되어 청중과 맺는 인간관계도 적지 않으나, 보다 긴밀하게 이뤄지는 인맥 활동은 실제로 강사 업계에서 주관하는 세미나와 포럼에서 더 많이 이루어지는 편이다. 특히 세미나 후 뒤풀이에 참석하여 교제 시간을 갖는 것은 인맥을 쌓는 데 절대적으로 중요하다.

나는 지금도 강의가 없는 주말에는 나와 관련된 모임에서 주관하는 포럼에 참석하거나 나에게 필요하다 싶은 세미나를 찾아 나서곤 한다. 이 자리를 통해 최신 자료와 정보도 수집하고 새로운 사람과도 인맥을 쌓을 수 있는 기회가 주어지기 때문이다. 한 가지 흥미로운 사실은, 내가 세미나에 참석하는 다른 사람들을 눈여겨 유심히 바라보는 것처럼 그들 역시 그 자리에 함께하는 나의 동작 하나하나를 살핀다는 점이다.

이렇게 상호 간에 거울이 되어주는 것이 우리의 인간관계다. 회의에 참가하는 누군가의 태도가 귀감이 되면 사람들은 그에게 먼저 다가가 인사를 나누고 싶어한다. 이것이 만남의 시작이 되어 추후 통화를 하고 이메일을 주고받으며 점차 가까운 인간관계로 발전하게 된다. 그러니 진행자나 발표자를 비롯해 세미나에 참석하는 모든 사람들은 다 같이 스포트라이트를 받는 주연이라는 사실을 놓쳐서는 안 된다.

중요한 것은 세미나에 참가하는 성의 있는 태도다. 그러므로 단정한 옷차림과 예의에 어긋나지 않는 언행을 사용하는 것, 발표자의 말에 관심을 갖고 경청하며 적극적인 반응을 보내주는 태도, 행사를 마칠 때까지 시간을 엄수하고 끝까지 함께하며 배려하는 자세가 우선되어야 한다. 간혹 큰 목소리로 떠들어 분위기를 흐려놓거나 다른 약속이 있다는 이유로 세미나 중간에 자리를 뜨는 사람들이 있는데, 이런 사람은 그 누구에게도 호감을 줄 수 없다.

인간은 누구나 매력적인 사람에게 마음과 눈길이 가게 되어 있다. 당신이 참석하는 각종 회의와 포럼에서 상대방이 당신에게 매력을 느낀다면, 당신이 인맥을 쌓으려고 노력하지 않아도 벌써 멋진 사람들이 당신에게 먼저 다가와 있을 것이다. 사내 회의나 업계 포럼을 인맥 구축의 장으로 활용하는 것은 전적으로 당신의 자세에 달려 있다.

주고받은 명함 한 장으로
인맥 마케팅 OK

명함은 그 사람의 얼굴과 같다. 개인의 전문 분야와 관심사, 꿈, 목표, 가치 추구 방향 등 그의 현재와 미래를 한눈에 보여주기 때문이다. 그런 면에서 명함은 곧 그 사람의 '인격'의 표현인 동시에 자신을 통째로 알릴 수 있는 최고의 '마케팅 수단'이라 할 수 있다. 따라서 명함을 만드는 일에 조금도 소홀해서는 안 된다. 자신의 주요 업무와 인생관, 개성 등을 작은 명함 한 장에 담아낼 수 있어야 한다.

필자(서필환)는 강사라는 직업상 다른 사람들에 비해 대체로 명함을 많이 주고받는 편이다. 그중에는 평범한 명함이 대부분이지만, 간혹 시선을 사로잡는 명함이 있다. 소재나 디자인이 화려해서가 아니라, 자신의 모든 것을 아주 깔끔하고도 절제된 문구로 잘 표현하고 있는 경우이다. 이런 명함의 주인은 아무래도 달리 보게 되고, 보관도 정성스럽게 하게 된다.

나도 명함 제작을 자주 하는 편이다. 이때 한 가지 형태만 고수하지 않고 기본 틀에서 항상 변화를 주려고 신경을 쓴다. 생각해보라. 시간이 지난 만큼 성과물도 쌓이게 되고 하는 일에도 변화와 발전이 있게 마련인데, 어떻게 1년 전의 것과 지금의 것이 똑같을 수 있겠는가. 같은 명함을 몇 년째 쓴다는 것은 마치 한 벌 옷을 계속 입고 다니는 것과 같다. 너무 자주 명함이 바뀌는 것도 신뢰감을 주기 어렵겠으나, 적절한 기간을 두고 업그레이드시켜 나가는 센스는 필요하다.

그런데 자신을 대변하는 명함에 별로 신경을 쓰지 않거나 아예 명함이 없는 사람들도 있다. 특히 주부대학에서 만나는 많은 주부 학생들의 경우가 그렇다. 강의를 마치고 나면 꼭 나에게 명함을 달라는 분들이 있는데, "저에게도 명함을 주세요."라고 말하면 "뭐 하는 게 있어야 명함을 만들죠."라고 말하는 분들이 대부분이다. 그래서 나는 여성대학 강의 중에 '자신의 명함을 만들라.'는 제안을 자주 한다. 이왕이면 사진을 찍어서 멋지게 포토샵 처리도 하고 자신의 꿈과 개성을 담은 근사한 명함을 만들어 자신을 스스로 홍보하라고 권면하는데, 그 말을 듣고 명함을 만들게 되었다는 주부들이 제법 많다. 자신 있게 내밀 수 있고 자랑하고 싶은 명함을 만들어보라. 작은 명함 한 장이 당신의 인맥과 활동 영역을 넓혀줄 것이다.

인맥 관리는 명함을 주고받는 것에서부터 출발한다. 그리고 이 명함을 어떻게 정리해서 활용하느냐에 따라 당신의 인맥 마케팅이

완성된다. 그러므로 어느 자리에서 누구를 만나든 반드시 자신의 명함을 건네주고 상대의 명함을 챙기는 습관을 기를 필요가 있다.

명함을 주는 것은 서로 연락을 해도 좋다는 승인 행위이다. 따라서 받은 명함은 그날 바로 정리하는 것이 좋다. 직업상 많은 사람을 만나는 경우 '나중에 정리하지.' 하고 하루이틀 미루다 보면 금세 양이 많아져서 나중에는 정리할 엄두가 나지 않게 된다. 뿐만 아니라 시간이 지날수록 명함을 준 사람에 대한 기억조차 희미해져 결국에는 건지는 인맥도 없이 명함만 잔뜩 '수집' 하는 꼴이 된다.

인맥을 제대로 관리하려면 단지 명함을 수집하는 것으로는 부족하다. 인맥 관리란 명함을 모으는 것이 아니라, 명함을 제대로 '활용' 할 때 가능하다. 따라서 책상 서랍에 가지런히 쌓아두거나 명함첩에 잔뜩 꽂아놓고 필요할 때 찾아보면 된다는 소극적인 태도는 이제 버려야 한다.

필자의 경우 일과를 마치고 사무실에 복귀하면 가장 먼저 하는 일이 명함 정리다. 그날 받은 명함에 날짜를 적고, 어떤 목적으로 만났는지, 그리고 상대방에 대해서 기억할 수 있는 인상과 특징을 기록해 둔다. 특별히 주고받았던 이야기 중에 인상적인 말이나 상대가 관심을 보인 주제가 떠오르면 그것을 메모해 둔다. 이렇게 명함에 필요한 정보를 기록하고 나면 이것을 다시 1, 2, 3그룹으로 분류한다. 자주 접촉하면서 친밀한 관계를 유지해야 할 사람은 1그룹, 업무상 종종 연락을 주고받아야 할 사람은 2그룹, 자주는 아니더라도 1년에 몇 번 정도는 안부를 챙겨야 할 사람은 3그룹으로 나눈다.

명함을 그룹으로 분류하는 이유는 수많은 인맥을 똑같이 관리할 수 없기 때문이다. 모든 사람을 자주 만나고 공평하게 성심성의껏 대할 수만 있다면 이상적이겠지만, 제한된 시간 속에 이렇게 한다는 것은 현실적으로 불가능하기 때문이다.

이렇게 그룹으로 분류한 명함은 직원을 통해 주소록 파일에 정리하도록 한다. 이때 되도록이면 인맥 정보를 상세하게 입력해 두는 것이 좋다. 상대방의 회사와 부서, 직급, 주소는 물론이고 휴대전화 번호와 이메일 주소는 반드시 챙겨야 한다. 혹시 모를 분실에 대비해 프린트물로 출력해서 보관해 두면 활용도가 훨씬 커진다. 이렇게 정리한 파일이라 하더라도 세월이 지나면 직장이나 전화번호가 바뀌는 사람들이 있게 마련이므로, 정기적인 체크와 업데이트는 기본이다.

체계적으로 정리된 인맥 파일의 장점은 현재 자신의 인맥에 대한 파악을 명확히 할 수 있다는 것이다. 인맥 중 부족한 부분은 없는지, 적극적으로 관리해야 할 사람인데도 소홀하지는 않았는지 등을 수시로 점검하면서 현재 인맥 관리의 문제점을 보완할 수 있다. 무엇보다 이러한 인맥 파일은 평상시 교제와 편지, 전화 등으로 인맥 관리를 하는 데 효율적으로 활용할 수 있을 뿐만 아니라, 자신의 인간관계를 한눈에 들여다보며 소원해진 관계를 개선하는 데 매우 효과적이다.

위에서 설명한 인맥 파일이나 인맥 관리 정보시스템 못지않게 중요한 인맥 관리 수단을 하나 더 꼽는다면 단연 휴대 전화라 할 수 있다. 필자의 휴대 전화에는 현재 1,200개의 전화번호가 빼곡히 입력되어 있다. 휴대 전화 인명은 인맥 파일과는 달리 가족그룹, 성공사관학교교수그룹, 동료강사그룹, 교육담당자그룹, 친구그룹으로 세분화했는데, 어쩌면 이 휴대 전화야말로 24시간 나의 가장 충실한 명함 관리 비서인 셈이다.

실제 나는 업무나 친분관계상 자주 연락을 주고받아야 할 1, 2그룹 사람 모두를 휴대 전화에 저장한다. 오늘 처음 만났다 하더라도 앞으로 소중한 관계를 유지해야 할 사람은 기존의 인맥 중 관계가 소원해졌거나 연락이 불분명해진 저장 번호를 지우고 그 자리에 새로 입력한다.

휴대 전화에 상대의 전화번호를 낱낱이 입력하는 것은 전화를 받았을 때 상대를 기억하지 못하는 실수를 막기 위해서다. 따라서 한 번 만난 사람이라도 전화가 걸려왔을 때 이쪽에서 그가 '어느 회사 누구'라는 것을 알 수 있도록 상대의 이름과 소속 회사, 직급 등 상세한 정보를 축약해서 저장해 두면 인맥 관리에 매우 유용하다.

이왕 들어온 직장, 신나게 일하면서 인맥의 텃밭을 가꾸어라

샐러리맨들이 꿈꾸는 이상향은 '신바람 나는 직장생활'을 하는 것이다. 매일 새롭게 주어지는 일이 즐겁고 '동료애'를 나누는 인간관계까지 형성되어 있어 매일 설레는 마음으로 출퇴근할 수 있다면 이보다 더 신나는 직장이 어디 있겠는가. 그러나 우리네 직장은 말처럼 그리 녹녹치만은 않는 것이 현실이다. 매일 아침 눈 뜨기가 무섭게 출근해서 자료 검토하고, 보고서 작성하여 결재 받고, 이래저래 다른 동료 다른 부서와의 경쟁에 치이고, 그러다가 상사에게 호된 질책이라도 받고 보면 때로는 영 살맛 나지 않을 때도 있다.

그렇다고 감정적으로 대처하거나 지금의 직장생활을 쉽게 중단할 수도 없는 일. 가족의 생계 유지를 위해서든, 자아실현을 위해서든 계속 할 수밖에 없는 직장생활을 어떻게 하면 조금이라도 더 잘할 수 있을까? 이에 대한 해답은 매우 간단하다. '일을 신나게 즐기면서' 하는 것이다.

마이크로소프트사의 창업자 빌 게이츠야말로 자기가 하는 일을 미치도록 즐기면서 해온 대표적 인물이다. 그는 이렇게 말했다.

"나는 세상에서 가장 신나는 직업을 갖고 있다. 나는 매일 일하러 나오는 것이 그렇게 즐거울 수가 없다. 거기엔 항상 새로운 도전과 기회와 배울 것들이 기다리고 있다. 만일 누구든지 자기 직업을 나처럼 즐긴다면(enjoy), 결코 탈진되는 일은 없을 것이다."

빌 게이츠는 성공을 거두었기 때문에 일을 즐겁게 한 것이 아니라, 일을 즐기며 하다 보니 세계 최대 부호가 되었다. 앞에서 소개한 백기락 씨도 열정과 도전 정신으로 자기 일에 흠뻑 빠졌기 때문에 성공할 수 있었다.

요즘 방송가에서 최고로 잘 나가는 MC를 꼽자면 강호동 씨와 유재석 씨가 아닐까 싶다. 강호동 씨는 얼핏 보기에는 단순무식(?)해 보이지만, 좀 더 깊이 그를 들여다보면 참 지혜로운 사람이라는 것을 알 수 있다. 언젠가 TV에서 보았는데, 그는 개그맨 이경규 씨를 가장 존경하는 선배로 꼽으면서 "우스운 사람이 되지 말고, 웃기는 사람이 되라."고 충고해준 것을 참 고맙게 생각한다고 고백한 적이 있다.

방송인도 엄연한 직장인이다. 일반 직장에서 잘 나가는 인재와 마찬가지로 방송인도 스타로 성장하기 위해서는 많은 노력(실력)이 필요하다. 자신이 맡은 프로그램에 성실과 충성을 다 하는 것은 기본이고, 함께 출연하는 동료 연예인과의 '팀워크'도 중요하다. 그러나 이러한 요건을 다 갖췄더라도 자신이 하는 방송 일을 즐기지 못했다면 방송인으로서 지금의 성공은 없었을지도 모른다.

강호동, 유재석, 이경규 씨 외에 다른 유명 연예인도 마찬가지다. 그들의 명성과 인기는 누군가를 잘 만나서 스타덤에 오른 게 아니라, '웃기는 사람'이 되고자 밤낮없이 연구하며, 무엇보다 현재 하고 있는 일을 신나게 즐기면서 했기 때문에 얻어낸 결과일 것이다. 진정한 인맥의 달인이란 이처럼 자기 분야의 일인자가 되기 위해 스스로 부단히 노력하면서 유쾌하게 인생을 즐길 줄 아는 사람이다.

이제 직장은 기계적이고 의무적으로 일하는 곳이 아니라, 자발적이고 즐겁게 일하는 장소가 되어야 한다. 회사에 나와 있는 것만으로도 행복하여 쌩쌩 콧노래를 부르는 '즐거운 놀이터'가 되어야 한다는 뜻이다. 일터가 즐거우면 업무 효율도 높아지고 생산성도 향상된다.

반면에 아무리 완벽한 시스템과 실력 있는 인력이 뒷받침됐다 하더라도, 조직 내 구성원들의 마인드가 이에 맞춰 움직이지 않는다면 즐겁고 행복한 일터는 만들어지지 않는다. 물론 이런 변화는 하루아침에 이뤄질 수 없다. CEO나 임원 몇 명의 노력만으로 가능한 일도 아니다. 조직 내 모든 구성원이 서로 배려하고 독려하는 마음으로 함께 노력해야 한다.

신나는 일터 만들기의 핵심은 탈권위적이고 수평적인 조직 문화로 전환하는 것이다. 아무리 유능한 인재가 넘쳐나고 경영진의 신뢰가 두터워도 일터 분위기가 딱딱하고 재미가 없다면 생산성은 정체될 수밖에 없기 때문이다.

이제 남은 일은 직장 안에서 자신에게 즐거움을 주는 일, 즉 감동을 주고 가슴 뛰는 느낌을 주는 일이 무엇인지를 스스로 찾는 것이다. 그래서 끊임없이 그것을 시도해보고, 동료나 선배에게 피드백을 받고, 그것을 기초로 조금씩 방향을 수정 · 보완해가면서 더 크게 '가슴 뛰는 길'로 자신을 안내하는 것이다. 결국 이러한 긍정적이고 진취적인 에너지가 직장 동료들을 내 주위로 끌어 모을 수 있는 매력적인 모습이라는 것을 잊지 말아야 한다.

나는 그동안 숱하게 많은 강단에 섰지만, 지금도 강의를 통해 청중과 만날 때면 여전히 처음처럼 가슴이 뛰고 설렌다. 또 강단에 섰을 때 그 설렘과 가슴 벅차오르는 느낌을 온 몸으로 즐기는 자신을 보게 된다. 나는 앞으로도 매순간 이 느낌을 갖기 원하며, 그렇게 될 것을 매일 자성예언(自性豫言)한다. 나의 비전 목표인 5천 번의 강의를 실현할 때까지.

자신이 하는 일에 완전히 미치거나 푹 잠기지 않고서는 목표에 도달할 수 없을 뿐만 아니라 그 누구에게도 긍정적인 영향을 미치지 못한다. 어차피 발을 들여놓은 직장생활, 한번 제대로 미쳐서 해보는 것도 멋지지 않은가.

결국 모든 것은 자신에게서 비롯된다. 누가 해도 할 일이라면 내가 먼저 찾아서 하고, 이왕 시작한 일이라면 신나고 즐겁게 부딪쳐 보자. 그로 인한 수혜자는 옆 동료나 회사가 아닌, 바로 자신이 될 것이다. 신나는 직장생활, 그 이상향 역시 내 안에 있다는 것을 잊지 말자.

누군가 나에게 가장 열정적인 청년 사업가 한 사람을 지목하라고 말한다면 나는 '크레벤'의 백기락 회장을 꼽는 데 주저하지 않을 것이다. 열정과 도전으로 대변되는 그를 내가 처음 만난 것은 삼성경제연구소 Seri를 통해 그가 기획, 주관한 세미나에서이다. 그때가 2003년도였으니, 그와의 인연도 6년을 채워가고 있다. 짧지도 길지도 않은 이 세월을 함께 해오는 동안 나는 그가 마련하는 세미나에 종종 참가하면서 나이를 초월한 우정을 쌓아왔고, 무엇보다 그의 눈부신 변화와 성장을 누구보다 기쁜 마음으로 지켜보아 왔다.

대학교를 중퇴하고 IT 관련 사업에 뛰어들었다가 2억 원의 부채를 안게 되었으나 실패를 성공의 밑거름 삼아 다시 일어선 사나이. 첫날 세미나가 끝난 뒤풀이 자리에서 그의 지난날을 이야기 들으면서 나는 30대 초반이었던 그에게서 '한국의 빌게이츠'를 연상했다. 나는 그가 당시에는 옥탑방에 사는 가난한 청년이었으나 머잖아 다시금 큰일을 해낼 사람이라는 것을 그때 이미 알아보았다. 그의 남다른 신념과 열정과 열심을 보았기 때문이다.

현재 그는 수만 명의 커뮤니티인 '크레벤' 그룹 회장이다. 그동안 경제, 경영, 자기계발 전반을 아우르는 세미나와 워크샵을 수백 회나 진행해왔고, 2천여 건이 넘는 비즈니스와 라이프 코칭 경험은 그를 자기계발 분야의 선두주자이자 국내 최고의 컨설턴트 반열에 올려놓았다. 그런가 하면 한 달에 40~50여 권의 책을 읽으면서 터득한 자신만의 독서법을 '패턴 리딩'으로 이름 붙여 교육 프로그램으로도 운영하고 책으로도 출판했다.

비록 나이는 나보다 한참 아래지만, 끊임없이 배우고 연구하며 창의적인 결과물을 세상에 내놓는 백기락 씨를 나는 같은 길을 걷는 동료로서 깊이 신뢰하고 좋아한다. "많은 사람들을 미지의 세계로 인도하는 등불이 되겠다."는 그의 비전과 포부에 어찌 응원을 보내지 않을 수 있겠는가.

인맥에 성공하려거든 역량 있는 인재가 되어라

황용규 (한국대학생인재협회 지도 교수)

한국대학생인재협회 지도교수인 황용규(한국인재연구소 소장) 박사. 그만큼 여러 개의 학위와 이색적인 직업 타이틀을 가진 사람도 드물 것이다. 젊은 시절 경제 학사, 경영학 석사, 문학 석사 등의 학위을 받으며 다양한 학문을 두루 섭렵했는가 하면, 선교학 박사, 교육학 박사 학위까지 수여받기도 했다. 황용규 박사는 현재 목회 활동과 교육 활동을 동시에 펴나가고 있다.

특히 한국경제신문사가 선정한 '명강사 1호'로 더 잘 알려진 그는 선진교회 담임 목사, 샌프란시스코 대학 초빙 교수, 한국강사협회 고문, 서필환성공사관학교 상임 고문으로 추대되어 주로 후배 양성과 교육 기관의 자문 역할을 충실히 수행하고 있다. 그중에서도 황용규 박사가 가장 큰 관심을 갖고 주력하는 교육 분야는 대학생들에 대한 인재 양성 및 지도 코칭이다.

"인재는 선천성을 띄기보다는 끊임없는 학습과 훈련으로 만들어지죠. 인재는 각 분야에서 두드러진 역량을 발휘하는 소수의 사람을 말합니다. 그렇다면 인재의 반열에 진입하기 위해서는 어떻게 해야 할까요? 첫째는 자신에게 주어진 자질을 발견하고 극대화하는 방안을 강구하여 스스로 경쟁력을 쌓고 자신을 차별화할 수 있도록 준비해야 합니다. 둘째는 조직의 융합을 통한 시너지 효과 창출의 필요성을 느끼고 자신을 경쟁력 있는 모습으로 가꾸어 가야 합니다. 이를 위해서는 무엇보다 대인관계의 중요성을 인식하여 인적 네트워크를 구축하는 노력이 필요하지요. 셋째는 남보다 트렌드에 민감한 시각을 갖추고 꾸준히 공부해야 합니다. 특히 요즘 같은 대변혁의 시대에 삶의 지침은 역시 탁월한 '자기역량 계발'에 있다고 봐야겠죠."

황용규 박사는 대학생들을 위한 포럼과 세미나를 개최해 전문 분야의 역량 강화 및 시대적 트렌드를 읽는 안목을 키워주는 데 중점을 둔다. 그런가 하면 일주일에 한 번씩 정기적으로 그가 시무하는 교회에서 모임을 열어 대학생들의 인성 교육과 진로 상담 등 1:1 지도 코칭을 해주고 있다. 이런 포럼과 정기 모임을 통해 그는 대학생들로 하여금 조직 내에서 조화와 협동 정신을 익히게 하고, 소수의 조직이 팀워크를 이루었을 때 얻어지는 시너지 효과를 몸소 경험하도록 도와준다.

"저는 한국대학생인재협회를 이끌어가는 약 50명의 운영진 대학생들이 각종 모임과 포럼 등 다양한 행사를 주최하는 모습을 지켜보면서 깜짝 놀랄 때가 많습니다. 우선 이들이 보여주는 열정과 희생, 단합정신, 체계적인 시스템 운영에 감탄하게 되고, 서로에 대한 사랑과 존경심으로 미래의 메신저 역할을 해나가는 우수한 젊은이들의 모습에 놀라게 됩니다. 이런 인재들이 이끌어갈 미래에 대한 기대와 희망이 절로 생기지요."

이렇듯 대학생인재협회 구성원들의 뒤에는 언제나 지도 교수 황용규 박사가 있다. 그러니까 이들에게 황용규 박사는 멘토이자 담임 교사이면서 아버지와 같은 존재다. 실제로 학생들은 신상에 무슨 문제가 발생하거나 고민거리가 생기면 제일 먼저 그를 찾는다. 황용규 박사는 대학생인재협회를 통해 역량을 키워 사회 곳곳에 진출한 제자들을 보면서 그 무엇과도 바꿀 수 없는 보람과 기쁨을 느낀다고 한다.

"21세기 디지털 시대의 인재상이란 한 마디로 창의성을 발휘하여 개인 또는 조직 내에서 프로모션이나 블루오션 시장을 창출하는 능력이 있는 사람을 말합니다. 앞으로는 새로운 인재들로 사회가 달라지고 문화도 자연히 새로운 옷을 바꿔 입게 될 것입니다. 이미 국내 기업들도 생존 전략에 필요한 자원은 오로지 '잘 훈련된 인재'뿐임을 거듭 천명하고 있지요. 그런 만큼 자신을 유능한 인재로 키워가면서 영향력 있는 인재 집단을 가까이 하는 인맥 활동이 동시에 요구된다고 봐야죠."

황용규 박사가 젊은 대학생들에게 인맥의 중요성을 강조하며, 좋은 인간관계를 쌓도록 권면하는 이유가 바로 여기에 있다. 특히 그는 학생들에게 주변의 유능한 선배나 어른을 자신의 '멘토'로 모실 것과 유능하고 영향력 있는 친구들을 '홍보대사'로 삼아 자신의 실력을 키우고 인맥을 확장해 갈 것을 조언하고 있다. 또한 취업(이직)에 대비해 자기소개서 못지않게 중요한 것이 인맥 포트폴리오임을 강조한다.

"인맥은 사회생활을 해가는 데 가장 기초적인 자산이면서 전부라고 해도 지나친 말이 아닙니다. 그런데 훌륭한 인간관계를 맺기 위해서는 기본적으로 갖춰야 할 요건이 있어요. 바로 '신뢰'와 '예의범절'입니다. 예의는 상대방의 인격을 진정으로 존중하고 진솔하게 대하는 의리 있는 태도를 말하지요. 요즘 같은 수평 시대에 젊은이들에게 대체로 취약한 점이 바로 이 부분인데, 인간관계를 오랫동안 지속하려면 상대의 입장을 충분히 이해하고 배려하는 신뢰가 필수입니다. 특히 자기 중심적인 사고에서 벗어나 상대방에게 관심을 기울여주고 이왕이면 희생하는 마음을 갖는 게 중요하지요."

황용규 박사가 정의하는 인맥이란 '삶을 풍요롭게 하는 인생의 아미노산'이다. 예를 들자면, 자신이 외롭거나 슬플 때 친구가 되어주며, 위급한 상황에 놓일 때 구원의 손길을 내밀어주고, 생존 위기를 느끼는 무한경쟁 시대에는 협력하여 'win-win' 하도록 적극적인 파트너 역할을 해주는 것이 진정한 인맥의 역할이라는 것이다.

실제로 그는 주변 사람들과 따뜻한 관계 유지를 위해 기꺼이 자신의 시간과 정성을 내어 놓는다. 목회자로서 성도들을 살피는 일 외에도 황용규 박사 자신이 관계하고 있는 많은 기관의 행사나 교육에 빠짐없이 참석하고 있다. 이때는 교회를 회합의 장소로 사용하거나 포럼에 속해 있는 회원들의 자사 공간을 이용하기도 한다. 그리고 그 만남을 통해 친목을 다지고 공통의 이슈가 공유되도록 힘을 기울인다.

이렇게 맺어진 다양한 인간관계가 그에게 가져다준 수확과 보람은 일일이 열거할 수 없을 정도로 많다. 우선 우리나라 교육 발전에 기여한 공로를 인정받아 대한민국 명강사 1호로 선정됐고, 한국인상 심사위원, 한국강사협회 고문, 서필환성공사관학교 고문, 성공리더스협회 고문, 고려대학교 기독교우회 운영이사 등을 맡게 됨으로써 사회적 위치를 더욱 견고하게 굳혔다. 그런가 하면 KBS, 삼성그룹, 서울시 의회, 행정자치부, 국무총리실 등에 강사로 초빙되는 등 무한경쟁 시대에 정상에 설 수 있는 기회가 무척 많아졌다.

"저는 대학생을 비롯한 20~30대 젊은 후배들에게 현재 자신의 위치를 정확히 파악하고 다가설 수 있는 목표와 가치를 세워 거기에 몰입하라고 당부하고 싶습니다. 이때 자신의 목표 달성과 가치 형성에 절대적으로 필요한 것이 인맥 구축이죠. 이 시대는 '위키피디아(wikipedia) 시대'라 할 수 있습니다. 소위 참여, 개방, 공유의 프로세스 속에서 우리의 내일이 있음을 보는 안목이 절대적으로 필요하지요. 인맥을 관리할 때 본인이 타인에게 나누어줄 수 있는 그 무언가가 없으면, 위키피디아 시대를 살아가기 어렵다는 사실을 꼭 기억하고 늘 겸허하게 배우는 자세를 갖추어야 해요. 여기에 롤 모델로서 서필환성공사관학교 교장 선생님을 추천하고 싶습니다."

모든 사람들에게는 반드시 배울 점이 있다. 이왕이면 성공한 사람들을 벤치마킹하면서 평생학습의 자세로 일관되게 나아가라. 이것이 한국대학생인재협회의 '대부' 황용규 지도 교수가 강조하는 핵심 메시지이다.

상사를 멘토로 삼아라

우리가 살아가는 데 필요한 모든 일의 절반은 인간관계에서 시작되고 끝을 맺는다. 사람이 모여 일을 만들고 사람이 일을 틀어지게도 한다. 어떤 성공이든 거기에는 아주 좋은 인간관계가 필수적이다.

갓 사회생활을 시작해 어리둥절한 신입 사원에게 인맥 관리의 출발을 멋지게 디자인해줄 수 있는 가장 확실한 대상은 바로 직속 상사나 선배다. 자신이 일류대학을 나오고 아무리 뛰어난 실력을 갖췄다 하더라도 조직생활이나 사회 경험은 상사보다 부족할 것이다.

당신이 신입 직원이라면 멘토가 반드시 필요하다. 특히 같은 부서 선배나 상사는 내가 하고 있는 일을 가장 정확히 알고 있을 뿐만 아니라, 나의 업무에 도움이 되는 정보와 인맥을 동시에 갖고 있다. 따라서 상사(선배)와의 원활한 인간관계는 빠른 의사결정을 이끌어 내기도 하고, 더 나아가서는 회사의 인사고과에도 유리한 작용을 한다. 그러니까 회사에서 입지를 견고히 세워나가면서 승진을 포함한 나의 경력을 관리하는 것은 다름 아닌 직속 상사의 손에 달려있는 셈이다.

이것을 소위 '줄(line)'이라고 하는데, 그 줄을 세우는 결정권은 철저히 상사의 몫이다. 신입 사원인 나에게는 그것을 선택할 권한이 없다. 그렇다면 상사가 부하 직원을 관찰하여 자기 사람으로 기용할 것인지 제외시킬 것인지를 결정짓는 기준은 무엇일까. 외국어 실력? 컴퓨터를 다루는 능력? 다양한 개인기? 체격조건? 모두 아니다.

신입 사원으로 채용되었다는 것은 이미 이런 기본적인 실력을 갖추었다는 전제 조건이 깔려 있다. 때문에 상사는 부하 직원인 내가 지니고 있는 실력보다 올바른 사고 체계와 그에 따른 소양을 잘 갖췄는지를 눈여겨본다. 즉 평소 나의 반듯한 '예의범절'이 상사에게 좋은 점수를 얻어내는 기준이 되는 것이다.

그러므로 직속 상사와 좋은 관계를 맺기 위해 신입 사원으로서 가장 우선해야 할 점은 업무를 명확히 파악하여 신속하고 정확하게 보고하는 습관을 기르는 것이다. 지나치게 일에 대한 의욕이 앞서 혼자서 업무를 처리하려는 욕심을 부리기보다는 선배나 상사에게 자신의 업무 수행에 대해 수시로 알리고 피드백을 받는 것이 중요하다.

상사의 관심과 인정을 받기 위해 트릭을 쓰거나 허위 보고를 하는 행위는 가장 어리석은 짓이다. 정확하고 신속한 보고만으로도 선배나 상사는 자신이 존중받고 있다는 것을 느끼기 때문에 나에게 호의적인 반응과 관심을 보이게 된다.

대부분 상사들은 자신을 존경하며 닮고 싶고 배우고 싶다고 진심으로 따르는 부하 직원을 거절하지는 못한다. 상사와 그런 사이가 되려면 먼저 진실한 마음이 가 닿아야 한다. 이때 직장 상사의 호응과 관심을 끌어내는 데 최우선으로 필요한 자세가 상사의 위상을 인정하고 조화로운 관계를 형성하는 것이다. 개인의 능력이나 자질이 승진의 중요한 덕목이 되고 있는 이상 아무리 상사가 내 마음에 들지 않는다 해도 그가 기본적인 자질이나 능력을 갖추었다는 것을 인정해줘야 한다.

특히 나의 경력과 승진을 관리해줄 가장 든든한 '등받이'는 상사임을 기억하라. 이때 상사나 선배를 확실한 내 편으로 묶어두기에 가장 좋은 방법이 그 직속 상사를 '멘토'로 모시는 것이다. '멘토링' 이란 자신의 역할 모델이나 정신적 지주가 되는 멘토(mentor)를 찾아 거울로 삼고 발전해 가는 것을 뜻한다. 자신이 되고 싶은 모습을 하고 있거나 자신이 하고 싶은 일을 성취한 사람, 자신의 분야에 있는 전문가 등을 멘토로 모시는 것이 일반적인데, 회사에서 존경받는 상사라면 대체로 이 조건을 두루 갖추고 있다고 볼 수 있다. 물론 직장 동료들 사이에서 귀감이 되는 선배나 내가 배우고자 하는 업무 능력이 탁월한 다른 부서 동료도 훌륭한 멘토가 될 수 있다. 당장 그에게 다가가 정중히 요청하라.

"차장님, 저의 멘토가 되어주세요."
"박 선배님을 제 인생의 멘토로 모시고 싶어요."

특별히 밉보이지 않은 이상 이런 제안에 거절할 상사나 선배는 없다. 직장에서 이런 '멘토 모시기' 전략으로 부하 직원인 내가 상사인 그를 꼭 필요로 한다는 이미지를 심어주면, 상사는 자신의 업무 노하우는 물론 인맥까지도 공개하는 데 주저하지 않을 것이다. 상사와 함께 세미나에 참석하거나 커뮤니티를 추천받아 업계 인맥을 쌓아갈 수도 있고, 필요한 경우 개인 네트워크를 소개받을 수도 있다.

무엇보다도 대다수 직장인들은 첫 직장을 기초로 경력을 쌓아가기 때문에 한 번 멘토로 모신 상사는 대체로 같은 업계에 머무를 가능성이 높다. 따라서 상사의 인맥을 소개받지 못한다 하더라도 멘토인 상사가 나에게는 평생 중요한 네트워크로 활용된다는 것을 기억하자.

물론 멘토를 반드시 직장 상사로만 국한할 필요는 없다. 또 당신이 하고 있는 업무의 전문가가 아니더라도 사회 초년병인 당신의 인생을 풍성하게 도와줄 멘토는 주변에서 얼마든지 모실 수 있다. 학창 시절의 선생님, 선배, 부모님, 친·인척 등 평소 자신과 가까이 지내면서 자주 만날 수 있는 사람들이 나에게 보다 실질적이고 훌륭한 '멘토링'을 해줄 수 있는 이들이다. 이들에게 정기적으로 찾아가고, 자신의 상황을 이야기하고 도움을 받도록 하자. 컨설턴트나 전문 코치도 활용할 만하다. 경력 개발을 포함한 생애 전반에 걸쳐 '코칭'을 받는 것은 아주 유익한 일이며 지혜로운 방법이다.

당신은 최선을 다해 자신의 삶을 새롭게 디자인하려는 의지가 있는가. 그렇다면 지금이 바로 주변의 훌륭한 도움을 받을 수 있는 기회다. 지금부터 나를 이끌어줄 사람, 나에게 '천군만마(千軍萬馬)'가 되어줄 멘토를 찾자. 멀리 눈을 돌릴 필요도 없다. 당신과 함께 일하며 매일 만나는 상사가 바로 그 대상 1호다.

내 인생의 홍보대사를 만들어라

자신을 알리는 홍보 방법에는 여러 가지가 있다. 기본적인 것 중에 하나가 명함을 만들고, 사람들과 교제를 나누는 행위일 것이다. 또 언론 홍보를 비롯해 다양한 매체로 자신이나 자신이 개발한 상품을 알릴 수 있고, 책을 펴내거나 보도 자료를 활용해 홍보 효과를 얻어낼 수도 있다. 주변에 나를 대신해서 나의 진면목을 다른 사람들에게 은은하게 전달해줄 수 있는 사람들을 많이 두는 것도 탁월한 능력이다. 자신이 갖고 있는 인간관계를 보다 가치 있는 인맥으로 확장하기 위해서는 영향력을 발휘하는 사람과 관계를 좀 더 강화할 필요가 있다.

"사람이 셋만 모이면 그중에 반드시 스승이 있다."는 격언처럼, 사람은 누구나 소중하며 각 사람에게는 배울 점이 있다. 그러나 우리가 가진 한정된 시간과 공간 속에서 남보다 경쟁력을 갖추기 위해서는 이왕이면 영향력 있는 사람과의 관계에 더 주력할 필요가 있다.

그렇다면 영향력 있는 사람은 어떤 사람일까. 박학다식한 지식과 다양한 정보망으로 주위 사람들이 원하는 바를 정확히 찾아내어 해결사 역할을 해주는 사람일 수도 있고, 남다른 통찰력과 분석력으로 상황을 잘 읽어서 깔끔하게 일 처리를 해내는 사람일 수도 있다. 또 이해관계를 따지지 않고 사람들과 금세 친해지는 인간관계의 달인이나, 주변 사람들에게 늘 관심과 배려를 아끼지 않는 따스한 마음의 소유자도 영향력 있는 사람 중 하나다.

이렇듯 우리 생활 주변에서 영향력을 발휘하는 사람이란 다원화된 사회 구조만큼이나 다양하고 그 폭이 넓다. 흔히 영향력 있는 사람이라 하면 사회적 지위가 높거나 조직력을 갖고 결정권을 행사하는 회사 오너를 떠올리기 쉽다. 그러나 당신이 신뢰할 수 있으며, 당신이 진출하고자 하는 분야에 먼저 가 있거나 당신이 필요로 하는 도움을 줄 수 있는 사람이 모두 당신에게는 영향력을 가진 사람들이다. 중요한 것은 이런 사람을 빠른 시간에 찾아내는 것과 그 대상과의 돈독한 관계를 어떻게 만들어갈 것인가 하는 점이다.

당신이 몸담고 있는 직장은 서로 다른 성향과 특기를 지닌 다양한 사람들이 모여 있는 곳으로, 당신의 인맥 강화에 도움을 줄 수 있는 영향력 있는 사람을 찾기에 가장 이상적인 장소다. 특히 회사 동료나 입사 동기는 출신 학교나 전공, 경험, 그리고 각자가 가지고 있는 네트워크가 다르기 때문에 경험이 부족하고 아직 이렇다 할 인맥이 없는 신입 사원의 경우, 이들 여러 사람들이 가지고 있는 강점과 노하우를 자기 것으로 만들 수만 있다면 여러 측면에서 큰 시너지를 얻을 수 있다.

특히 입사 동기는 회사 각 부서의 인맥을 만드는 징검다리가 될 것이다. 즉 같은 시기에 서류전형과 면접을 통과하고 대개 1주일 정도 신입 사원 연수 교육을 함께 받은 입사 동기는 수 년 뒤 업계 주요 인맥으로 함께 성장할 수 있는 동반자들이다. 따라서 위에서 언급한 능력과 강점을 가진 이들과 돈독한 관계를 유지하는 것만으로도 각 부서에 확실한 인맥이 하나씩은 생기게 되는 셈이다.

이때 가장 좋은 방법은 그들을 나의 '홍보대사' 또는 '지혜대사'로 임명하는 것이다. 즉 그들을 본받고 그들의 자원과 능력을 십분 활용하는 것이다. 물론 당신도 그들의 홍보대사가 되어 그의 장점을 찾아 다른 동료들에게 전달해주고 그의 필요를 살피는 역할에 최선을 다해야 한다. 이렇게 되면 굳이 새로운 인맥을 만들겠다고 팔을 걷어붙이고 나서지 않더라도 나의 홍보대사가 되어준 그들과 돈독한 관계 유지를 통해 나의 면면들을 널리 알릴 수 있는 기회를 얻을 수 있다. 또 이런 돈독한 관계를 통해 사내 여러 가지 정보를 자연스럽게 얻을 수 있기 때문에 내가 활용할 수 있는 자원의 범위도 그만큼 커지게 된다.

나는 강의할 때마다 우리 인생의 '홍보대사'를 모시자고 역설한다. 그래서 교육 현장에서 옆자리에 앉은 파트너를 자신의 홍보대사로 모셔 자신을 알리고 칭찬하는 연습을 직접 하도록 한다. 그러면 모두들 좋아한다. 주변 모든 사람들을 나의 홍보대사나 멘토로 삼아 서로를 격려하고 홍보하다 보면, 어느새 마음이 활짝 열려 모두가 즐거워지기 때문이다.

내가 가진 장점과 매력을 대신해서 널리 알려줄 홍보대사는 많을수록 좋다. 그들이 나를 좋은 사람으로, 좋은 이미지로 홍보해주면 나의 기본적인 가치가 상승할 뿐만 아니라, 그 입소문을 전파한 사람의 가치도 함께 올라가기 때문이다. 이렇듯 나의 핵심 역량과 강점을 부각시켜주는 내 인생의 홍보대사는 직장 안에서 나의 동선을 넓혀주고, 나의 가치를 한층 더 높여줄 것이다.

마찬가지로 나도 다른 사람의 홍보대사가 되어 그의 강점과 매력을 널리 알리고 소개해준다면 낯선 사람과도 금세 친밀한 관계가 형성될 뿐만 아니라, 상대는 나에게 따스하고 긍정적인 이미지를 갖게 될 것이다. 그리고 무엇보다 상호 홍보를 통해 각별한 인연을 맺게 될 것이다.

당신은 현재 몸담고 있는 직장에서 당신을 빛내줄 몇 명의 홍보대사를 모시고 있는가. 또한 당신은 누구의 홍보대사가 되어 그의 삶을 밝혀주고 있는가. 알고는 있으나 실천하지 않으면 그 어떤 것도 내 것이 되지 않는다. 이 글을 읽는 지금 이 순간, 당신의 머리에 문득 떠오르는 동료의 얼굴이 있는가. 그렇다면 당장 그에게로 달려가 이렇게 말하라.

"나의 홍보대사가 되어주세요. 저도 당신의 홍보대사가 되어드리겠습니다."

반드시 인맥 포트폴리오를 만들어라

최근 우리나라 직장인들 사이에서의 최대 화두는 커리어 관리다. 커리어 컨설팅 전문가들은 이구동성으로 "커리어 관리에 성공하려면 자신의 커리어를 기업에 효과적으로 보여줄 수 있고 스스로 체계적인 커리어 관리를 할 수 있는 '커리어 포트폴리오'를 잘 만들어야 한다."고 강조한다.

흔히 포트폴리오란 기업전략기획서, 사업계획서, 디자이너들의 작업물 등을 통칭하는 용어다. 이 중 커리어 포트폴리오는 경력 관리와 취업을 위해 활용하는 문서로 자신의 경력이나 실력을 검토할 수 있는 일종의 경력기술서다. 경력직의 경우 자기소개서보다는 경력사항이 채용 유무를 판단하는 결정적인 요소로 작용한다. 따라서 현재 직장에서 수행한 업무 내용과 프로젝트 등에 대해 기술하고 포트폴리오를 첨부하는 것이 좋다. 특히 자신의 경력 관리라는 장기적 측면에서도 커리어 포트폴리오는 중요하다.

그렇다면 이 포트폴리오에 어떤 내용을 담아야 할까. 경력사항과 인적 네트워크 등을 한눈에 볼 수 있도록 구성하되 분량에 제한이 없는 커리어 포트폴리오의 장점을 살려 구체적으로 기술하는 것이 기본이다. 특히 이력서와 자기소개서, 경력사항, 인적 네트워크 등을 주된 내용으로 구성하는 것이 중요하다. 또 포트폴리오에 첨부하는 이력서는 기업의 인사 담당자가 포트폴리오를 보기 전에 간단하게 응시자의 배경을 파악하도록 맨 앞면에 첨부하는 것이 좋다. 자기소개서는 인적사항, 경력사항, 대외 활동, 관심사 등 포트폴리오와 연관된 자신의 능력을 압축해서 기록하는 것이 바람직하다.

경력직 채용 시에 기업에서 관심을 갖는 또 한 부분은 바로 그 사람의 인적 네트워크, 즉 인맥이다. 기업 역시 다른 업체들과 관계를 맺으며 사업을 추진하기 때문에 자사 직원이 어떤 사람과 관계를 맺고 있느냐를 중요하게 여긴다. 사람들과의 관계를 문서로 나타낸다는 것이 어찌 보면 어려운 일 같으나, 일목요연하게 정리된 인맥 네트워크 도식을 보여주면 자신의 인맥을 효율적으로 알리는 데 매우 효과적이다. 이때 그들로부터 받은 추천사나 코멘트를 달면 기업 담당자로부터 훨씬 더 신뢰감을 얻을 수 있다.

이처럼 인적 네트워크를 중심으로 잘 작성된 커리어 포트폴리오의 장점은 자신의 경력을 타인에게 효과적으로 보여주는 것 외에 스스로 커리어에 관한 계획을 짜고 체계적으로 자신의 경력을 관리할 수 있다는 점이다. 이렇듯 커리어 포트폴리오는 개인의 브랜드 가치를 높이기 위한 목적으로 활용 범위가 갈수록 넓어지고 있다.

문제는 아무리 실력이 뛰어나고 경력 중심의 커리어 포트폴리오가 잘 작성되었다 하더라도 인적 네트워크가 제대로 구축되어 있지 않으면 셀프 마케팅에 어려움이 따른다는 것이다. 반면에 업계는 물론 각계각층에 다양한 인맥이 형성되어 있는 사람은 비록 자기 분야에서 실력이 다소 떨어진다 해도 승진이나 이직 등 새로운 기회를 얻을 수 있는 확률이 훨씬 더 많다. 그의 인맥을 조직에서 활용할 수 있다는 점이 높게 평가되기 때문이다. 따라서 평소 인간관계를 잘 유지하는 가운데 인맥 포트폴리오를 계속 업그레이드시켜나갈 필요가 있다.

필자(서필환)가 군대에서 경험한 일화이다. 입대하자마자 신상명세서를 작성하여 제출하라는 지시가 내려졌는데, 그 신상 카드에 자신과 관계된 군 고위 장성급이나 정치계 인맥도 함께 적어내게 했다. 겨우 스무 살을 갓 넘긴 나에게 그런 고급인맥(?)이 있을 리

만무했다. 공란으로 내기도 창피해서 나는 당시 국방부장관이었던 서종철 장관이 나의 '6촌 형'이라고 써냈다. 그런데 '가공된' 그 연줄의 위력은 정말 대단했다. 훈련병 시절부터 행정병으로 근무하는 특혜와 함께 그 누구도 나에게 함부로 대하는 사람이 없었다. 한 번도 대면한 적이 없는, 집안의 먼 친척인 그분을 가까운 촌수로 갈아치운 것에 대한 양심의 가책은 있었으나, 그때 내가 절실히 깨달은 것은 자신의 주위에 누가 있느냐가 세상을 살아가는 데 큰 힘이 된다는 것이다. 어쩌면 인맥의 중요성에 일찌감치 눈을 떠 사회생활을 시작한 이래 인간관계 맺기에 남다른 관심을 갖게 된 것도 그 때문이 아닌가 싶다.

현재 당신은 인맥 포트폴리오를 작성하고 있는가. 혹시 연초에 마련해 뒀던 인맥 다이어리를 당신은 그저 메모장으로만 사용하고 있지는 않는가. 아직까지 그렇게 지내왔다 하더라도 문제될 것은 없다. 지금부터 인맥 도식을 만들고 인맥 다이어리를 꼼꼼하게 체크하면서 탄탄한 인맥을 구축하기 위한 밑거름으로 활용해보라.

나에게는 훌륭한 멘토 세 분이 계시는데, 그들은 지금까지 좌우로 나를 지켜봐 주시며, 도움이 필요할 때마다 이끌어주고 안내해주신다. 한 분은 내가 강사의 길로 가는 데 안내자 역할을 해주었고, 한 분은 강사로서 더 큰 길로 나아갈 수 있도록 약도를 주었으며, 또 한 분은 5천 번의 명품 강의를 실천할 수 있도록 비전과 목표를 심어주었다.

이렇게 나를 키워주고 있는 핵심 멘토 중에서 으뜸 자리에 계시는 분이 바로 황용규 박사다. 대한민국CS클럽, 성공CEO클럽, 한국대학생인재협회 등 다양한 교육 모임의 고문을 역임하고 있는 황용규 박사는 해박한 지식과 열정을 소유하신 분으로 나에게는 가장 소중하고 가까운 정신적·영적 스승이다. 이 분은 현재 서필환성공사관학교 상임 고문으로서 공통의 비전과 참부자 정신을 공유하는 가운데 우리 팀원들 모두에게 지대한 영향을 주고 계신다.

황용규 박사는 평소 인간관계, 즉 인맥은 관리하는 것이 아니라 디자인하는 것임을 강조한다. 그런 만큼 상대에게 자신의 의사를 자연스럽게 표현하고, 어떤 만남에서든 전체적인 조화를 생각하는 자세를 견지한다. 무엇보다 그는 사람을 사귈 때 양보다 질을 중요시한다. 그래서 모든 인연을 소중히 여기며, 늘 신뢰감을 주는 만남으로 이끌어 내는 것이 그의 인간관계 방식이다.

가림출판사 · 가림M&B · 가림Let's에서 나온 책들

알기 쉬운 **고혈압 119**
이정균 지음 / 신국판 / 304쪽 / 10,000원

여성을 위한 부인과질환의 예방과 치료
차선희 지음 / 신국판 / 304쪽 / 10,000원

알기 쉬운 **아토피 119**
이승규 · 임승엽 · 김문호 · 안유일 지음 / 신국판 / 232쪽 / 9,500원

120세에 도전한다
이권행 지음 / 신국판 / 308쪽 / 11,000원

건강과 아름다움을 만드는 요가
정판식 지음 / 4×6배판 변형 / 224쪽 / 14,000원

우리 아이 건강하고 아름다운 롱다리 만들기
김성훈 지음 / 대국전판 / 236쪽 / 10,500원

알기 쉬운 허리디스크 예방과 치료
이종서 지음 / 대국전판 / 336쪽 / 12,000원

소아과 전문의에게 듣는 알기 쉬운 **소아과 119**
신영규 · 이강우 · 최성항 지음 / 4×6배판 변형 / 280쪽 / 14,000원

피가 맑아야 건강하게 오래 살 수 있다
김영찬 지음 / 신국판 / 256쪽 / 10,000원

웰빙형 피부 미인을 만드는 **나만의 셀프 피부건강**
양해원 지음 / 대국전판 / 144쪽 / 10,000원

내 몸을 살리는 생활 속의 웰빙 항암 식품
이승남 지음 / 대국전판 / 248쪽 / 9,800원

마음한글, 느낌한글
박완식 지음 / 4×6배판 / 300쪽 / 15,000원

웰빙 동의보감식 **발마사지 10분**
최미희 지음 / 신재용 감수 / 4×6배판 변형 / 204쪽 / 13,000원

아름다운 몸, 건강한 몸을 위한 **목욕 건강 30분**
임하성 지음 / 대국전판 / 176쪽 / 9,500원

내가 만드는 한방생주스 60
김영섭 지음 / 국판 / 112쪽 / 7,000원

몸을 살리는 건강식품
백은희 · 조창호 · 최양진 지음 / 신국판 / 384쪽 / 11,000원

건강도 키우고 성적도 올리는 자녀 건강
김진돈 지음 / 신국판 / 304쪽 / 12,000원

알기 쉬운 **간질환 119**
이관식 지음 / 신국판 / 272쪽 / 11,000원

밥으로 병을 고친다
허봉수 지음 / 대국전판 / 352쪽 / 13,500원

알기 쉬운 **신장병 119**
김형규 지음 / 신국판 / 240쪽 / 10,000원

마음의 감기 치료법 **우울증 119**
이민수 지음 / 대국전판 / 232쪽 / 9,800원

관절염 119
송영욱 지음 / 대국전판 / 224쪽 / 9,800원

내 딸을 위한 미성년 클리닉
강병문 · 이향아 · 최정원 지음 / 국판 / 148쪽 / 8,000원

암을 다스리는 기적의 치유법
케이 세이헤이 감수 / 카와키 나리카즈 지음 / 민병수 옮김
신국판 / 256쪽 / 9,000원

스트레스 다스리기
대한불안장애학회 스트레스관리연구특별위원회 지음
신국판 / 304쪽 / 12,000원

천연 식초 건강법 건강식품연구회 엮음 / 신재용(해성한의원 원장) 감수
신국판 / 252쪽 / 9,000원

암에 대한 모든 것
서울아산병원 암센터 지음 / 신국판 / 360쪽 / 13,000원

알록달록 컬러 다이어트
이승남 지음 / 국판 / 248쪽 / 10,000원

당신도 부모가 될 수 있다
정병준 지음 / 신국판 / 268쪽 / 9,500원

키 10cm 더 크는 **키네스 성장법** 김양수 · 이종균 · 최형규 · 표재환 · 김문희 지음
대국전판 / 312쪽 / 12,000원

당뇨병 백과
이현철 · 송영득 · 안철우 지음 / 4×6배판 변형 / 396쪽 / 16,000원

호흡기 클리닉 119
박성학 지음 / 신국판 / 256쪽 / 10,000원

키 쑥쑥 크는 롱다리 만들기
롱다리 성장클리닉 원장단 지음 / 4×6배판 변형 / 256쪽 / 11,000원

내 몸을 살리는 건강식품
백은희 · 조창호 · 최양진 지음 / 신국판 / 368쪽 / 11,000원

내 몸에 맞는 운동과 건강
하철수 지음 / 신국판 / 264쪽 / 11,000원

교 육

우리 교육의 창조적 백색혁명
원상기 지음 / 신국판 / 206쪽 / 6,000원

현대생활과 체육
조창남 외 5명 공저 / 신국판 / 340쪽 / 10,000원

퍼펙트 MBA IAE유학네트 지음 / 신국판 / 400쪽 / 12,000원

유학길라잡이 Ⅰ - 미국편
IAE유학네트 지음 / 4×6배판 / 372쪽 / 13,900원

유학길라잡이 Ⅱ - 4개국편
IAE유학네트 지음 / 4×6배판 / 348쪽 / 13,900원

조기유학길라잡이.com
IAE유학네트 지음 / 4×6배판 / 428쪽 / 15,000원

현대인의 건강생활
박상호 외 5명 공저 / 4×6배판 / 268쪽 / 15,000원

천재아이로 키우는 두뇌훈련
나카마츠 요시로 지음 / 민병수 옮김 / 국판 / 288쪽 / 9,500원

두뇌혁명
나카마츠 요시로 지음 / 민병수 옮김 / 4×6판 양장본 / 288쪽 / 12,000원

테마별 고사성어로 익히는 한자
김경익 지음 / 4×6배판 변형 / 248쪽 / 9,800원

生생 공부비법 이은승 지음 / 대국전판 / 272쪽 / 9,500원

자녀를 성공시키는 **습관만들기**
배은경 지음 / 대국전판 / 232쪽 / 9,500원

한자능력검정시험 1급
한자능력검정시험연구위원회 편저 / 4×6배판 / 568쪽 / 21,000원

한자능력검정시험 2급
한자능력검정시험연구위원회 편저 / 4×6배판 / 472쪽 / 18,000원

한자능력검정시험 3급(3급Ⅱ)
한자능력검정시험연구위원회 편저 / 4×6배판 / 440쪽 / 17,000원

한자능력검정시험 4급(4급Ⅱ)
한자능력검정시험연구위원회 편저 / 4×6배판 / 352쪽 / 15,000원

한자능력검정시험 5급
한자능력검정시험연구위원회 편저 / 4×6배판 / 264쪽 / 11,000원

한자능력검정시험 6급
한자능력검정시험연구위원회 편저 / 4×6배판 / 168쪽 / 8,500원

한자능력검정시험 7급
한자능력검정시험연구위원회 편저 / 4×6배판 / 152쪽 / 7,000원

한자능력검정시험 8급
한자능력검정시험연구위원회 편저 / 4×6배판 / 112쪽 / 6,000원

볼링의 이론과 실기 이택상 지음 / 신국판 / 192쪽 / 9,000원

고사성어로 끝내는 천자문
조준상 글 · 그림 / 4×6배판 / 216쪽 / 12,000원

내 아이 스타 만들기
김민성 지음 / 신국판 / 200쪽 / 9,000원

교육 1번지 강남 엄마들의 **수험생 자녀 관리**
황송주 지음 / 신국판 / 288쪽 / 9,500원

초등학생이 꼭 알아야 할 **위대한 역사 상식**
우진영 · 이양경 지음 / 4×6배판 변형 / 228쪽 / 9,500원

초등학생이 꼭 알아야 할 **행복한 경제 상식**
우진영 · 전선심 지음 / 4×6배판 변형 / 224쪽 / 9,500원

초등학생이 꼭 알아야 할 **재미있는 과학상식**
우진영 · 정경희 지음 / 4×6배판 변형 / 220쪽 / 9,500원

한자능력검정시험 3급 · 3급Ⅱ

한자능력검정시험연구위원회 편저 / 4×6판 / 380쪽 / 7,500원

교과서 속에 꼭꼭 숨어있는 이색박물관 체험 이신화 지음
대국전판 / 248쪽 / 12,000원

초등학생 독서 논술(저학년) 책마루 독서교육연구회 지음
4×6배판 변형 / 244쪽 / 14,000원

초등학생 독서 논술(고학년) 책마루 독서교육연구회 지음
4×6배판 변형 / 236쪽 / 14,000원

놀면서 배우는 경제
김솔 지음 / 대국전판 / 196쪽 / 10,000원

건강생활과 레저스포츠 즐기기
강선희 외 11명 공저 / 4×6배판 / 324쪽 / 18,000원

아이의 미래를 바꿔주는 좋은 습관
배은경 지음 / 신국판 / 216쪽 / 9,500원

다중지능 아이의 미래를 바꾼다
이소영 외 6인 지음 / 신국판 / 232쪽 / 11,000원

취미 · 실용

김진국과 같이 배우는 와인의 세계
김진국 지음 / 국배판 변형양장본(올 컬러판) / 208쪽 / 30,000원

경제 · 경영

CEO가 될 수 있는 성공법칙 101가지
김승룡 편역 / 신국판 / 320쪽 / 9,500원

정보소프트 김승룡 지음 / 신국판 / 324쪽 / 6,000원

기획대사전 다카하시 겐코 지음 / 홍영의 옮김
신국판 / 552쪽 / 19,500원

맨손창업 · 맞춤창업 BEST 74
양혜숙 지음 / 신국판 / 416쪽 / 12,000원

무자본, 무점포 창업! FAX 한 대면 성공한다
다카시로 고시 지음 / 홍영의 옮김 / 신국판 / 226쪽 / 7,500원

성공하는 기업의 인간경영 중소기업 노무 연구회 편저 / 홍영의 옮김
신국판 / 368쪽 / 11,000원

21세기 IT가 세계를 지배한다
김광희 지음 / 신국판 / 380쪽 / 12,000원

경제기사로 부자아빠 만들기
김기태 · 신현태 · 박근수 공저 / 신국판 / 388쪽 / 12,000원

포스트 PC의 주역 정보가전과 무선인터넷
김광희 지음 / 신국판 / 356쪽 / 12,000원

성공하는 사람들의 마케팅 바이블
채수명 지음 / 신국판 / 328쪽 / 12,000원

느린 비즈니스로 돌아가라
사카모토 게이이치 지음 / 정성호 옮김 / 신국판 / 276쪽 / 9,000원

적은 돈으로 큰돈 벌 수 있는 부동산 재테크
이원재 지음 / 신국판 / 340쪽 / 12,000원

바이오혁명
이주영 지음 / 신국판 / 328쪽 / 12,000원

성공하는 사람들의 자기혁신 경영기술
채수명 지음 / 신국판 / 344쪽 / 12,000원

CFO 교텐 토요오 · 타하라 오키시 지음 / 민병수 옮김
신국판 / 312쪽 / 12,000원

네트워크시대 네트워크마케팅
임동학 지음 / 신국판 / 376쪽 / 12,000원

성공리더의 7가지 조건
다이앤 트레이시 · 윌리엄 모건 지음 / 지창영 옮김
신국판 / 360쪽 / 13,000원

김종결의 성공창업
김종결 지음 / 신국판 / 340쪽 / 12,000원

최적의 타이밍에 내 집 마련하는 기술
이원재 지음 / 신국판 / 248쪽 / 10,500원

컨설팅 세일즈 *Consulting sales*
임동학 지음 / 대국전판 / 336쪽 / 13,000원

연봉 10억 만들기

김농주 지음 / 국판 / 216쪽 / 10,000원

주5일제 근무에 따른 한국형 주말창업
최효진 지음 / 신국판 변형 양장본 / 216쪽 / 10,000원

돈 되는 땅 돈 안되는 땅
김영준 지음 / 신국판 / 320쪽 / 13,000원

돈 버는 회사로 만들 수 있는 109가지
다카하시 도시노리 지음 / 민병수 옮김 / 신국판 / 344쪽 / 13,000원

프로는 디테일에 강하다
김미현 지음 / 신국판 / 248쪽 / 9,000원

머니투데이 송복규 기자의 부동산으로 주머니돈 100배 만들기
송복규 지음 / 신국판 / 328쪽 / 13,000원

성공하는 슈퍼마켓&편의점 창업
나명환 지음 / 4×6배판 변형 / 500쪽 / 28,000원

대한민국 성공 재테크 부동산 펀드와 리츠로 승부하라
김영준 지음 / 신국판 / 256쪽 / 12,000원

마일리지 200% 활용하기
박성희 지음 / 국판 변형 / 200쪽 / 8,000원

1%의 가능성에 도전, 성공 신화를 이룬 여성 CEO
김미현 지음 / 신국판 / 248쪽 / 9,500원

3천만 원으로 부동산 재벌 되기
최수길 · 이숙 · 조연희 지음 / 신국판 / 290쪽 / 12,000원

10년을 앞설 수 있는 재테크
노동규 지음 / 신국판 / 260쪽 / 10,000원

세계 최강을 추구하는 도요타 방식
나카야마 키요타카 지음 / 민병수 옮김 / 신국판 / 296쪽 / 12,000원

최고의 설득을 이끌어내는 프레젠테이션
조두환 지음 / 신국판 / 296쪽 / 11,000원

최고의 만족을 이끌어내는 창의적 협상
조강희 · 조원희 지음 / 신국판 / 248쪽 / 10,000원

New 세일즈 기법 물건을 팔지 말고 가치를 팔아라
조기선 지음 / 신국판 / 264쪽 / 9,500원

작은 회사는 전략이 달라야 산다
황문진 지음 / 신국판 / 312쪽 / 11,000원

돈되는 슈퍼마켓&편의점 창업전략(입지 편)
나명환 지음 / 신국판 / 352쪽 / 13,000원

25 · 35 꼼꼼 여성 재테크
정원훈 지음 / 신국판 / 224쪽 / 11,000원

대한민국 2030 독특하게 창업하라
이상헌 · 이호 지음 / 신국판 / 288쪽 / 12,000원

왕초보 주택 경매로 돈 벌기
천관성 지음 / 신국판 / 268쪽 / 12,000원

New 마케팅 기법 (실천편) 물건을 팔지 말고 가치를 팔아라 2
조기선 지음 / 신국판 / 240쪽 / 10,000원

퇴출 두려워 마라 홀로서기에 도전하라
신정수 지음 / 신국판 / 256쪽 / 11,500원

슈퍼마켓&편의점 창업 바이블
나명환 지음 / 신국판 / 280쪽 / 12,000원

위기의 한국 기업 재창조하라
신정수 지음 / 신국판 / 304쪽 / 15,000원

주 식

개미군단 대박맞이 주식투자
홍성걸(한양증권 투자분석팀 팀장) 지음 / 신국판 / 310쪽 / 9,500원

알고 하자! 돈 되는 주식투자
이길영 외 2명 공저 / 신국판 / 388쪽 / 12,500원

항상 당하기만 하는 개미들의 매도 · 매수타이밍 999% 적중 노하우
강경무 지음 / 신국판 / 336쪽 / 12,000원

부자 만들기 주식성공클리닉
이창희 지음 / 신국판 / 372쪽 / 11,500원

선물 · 옵션 이론과 실전매매
이창희 지음 / 신국판 / 372쪽 / 12,000원

너무나 쉬워 재미있는 주가차트
홍성무 지음 / 4×6배판 / 216쪽 / 15,000원

주식투자 직접 투자로 높은 수익을 올릴 수 있는 비결
김학균 지음 / 신국판 / 230쪽 / 11,000원

역 학

역리종합 만세력 정도명 편저 / 신국판 / 532쪽 / 10,500원
작명대전 정보국 지음 / 신국판 / 460쪽 / 12,000원
하락이수 해설 이천교 편저 / 신국판 / 620쪽 / 27,000원
현대인의 창조적 관상과 수상 백운산 지음 / 신국판 / 344쪽 / 9,000원
대운용신영부적 정재원 지음 / 신국판 양장본 / 750쪽 / 39,000원
사주비결활용법 이세진 지음 / 신국판 / 392쪽 / 12,000원
컴퓨터세대를 위한 新성명학대전 박용찬 지음 / 신국판 / 388쪽 / 11,000원
길흉화복 꿈풀이 비법 백운산 지음 / 신국판 / 410쪽 / 12,000원
새천년 작명컨설팅 정재원 지음 / 신국판 / 492쪽 / 13,900원
백운산의 신세대 궁합 백운산 지음 / 신국판 / 304쪽 / 9,500원
동자삼 작명학 남시모 지음 / 신국판 / 496쪽 / 15,000원
구성학의 기초 문길여 지음 / 신국판 / 412쪽 / 12,000원
소울음소리 이건우 지음 / 신국판 / 314쪽 / 10,000원

법률 일반

여성을 위한 성범죄 법률상식
조명원(변호사) 지음 / 신국판 / 248쪽 / 8,000원
아파트 난방비 75% 절감방법
고영근 지음 / 신국판 / 238쪽 / 8,000원
일반인이 꼭 알아야 할 절세전략 173선
최성호(공인회계사) 지음 / 신국판 / 392쪽 / 12,000원
변호사와 함께하는 부동산 경매
최환주(변호사) 지음 / 신국판 / 404쪽 / 13,000원
혼자서 쉽고 빠르게 할 수 있는 소액재판
김재용 · 김종철 공저 / 신국판 / 312쪽 / 9,500원
"술 한 잔 사겠다"는 말에서 찾아보는 채권 · 채무
변환철(변호사) 지음 / 신국판 / 408쪽 / 13,000원
알기쉬운 부동산 세무 길라잡이
이건우(세무서 재산계장) 지음 / 신국판 / 400쪽 / 13,000원
알기쉬운 어음, 수표 길라잡이
변환철(변호사) 지음 / 신국판 / 328쪽 / 11,000원
제조물책임법
강동근(변호사) · 윤종성(검사) 공저 / 신국판 / 368쪽 / 13,000원
알기 쉬운 주5일근무에 따른 임금 · 연봉제 실무
문강분(공인노무사) 지음 / 4×6배판 변형 / 544쪽 / 35,000원
변호사 없이 당당히 이길 수 있는 형사소송
김대환 지음 / 신국판 / 304쪽 / 13,000원
변호사 없이 당당히 이길 수 있는 민사소송
김대환 지음 / 신국판 / 412쪽 / 14,500원
혼자서 해결할 수 있는 교통사고 Q&A
조명원(변호사) 지음 / 신국판 / 336쪽 / 12,000원
알기 쉬운 개인회생 · 파산 신청법
최재구(법무사) 지음 / 신국판 / 352쪽 / 13,000원

생활법률

부동산 생활법률의 기본지식
대한법률연구회 지음 / 김원중(변호사) 감수 / 신국판 / 472쪽 / 13,000원
고소장 · 내용증명 생활법률의 기본지식
하태웅(변호사) 지음 / 신국판 / 440쪽 / 12,000원
노동 관련 생활법률의 기본지식
남동희(공인노무사) 지음 / 신국판 / 528쪽 / 14,000원
외국인 근로자 생활법률의 기본지식
남동희(공인노무사) 지음 / 신국판 / 400쪽 / 12,000원
계약작성 생활법률의 기본지식
이상도(변호사) 지음 / 신국판 / 560쪽 / 14,500원
지적재산 생활법률의 기본지식
이상도(변호사) · 조의제(변리사) 공저 / 신국판 / 496쪽 / 14,000원
부당노동행위와 부당해고 생활법률의 기본지식
박영수(공인노무사) 지음 / 신국판 / 432쪽 / 14,000원
주택 · 상가임대차 생활법률의 기본지식
김운용(변호사) 지음 / 신국판 / 480쪽 / 14,000원
하도급거래 생활법률의 기본지식
김진흥(변호사) 지음 / 신국판 / 440쪽 / 14,000원
이혼소송과 재산분할 생활법률의 기본지식
박동섭(변호사) 지음 / 신국판 / 460쪽 / 14,000원
부동산등기 생활법률의 기본지식
정상태(법무사) 지음 / 신국판 / 456쪽 / 14,000원
기업경영 생활법률의 기본지식
안동섭(단국대 교수) 지음 / 신국판 / 466쪽 / 14,000원
교통사고 생활법률의 기본지식
박정무(변호사) · 전병찬 공저 / 신국판 / 480쪽 / 14,000원
소송서식 생활법률의 기본지식
김대환 지음 / 신국판 / 480쪽 / 14,000원
호적 · 가사소송 생활법률의 기본지식
정주수(법무사) 지음 / 신국판 / 516쪽 / 14,000원
新상속과 세금 생활법률의 기본지식
박동섭(변호사) 지음 / 신국판 / 492쪽 / 14,500원
담보 · 보증 생활법률의 기본지식
류창호(법학박사) 지음 / 신국판 / 436쪽 / 14,000원
소비자보호 생활법률의 기본지식
김성천(법학박사) 지음 / 신국판 / 504쪽 / 15,000원
판결 · 공정증서 생활법률의 기본지식
정상태(법무사) 지음 / 신국판 / 312쪽 / 13,000원
산업재해보상보험 생활법률의 기본지식
정유석(공인노무사) 지음 / 신국판 / 384쪽 / 14,000원

처 세

성공적인 삶을 추구하는 여성들에게 우먼파워
조안 커너 · 모이라 레이너 공저 / 지창영 옮김
신국판 / 352쪽 / 8,800원
聽 이익이 되는 말 話 손해가 되는 말
우메시마 미요 지음 / 정성호 옮김 / 신국판 / 304쪽 / 9,000원
부자들의 생활습관 가난한 사람들의 생활습관
다케우치 야스오 지음 / 홍영의 옮김 / 신국판 / 320쪽 / 9,800원
코끼리 귀를 당긴 원숭이-히딩크식 창의력을 배우자
강충인 지음 / 신국판 / 208쪽 / 8,500원
성공하려면 유머와 위트로 무장하라
민영욱 지음 / 신국판 / 292쪽 / 9,500원
등소평의 오뚝이전략
조창남 편저 / 신국판 / 304쪽 / 9,500원
노무현 화술과 화법을 통한 이미지 변화
이현정 지음 / 신국판 / 320쪽 / 10,000원
성공하는 사람들의 토론의 법칙
민영욱 지음 / 신국판 / 280쪽 / 9,500원
사람은 칭찬을 먹고산다
민영욱 지음 / 신국판 / 268쪽 / 9,500원
사과의 기술
김농주 지음 / 신국판 변형 양장본 / 200쪽 / 10,000원
취업 경쟁력을 높여라
김농주 지음 / 신국판 / 280쪽 / 12,000원
유비쿼터스시대의 블루오션 전략
최양진 지음 / 신국판 / 248쪽 / 10,000원
나만의 블루오션 전략-화술편
민영욱 지음 / 신국판 / 254쪽 / 10,000원
희망의 씨앗을 뿌리는 20대를 위하여
우광균 지음 / 신국판 / 172쪽 / 8,000원

끌리는 사람이 되기위한 **이미지 컨설팅**
홍순아 지음 / 대국전판 / 194쪽 / 10,000원

글로벌 리더의 소통을 위한 스피치
민영욱 지음 / 신국판 / 328쪽 / 10,000원

오바마처럼 꿈에 미쳐라
정영순 지음 / 신국판 / 208쪽 / 9,500원

여자 30대, 내 생애 최고의 인생을 만들어라
정영순 지음 / 신국판 / 256쪽 / 11,500원

인맥의 달인을 넘어 인맥의 神이 되라
서필환 · 봉은희 지음 / 신국판 / 304쪽 / 12,000원

<table><tr><td colspan="2" align="center">명 상</td></tr></table>

명상으로 얻는 깨달음
달라이 라마 지음 / 지창영 옮김 / 국판 / 320쪽 / 9,000원

<table><tr><td colspan="2" align="center">어 학</td></tr></table>

2진법 영어   이상도 지음 / 4×6배판 변형 / 328쪽 / 13,000원

한 방으로 끝내는 영어   고제윤 지음 / 신국판 / 316쪽 / 9,800원

한 방으로 끝내는 영단어   김승엽 지음 / 김수경 · 카렌다 감수 /
4×6배판 변형 / 236쪽 / 9,800원

해도해도 안 되던 영어회화 하루에 30분씩 90일이면 끝낸다
Carrot Korea 편집부 지음 / 4×6배판 변형 / 260쪽 / 11,000원

바로 활용할 수 있는 **기초생활영어**
김수경 지음 / 신국판 / 240쪽 / 10,000원

바로 활용할 수 있는 **비즈니스영어**
김수경 지음 / 신국판 / 252쪽 / 10,000원

생존영어55   홍일록 지음 / 신국판 / 224쪽 / 8,500원

필수 여행영어회화   한현숙 지음 / 4×6판 변형 / 328쪽 / 7,000원

필수 여행일어회화   윤영자 지음 / 4×6판 변형 / 264쪽 / 6,500원

필수 여행중국어회화   이은진 지음 / 4×6판 변형 / 256쪽 / 7,000원

영어로 배우는 중국어   김승엽 지음 / 신국판 / 216쪽 / 9,000원

필수 여행스페인어회화   유연창 지음 / 4×6판 변형 / 288쪽 / 7,000원

바로 활용할 수 있는 **홈스테이 영어**
김형주 지음 / 신국판 / 184쪽 / 9,000원

필수 여행러시아어회화   이은수 지음 / 4×6판 변형 / 248쪽 / 7,500원

<table><tr><td colspan="2" align="center">레포츠</td></tr></table>

수열이의 브라질 축구 탐방 **삼바 축구, 그들은 강하다**
이수열 지음 / 신국판 / 280쪽 / 8,500원

마라톤, 그 아름다운 도전을 향하여
빌 로저스 · 프리실라 웰치 · 조 헨더슨 공저 /
오인환 감수 / 지창영 옮김 / 4×6배판 / 320쪽 / 15,000원

인라인스케이팅 100%즐기기
임미숙 지음 / 4×6배판 변형 / 172쪽 / 11,000원

배스낚시 테크닉
이종건 지음 / 4×6배판 / 440쪽 / 20,000원

나도 디지털 전문가 될 수 있다!!!
이승훈 지음 / 4×6배판 / 320쪽 / 19,200원

스키 100% 즐기기
김동환 지음 / 4×6배판 변형 / 184쪽 / 12,000원

태권도 총론
하웅의 지음 / 4×6배판 / 288쪽 / 15,000원

건강하고 아름다운 동양란 기르기
난마을 지음 / 4×6배판 변형 / 184쪽 / 12,000원

수영 100% 즐기기
김종만 지음 / 4×6배판 변형 / 248쪽 / 13,000원

애완견114
황양원 엮음 / 4×6배판 변형 / 228쪽 / 13,000원

건강을 위한 웰빙 걷기
이강옥 지음 / 대국전판 / 280쪽 / 10,000원

우리 땅 우리 문화가 살아 숨쉬는 **옛터**

이형권 지음 / 대국전판 올컬러 / 208쪽 / 9,500원

아름다운 산사
이형권 지음 / 대국전판 올컬러 / 208쪽 / 9,500원

쉽고 즐겁게! 신나게! 배우는 재즈댄스
최재선 지음 / 4×6배판 변형 / 200쪽 / 12,000원

맛과 멋이 있는 낭만의 카페
박성찬 지음 / 대국전판 올컬러 / 168쪽 / 9,900원

한국의 숨어 있는 아름다운 풍경
이종원 지음 / 대국전판 올컬러 / 208쪽 / 9,900원

사람이 있고 자연이 있는 아름다운 명산
박기성 지음 / 대국전판 올컬러 / 176쪽 / 12,000원

마음의 고향을 찾아가는 여행 포구
김인자 지음 / 대국전판 올컬러 / 224쪽 / 14,000원

생명이 살아 숨쉬는 한국의 아름다운 강
민병준 지음 / 대국전판 올컬러 / 168쪽 / 12,000원

틈나는 대로 세계여행
김재관 지음 / 4×6배판 변형 올컬러 / 368쪽 / 20,000원

해양스포츠 카이트보딩
김남용 편저 / 신국판 올컬러 / 152쪽 / 18,000원

풍경 속을 걷는 즐거움 명상 산책
김인자 지음 / 대국전판 올컬러 / 224쪽 / 14,000원

3.3.7 세계여행
김완수 지음 / 4×6배판 변형 올컬러 / 280쪽 / 12,900원

<table><tr><td colspan="2" align="center">골 프</td></tr></table>

퍼팅 메커닉
이근택 지음 / 4×6배판 변형 / 192쪽 / 18,000원

아마골프 가이드
정영호 지음 / 4×6배판 변형 / 216쪽 / 12,000원

골프 100타 깨기
김준모 지음 / 4×6배판 변형 / 136쪽 / 10,000원

골프 90타 깨기
김광섭 지음 / 4×6배판 변형 / 148쪽 / 11,000원

KLPGA 최여진 프로의 센스 골프
최여진 지음 / 4×6배판 변형 올컬러 / 192쪽 / 13,900원

KTPGA 김준모 프로의 파워 골프
김준모 지음 / 4×6배판 변형 올컬러 / 192쪽 / 13,900원

골프 80타 깨기
오태훈 지음 / 4×6배판 변형 / 132쪽 / 10,000원

신나는 골프 세상
유응열 지음 / 4×6배판 변형 올컬러 / 232쪽 / 16,000원

이신 프로의 더 퍼펙트
이신 지음 / 국배판 / 336쪽 / 28,000원

주니어출신 박영진 프로의 주니어골프
박영진 지음 / 4×6배판 변형 올컬러 / 164쪽 / 11,000원

골프손자병법
유응열 지음 / 4×6배판 변형 올컬러 / 212쪽 / 16,000원

박영진 프로의 주말 골퍼 100타 깨기
박영진 지음 / 4×6배판 변형 올컬러 / 160쪽 / 12,000원

10타 줄여주는 클럽 피팅
현세용 · 서주석 공저 / 4×6배판 변형 / 184쪽 / 15,000원

단기간에 싱글이 될 수 있는 원포인트 레슨
권용진 · 김준모 지음 / 4×6배판 변형 올컬러 / 152쪽 / 12,500원

이신 프로의 더 퍼펙트 쇼트 게임
이신 지음 / 국배판 올컬러 / 248쪽 / 20,000원

<table><tr><td colspan="2" align="center">여성실용</td></tr></table>

결혼준비, 이제 놀이가 된다   김창규 · 김수경 · 김정철 지음
4×6배판 변형 올컬러 / 230쪽 / 13,000원

인맥의 달인을 넘어 인맥의 神이 되라

2008년 11월 15일 제1판 1쇄 발행
2009년 10월 5일 제1판 2쇄 발행

지은이/서필환 · 봉은희
펴낸이/강선희
펴낸곳/가림출판사

등록/1992. 10. 6. 제4-191호
주소/서울시 광진구 구의동 57-71 부원빌딩 4층
대표전화/458-6451   팩스/458-6450
홈페이지/www.galim.co.kr
전자우편/galim@galim.co.kr

값 12,000원

ⓒ 서필환 · 봉은희, 2008

저자와의 협의하에 인지를 생략합니다.

ISBN 978-89-7895-308-5 13320